ENSINAR FINANÇAS PÚBLICAS NUMA FACULDADE DE DIREITO

*RELATÓRIO SOBRE O PROGRAMA,
CONTEÚDO E MÉTODOS DE ENSINO DA DISCIPLINA*

EDUARDO MANUEL HINTZE DA PAZ FERREIRA
Professor da Faculdade de Direito de Lisboa

ENSINAR FINANÇAS PÚBLICAS NUMA FACULDADE DE DIREITO

RELATÓRIO SOBRE O PROGRAMA, CONTEÚDO E MÉTODOS DE ENSINO DA DISCIPLINA

ALMEDINA

TÍTULO:	ENSINAR FINANÇAS PÚBLICAS NUMA FACULDADE DE DIREITO
AUTOR:	EDUARDO MANUEL HINTZE DA PAZ FERREIRA
EDITOR:	LIVRARIA ALMEDINA – COIMBRA www.almedina.net
LIVRARIAS:	LIVRARIA ALMEDINA ARCO DE ALMEDINA, 15 TELEF. 239 851900 FAX 239 851901 3004-509 COIMBRA – PORTUGAL livraria@almedina.net
	LIVRARIA ALMEDINA CENTRO DE ARTE MODERNA GULBENKIAN RUA DR. NICOLAU BETTENCOURT, 8 1050-078 LISBOA – PORTUGAL TELEF. 217 972 441 cam@almedina.net
	LIVRARIA ALMEDINA ARRÁBIDA SHOPPING, LOJA 158 PRACETA HENRIQUE MOREIRA AFURADA 4400-475 V. N. GAIA – PORTUGAL arrabida@almedina.net
	LIVRARIA ALMEDINA – PORTO R. DE CEUTA, 79 TELEF. 222 059 773 FAX 222 039 497 4050-191 PORTO – PORTUGAL porto@almedina.net
	LIVRARIA ALMEDINA ATRIUM SALDANHA LOJAS 71 A 74 PRAÇA DUQUE DE SALDANHA, 1 TELEF. 213 570 428 FAX 213 151 945 atrium@almedina.net
	LIVRARIA ALMEDINA – BRAGA CAMPUS DE GUALTAR, UNIVERSIDADE DO MINHO, 4700-320 BRAGA TELEF. 253 678 822 braga@almedina.net
EXECUÇÃO GRÁFICA:	G.C. – GRÁFICA DE COIMBRA, LDA. PALHEIRA – ASSAFARGE 3001-453 COIMBRA producao@graficadecoimbra.pt
	JANEIRO, 2005
DEPÓSITO LEGAL:	214079/04

Toda a reprodução desta obra, por fotocópia ou outro qualquer processo, sem prévia autorização escrita do Editor, é ilícita e passível de procedimento judicial contra o infractor.

Quando o texto do presente Relatório se encontrava já concluído e entregue para impressão morreu António de Sousa Franco, professor de Finanças Públicas há mais de trinta anos na Faculdade de Direito da Universidade de Lisboa, orientador das minhas dissertações de mestrado e doutoramento, meu Mestre e Amigo.

O Relatório não poderia, pois, deixar de ser comovidamente dedicado à sua memória.

INTRODUÇÃO

1. Considerações preliminares

1. O presente Relatório destina-se a dar cumprimento à imposição da alínea a) do n.º 1 do artigo 9.º do Decreto-Lei n.º 301/72, de 14 de Agosto, (aplicável por força do artigo 12.º do Decreto-Lei n.º 263/80, de 7 de Agosto), que vincula o candidato a provas de agregação à apresentação de um relatório que inclua o programa, os conteúdos e os métodos do ensino teórico e prático das matérias da disciplina ou de uma das do grupo de disciplinas a que pretende ser admitido a concurso.

Trata-se da segunda vez que o autor elabora um relatório deste tipo, uma vez que, de harmonia com uma criticável estruturação da carreira académica, uma prova idêntica é já exigida no concurso para professor associado [1].

No entanto, contrariamente ao que sucede no concurso para professor associado, o presente relatório destina-se a ser objecto de discussão pública, o que constitui um estímulo bem diverso, já que poderá permitir uma frutuosa troca de impressões sobre uma matéria que conhece profundas transformações nos nossos dias e cujos problemas metodológicos estão longe de estar resolvidos.

Porém, se é certo que, em relação às provas de agregação, perde pertinência a crítica relacionada com a falta de discussão, nem por isso se podem ignorar outras que se dirigem à prova em si mesma, sendo de recordar que este tipo de Relatório tem sido genericamente considerado inadequado ao curso de Direito [2].

---

[1] *Direito Comunitário II (União Económica e Monetária). Relatório*, suplemento à *Revista da Faculdade de Direito de Lisboa*, 2001.

[2] Críticas formuladas com especial vigor por MENEZES CORDEIRO, *Teoria Geral. Relatório*, separata da *Revista da Faculdade de Direito de Lisboa*, 1988, p. 204, mas que

Talvez por isso mesmo, como nota MENEZES CORDEIRO[3], "a tradição, recente mas já consolidada, da Faculdade de Direito de Lisboa, vai no sentido de se empreender o enriquecimento dos relatórios, em relação ao que resultaria da estrita e literal interpretação da lei".

De resto, mesmo na Faculdade de Direito de Coimbra – onde a prática aponta num sentido mais aligeirado e, porventura, mais próximo do que resulta da lei – se tem vindo, de algum modo, a avançar no mesmo sentido, designadamente no que toca ao hábito, recordado por ANÍBAL ALMEIDA [4], de "fazer anteceder o relatório de uma *histoire raisonée* do ensino da disciplina na Faculdade de Direito".

Essa evolução parece corresponder a uma preocupação de adequar ao curso jurídico um relatório com o qual, apesar de tudo, diversos candidatos acabam por expressar um juízo positivo [5] ou reconhecer como faz JORGE MIRANDA, que "sem que isso possa afectar, minimamente que seja, a liberdade universitária, ousamos supor que o júri tem o direito de e o dever de conhecer esses conteúdos enquanto resultado do trabalho levado a cabo pelo candidato, de averiguar do seu rigor científico e da sua coerência interna e de discutir a sua adequação às finalidades a que se destinam" [6].

Partirá, porventura, de VASCO PEREIRA DA SILVA a defesa mais extremada deste tipo de provas, considerando, designadamente, que "... numa Universidade em que se encontram indissoluvelmente ligadas as tarefas de investigação e ensino, tanto se exige ao professor de Direito que saiba investigar e construir autonomamente o seu pensamento no domínio da respectiva disciplina científica, como se deve exigir também que ele seja

---

têm sido assumidas pela generalidade dos candidatos à agregação ou ao concurso para professor associado.

[3] *Direito Bancário. Relatório*, Lisboa, 1996, p. 14.

[4] *Relatório com o Programa, os Conteúdos e os Métodos de Ensino Teórico e Prático da Disciplina de Economia e Finanças Públicas*, Coimbra, 1991.

[5] Veja-se, por exemplo, SÉRVULO CORREIA, *Direito Administrativo II (Contencioso Administrativo). Relatório sobre o Programa, Conteúdo e Métodos do Ensino, RFDUL*, volume XXXV, n.º 1 (1994), p. 59, MARQUES DOS SANTOS, *Defesa e Ilustração do Direito Internacional Privado*, suplemento à *RFDUL*, 1998, p. 4.

[6] *Relatório com o Programa, os Conteúdos e Métodos do Ensino de Direitos Fundamentais*, RFDUL, volume XXVI (1985), pp. 390-391.

capaz de comunicar, de fazer chegar aos estudantes o fruto da sua investigação e labor doutrinário, numa palavra, que seja capaz de ensinar"[7].

A utilidade dessas provas poderá ser igualmente sustentada a partir do alerta que JEAN RIVERO fazia em 1970 e que talvez mantenha muita da sua actualidade e universalidade, ao assinalar que os juristas dificilmente se entregam ao exercício de discussão pública sobre o ensino, criando uma situação de ignorância recíproca sobre o que fazem os diversos professores, para concluir que "chaque enseignant, dans l'exercice de sa mission est un solitaire, et la formation que dispense une Faculté est, paradoxalment, faite de la justaposition de ces solitudes ..." [8].

De todo o modo, se parece evidente que essa reflexão sobre o conteúdo e os objectivos do ensino parece justificar-se, também poderá concordar-se com MENEZES CORDEIRO quando defende que, muito provavelmente, este tipo de texto, melhor apareceria entre os restantes elementos do curriculum e nessa qualidade apreciado [9].

Em qualquer caso, a lei em vigor impõe a apresentação do relatório e há que lhe dar cumprimento, o que se faz sem questionar a tradição que se tem desenvolvido, mas antes procurando uma interpretação – necessariamente pessoal – da mesma, adequando-a à sensibilidade do autor e levando em consideração a desnecessidade de repetir aquilo que foi feito em anteriores relatórios.

JORGE MIRANDA elaborou uma síntese descritiva da forma de dar cumprimento à exigência legal, considerando que por **programa** se entende a estrutura básica do curso, a ordenação sistemática das matérias e uma certa calendarização, que os **conteúdos** correspondem às matérias em concreto, aos problemas que suscitam e às grandes linhas de rumo ou de solução perfilhadas, enquanto que por **métodos** se deve entender as orientações pedagógicas a seguir, os critérios que hão-de presidir ao ensino nas aulas teóricas e práticas e a indicação dos elementos de estudo e avaliação [10].

É quanto se procura fazer de seguida:

---

[7] *Ensinar Direito (a Direito). Contencioso Administrativo. Relatório sobre o Programa, Conteúdo e os Métodos do Ensino da Disciplina de Direito Administrativo II*, Coimbra, Almedina, 1999, p. 12.

[8] «Réflexions sur l'Enseignment du Droit», in *Mélanges Offerts à Monsieur le Doyen Louis Trotabas*, Paris, LGDJ, 1970, p. 448.

[9] *Teoria Geral*, cit., p. 206.

[10] *Direitos Fundamentais*, cit. pp. 390-391.

2. Das razões da escolha da disciplina de finanças públicas

2.1. Razões de natureza pessoal

Ao apresentar o programa, o autor não deixará, aliás, de fazer algumas considerações sobre aquilo que pensa serem as vantagens deste tipo de prova, interessando agora dar conta das razões de escolha da disciplina, razões que são quer de ordem pessoal quer de ordem científica.

De facto, se no concurso para professor associado o autor optou por apresentar um programa de uma cadeira que nunca leccionara na licenciatura, ainda que a tivesse trabalhado por diversas vezes a nível de pós-graduações e que representava um esforço para acompanhar a evolução da construção europeia e os seus reflexos económicos e jurídicos [11], desta vez escolheu voltar a temas que lhe são caros desde há muito.

De finanças públicas se ocupava a dissertação de mestrado [12], bem como a de doutoramento [13], e às finanças públicas consagrou o autor uma parte significativa do seu labor académico, quer ainda como assistente [14], quer como professor da Faculdade de Direito da Universidade de Lisboa e de outras escolas de ensino superior[15].

Mas, se em relação a outras disciplinas leccionadas pelo autor existe um registo escrito [16], tal não acontece com a de Finanças Públicas, em que para além de artigos dispersos, o autor se limitou a colaborar com SOUSA FRANCO na elaboração dos primeiros elementos escritos de estudo que fizeram a actualização da matéria, em face da profunda alteração da legislação financeira subsequente ao 25 de Abril de 1974 [17] e a elaborar, em co-autoria, uma colectânea de legislação, num primeiro momento abrangendo

---

[11] *Direito Comunitário II (União Económica e Monetária)*, cit.. Uma versão abreviada está publicada com o título *União Económica e Monetária. Um Guia de Estudo*, Quid Juris?, Lisboa, 2001.

[12] *As Finanças Regionais*, Lisboa, INCM, 1985.

[13] *Da Dívida Pública e das Garantias dos Credores do Estado*, Almedina, Coimbra, 1995.

[14] Vd. *Curriculum vitae*, apresentado com o requerimento de marcação de provas de agregação.

[15] Idem.

[16] *Direito Económico*, Lisboa, AAFDL, 2001 e, anteriormente, *Sumários de Direito da Economia*, AAFDL, sucessivas reimpressões.

[17] *Finanças Públicas e Direito Financeiro (Súmula)*, AAFDL, 1980.

Ensinar Finanças Públicas numa Faculdade de Direito

apenas a matéria normalmente versada em Finanças Públicas I [18] e, posteriormente, alargada à de Finanças Públicas II [19].

Regressa o autor às finanças públicas como quem regressa a um primeiro amor ou à sua antiga casa. Mas, neste regresso, uma novidade o espera, uma vez que, em consequência das últimas alterações ao plano do curso, as finanças públicas foram unificadas com o direito fiscal e transformadas em cadeira anual [20], solução que, como veremos mais adiante, não é inédita nas faculdades jurídicas.

Também o direito fiscal é para o autor um terreno amigo, na medida em que o leccionou no ano de 1996/97 e coordenou as regências, sucedendo a SOARES MARTINEZ, de 1995/96 a 1998/99 [21]. A isso se junta, ainda, a circunstância de presidir à Associação Fiscal Portuguesa – organismo de natureza científica destinado a aprofundar os temas tributários – cargo que exerce desde Março de 2001.

Se o autor entende que o direito fiscal constitui um sub-ramo do direito financeiro, também lhe parece inequívoco que este se veio a autonomizar em termos científicos e pedagógicos e a ganhar até um fulgor que contrasta com um certo desinteresse pelo estudo do restante direito financeiro [22].

A unificação das duas disciplinas suscita naturais perplexidades que são agravadas pela circunstância de, como teremos ocasião de ver, o estudo das finanças públicas tradicionalmente não se reduzir ao direito financeiro, tal como sucede na proposta que o autor apresenta.

---

[18] EDUARDO PAZ FERREIRA – ALEXANDRA PESSANHA, *Legislação de Finanças Públicas*, I Volume, 2.ª edição, Lisboa, Quid Juris?, 2001.

[19] EDUARDO PAZ FERREIRA – ALEXANDRA PESSANHA, *Legislação de Finanças Públicas*, II Volume, Lisboa, Quid Juris?, 2002.

[20] Vd. Acta 7/2001 do Conselho Científico.

[21] Período em que publicou (em colaboração com ROGÉRIO FERNANDES FERREIRA e OLÍVIO MOTA AMADOR) *Jurisprudência Fiscal Seleccionada*, volume I, tomos I e II, Lisboa, AAFDL, 1997.

[22] Recorde-se, a este propósito, o lamento, porventura parcialmente ultrapassado de GOMES CANOTILHO, «A Lei do Orçamento na Teoria da Lei», in *Estudos em Homenagem ao Professor Doutor J. J. Teixeira Ribeiro*, volume 2, Coimbra, BFD, 1987, p. 543, ao afirmar: "na actualidade tem-se assistido a uma acentuada indiferença entre os cultores das ciências das finanças e os cultores do direito constitucional no estudo das questões jurídico-financeiras. Esta indiferença é tanto mais injustificada quanto é certo constituírem hoje os problemas da "constituição financeira" e da sua articulação com as constituições económica e política do Estado um dos temas fulcrais da teoria do Estado".

Na medida em que se sabe que as alterações do programa de curso decididas em 2001 pelo Conselho Científico da Faculdade não representaram uma revisão profunda do currículo, mas antes foram fruto de uma mera necessidade pedagógica, traduzida no objectivo de permitir uma redução do número de exames e aumentar o número de aulas disponível[23], e em que existe consenso sobre a necessidade de introduzir novas alterações curriculares, entendeu o autor adequado prevalecer-se da faculdade conferida pelo Conselho Científico [24] e apresentar um relatório que apenas incide sobre uma parte da disciplina actualmente leccionada ou sobre uma disciplina inexistente no plano curricular, neste caso a de finanças públicas.

Não se poderá, no entanto, deixar de notar que, mesmo admitindo não se estar em presença de uma alteração substancial, a substituição do nome da disciplina de finanças públicas que, com a anualização, passou a designar-se por direito financeiro, pode ser lida como uma opção metodológica no sentido de privilegiar a "juridificação" da cadeira".

À opção subjacente ao presente Relatório não é alheio o desejo de reafirmar o entendimento de que existe uma autonomia científica entre as duas disciplinas, a que deveria corresponder idêntica autonomia pedagógica que, naturalmente, não implica a renúncia à reflexão sobre questões da fiscalidade, matéria que sempre tem constituído uma zona nobre das finanças públicas, opção que se assume e da qual se extraiem consequências na proposta que agora se apresenta.

2.2. Razões de natureza científica

Mas, se se julga ter explicado as razões que, de um ponto de vista pessoal, levaram o autor a inclinar-se para a escolha de finanças públicas, não deixa de ser importante dar conta das razões que o levam a considerar importante e oportuna, de um ponto de vista científico, a reflexão sobre o programa de finanças públicas.

---

[23] Na Acta 7/2001 pode ler-se: "o Presidente apresentou uma proposta de anualização do 2.º e 3.º anos, da iniciativa de um grupo de professores, através da qual se tem em vista eliminar os exames a meio do ano lectivo e reservar mais tempo para o ensino, sem alterar as disciplinas nem a posição dos grupos e sem prejuízo de futuras alterações materiais do plano do curso".

[24] Deliberação do Conselho Científico de 13 de Março de 1991.

Em primeiro lugar recorda-se, com RICHARD MUSGRAVE [25], que as finanças públicas podem ser consideradas como o mais antigo ramo das ciências económicas e que o decurso dos séculos não alterou substancialmente o elenco dos problemas a que a disciplina é chamada a responder, que compreende as razões que tornam necessária a existência de um sector público, a definição da sua dimensão ideal e das regras a que se deve subordinar.

Por outro lado, como se explicitará mais à frente, o autor reconhece que são muitos os desafios e os novos problemas que se colocam ao ensino da disciplina objecto do relatório, num contexto seguramente bem mais complexo do que aquele que URSULA HICKS descrevia em 1961, ao referir-se às profundas transformações no domínio das finanças públicas que as tornavam "... a much more exciting subject both for students and teachers", ao mesmo tempo que colocavam ao professor difíceis problemas de objectivos, métodos e programa [26].

De entre estes novos problemas, avance-se, desde já, com a radical alteração das concepções sobre o papel da esfera pública e da esfera privada e sobre as formas de cooperação público/privado; a crescente emergência de finanças públicas supra-nacionais; a problemática do "fiscal federalism"; a da ética e da moral pública na gestão financeira.

Já no que respeita especificamente à área tributária, a crescente evasão fiscal e a erosão das fontes tradicionais de tributação, as novas perspectivas sobre a reforma fiscal e a emergência de impostos ecológicos, são alguns aspectos que exigem uma reflexão que vai para além da matéria tradicionalmente leccionada na disciplina.

Este será, porventura, o único ponto em que se pode vislumbrar alguma utilidade na integração das duas cadeiras, uma vez que pode permitir uma reflexão sobre as perspectivas de evolução do Estado Fiscal feita a partir de diferentes ângulos.

É certo que se não poderá ignorar que existem no plano de estudos duas outras disciplinas: Finanças Públicas II e Direito Fiscal II, com conteúdos estabilizados, em especial no primeiro caso, em que se manteve praticamente intocado o programa delineado por SOUSA FRANCO e apre-

---

[25] «Public Finance», in *The New Palgrave - A Dictionary of Economics*, London, Macmillan, 1987.

[26] «On Teaching Public Finance», *Oxford Economic Papers*, 13, 1961, p. 123.

sentado no concurso para professor extraordinário [27]. Contudo, trata-se de disciplinas que apenas serão leccionadas aos alunos que optarem pela menção de ciências jurídico-económicas e que, em qualquer caso, para elas deverão partir já com uma base sólida de reflexão permitida pela disciplina-mãe.

Naturalmente que não devem ser apenas os novos problemas que se colocam aos estudiosos de finanças públicas a merecer atenção, uma vez que as questões clássicas do objecto e do método e, muito particularmente, a velha discussão do estudo jurídico ou económico do fenómeno financeiro, mantêm ou até reforçaram a sua actualidade.

Entende, aliás, o autor que, ensinada numa pluralidade de escolas de ensino superior, a disciplina de finanças públicas poderá e deverá ser abordada em diferentes perspectivas consoante os seus destinatários [28], o que não impede a reafirmação da sua interdisciplinaridade, mas implica sempre uma adequação do programa às condições concretas [29].

A isso acresce, ainda, o facto de, apesar de a disciplina de finanças públicas ser uma das mais antigas e prestigiadas no ensino de ciências jurídico-económicas nas Faculdades de Direito, nunca a mesma ter sido objecto de relatório em provas para associado ou de agregação na Faculdade de Direito de Lisboa, uma vez que SOUSA FRANCO optou pelo já citado Relatório, pioneiro em Finanças Públicas II.

Numa versão mais radical, o autor poderia justificar a escolha de finanças públicas para tema de relatório com as diversas ameaças que pesam sobre a própria disciplina, resultantes agora não só da tentativa de a reduzir a um mero capítulo da economia, mas do triunfo das correntes que preconizam a introdução de regras fixas, que excluiriam totalmente qualquer capacidade de escolha financeira por parte dos decisores políti-

---

[27] *Finanças Públicas II. Estruturas e Políticas Financeiras em Portugal* (versão policopiada), Lisboa, 1980.

[28] Sem prejuízo da análise mais pormenorizada que se fará, mais adiante, de algumas escolas especialmente próximas, é de assinalar que a consulta dos programas, quer de universidades portuguesas quer de estrangeiras, mostra uma grande variedade de opções num leque que vai da mobilização no ensino tradicional ou à aproximação aos estudos de economia pública.

[29] Em sentido próximo RUI CARP, «O Ensino das Finanças Públicas no ISEG depois de 1974. Algumas Reflexões», in *Primeiras Jornadas Pedagógicas do ISEG*, Lisboa, ISEG, 1996, pp. 55 e segs..

cos, reduzidos a meros executores dessas regras, o que implicaria a perda de sentido de uma disciplina autónoma.

Também o progressivo avanço de experiências de importação das técnicas de contabilidade e gestão privada para a área pública, de que adiante se falará mais desenvolvidamente, poderia envolver a perda de significado dos estudos de direito financeiro.

Finalmente dir-se-á que a crescente influência das correntes macro-económicas neo-clássicas, que questionam já não a utilidade mas a própria possibilidade de uma actuação do Estado com recurso aos instrumentos financeiros e até monetários, reduziriam igualmente, de forma radical, a importância destes estudos.

É um problema que tem sido, aliás, levantado pelos cultores da área em diversos outros países e que está na origem de interessantes reflexões sobre o futuro da disciplina [30].

Se a questão dos rumos de leccionação das Finanças Públicas se faz sentir na Faculdade de Direito, sobretudo por força do sempre inacabado debate sobre o papel das disciplinas económicas [31], nem por isso se pode ignorar que o debate alastra às licenciaturas de economia, em face da proliferação de disciplinas afins (Macroeconomia, Economia Pública, Política Orçamental, etc.) [32].

---

[30] Vd., por exemplo, JEAN-CLAUDE MARTINEZ e PIERRE DI MALTA, *Droit Budgétaire*, 3.ª edição, Paris, LITEC, 1999.

[31] A última tomada pública de posição, a este propósito, pertence a SOARES MARTINEZ, *Previsão Económica*, 2.º edição revista, Coimbra, Almedina, 2004, ao afirmar na Nota Preliminar, recordando os mais cinquenta anos de docência, que "... um sólido conhecimento das matérias económicas, sedimentado através de diversas cadeiras e dos anos do curso, me parece indispensável para a gente de Direito. E não apenas para os doutrinadores e para aqueles a quem incumba legislar. Os intérpretes das leis, especialmente os profissionais do foro, nunca estarão em condições de responder ao que deles razoavelmente se espera se não tiverem uma visão rasgada das razões económicas em que necessariamente assentam as soluções jurídicas. E nunca entenderá o Direito, nem o aplicará escorreitamente, quem não disponha de amplitude cultural fornecida tanto pela Economia como pela História e pela Filosofia". O autor do presente relatório desenvolveu no concurso para associado as razões que o levam a defender a importância desse estudo que tem motivado, aliás, um número crescente de alunos, e subscreveu, em conjunto com os restantes professores do Grupo, um texto de reflexão sobre esta matéria, «As Ciências Jurídico-Económicas no plano de estudos da Faculdade de Direito», in *Estudos Jurídicos e Económicos em Homenagem ao Professor João Lumbrales*, Coimbra, Coimbra Editora, 2000.

[32] RUI CARP, «O Ensino das Finanças Públicas...», cit..

Mas não há razões para antecipar aspectos que, a seu devido tempo, serão adequadamente desenvolvidos, melhor parecendo que, em coerência com o que é tradição e uma tradição que se justifica, se analise a história do ensino das finanças públicas entre nós, estudo que naturalmente se centrará na Faculdade de Direito de Lisboa, mas que não pode ignorar aquilo que se passa ou passou noutras faculdades jurídicas, ou até em outras escolas do ensino superior, onde a disciplina é igualmente ministrada.

I

UMA PERSPECTIVA HISTÓRICA
SOBRE O ENSINO DAS FINANÇAS PÚBLICAS

SECÇÃO I

ASPECTOS GERAIS

1. Razões de uma opção

Optou-se por apresentar, logo de início e de forma sintética, alguns elementos especialmente marcantes ou significativos da forma como se desenvolveu, entre nós, o ensino das finanças públicas, coerentemente com a convicção de que essa análise pode auxiliar a compreensão de algumas das opções formuladas e das dificuldades sentidas ao elaborar um programa da disciplina.

Naturalmente que essa opção não envolve uma descrição exaustiva do modo como a matéria é leccionada em todas as escolas em que integra os planos de estudo, destinando-se apenas permitir a análise, a par da Faculdade de Direito de Lisboa, da evolução verificada na Faculdade de Direito de Coimbra, onde a disciplina começou por ser leccionada e em algumas outras escolas.

Entende, de facto, o autor que um conhecimento tão aprofundado quanto possível da tradição do ensino e das alternativas que hoje se colocam é a mais sólida base para a elaboração de um programa que corresponda adequadamente às necessidades de preparação dos licenciados em direito.

Na busca dessas linhas de evolução sucede, por vezes, tornar-se necessária a referência à evolução de outras cadeiras de ciências jurídico-económicas, que não será obviamente muito desenvolvida, sob pena de nos afastarmos em muito do objecto central de investigação [33].

Nessa apreciação pareceu igualmente útil dar conta das vicissitudes que a disciplina objecto do relatório foi conhecendo quanto à sua colocação no plano de estudos, análise que, no entanto, se cinge praticamente às Faculdades de Direito.

2. Considerações Preliminares sobre o Sentido do Ensino das Finanças Públicas

2.1. Os primórdios do ensino

Um primeiro aspecto que se impõe levar em consideração é que as finanças públicas são uma disciplina que, entre nós, é ensinada nas faculdades de direito há cento e quarenta anos, o que faz com que se tenha acumulado um conjunto significativo de contribuições que seria impossível seguir com grande pormenor.

A longevidade do ensino das finanças públicas nas faculdades de direito insere-se na longa tradição de estudo da economia política. Recorde-se que a introdução desta última cadeira na Faculdade de Direito de Coimbra foi determinada pelo Decreto de 5 de Dezembro de 1836, coincidindo com a própria criação da Faculdade, resultante da fusão das anteriores Faculdades de Cânones e de Leis [34].

A decisão de introduzir o ensino da economia na Faculdade de Direito terá sido fortemente influenciada pela importância atribuída pelo

---

[33] Em relação ao ensino da economia, vejam-se, por outro lado, os relatórios inéditos de MANUEL PORTO e AVELÃS NUNES sobre a cadeira de *Economia Política*, apresentados nos concursos para professor associado e FERNANDO ARAÚJO, *O Ensino da Economia Política nas Faculdades de Direito e Algumas Reflexões sobre Pedagogia Universitária*, Coimbra, Almedina, 2001.

[34] Cfr. PAUL MERÊA, «Como Nasceu a Faculdade de Direito», in *Boletim da Faculdade de Direito de Lisboa* (suplemento XV), volume I, *Homenagem ao Doutor José Alberto dos Reis*, (1961), pp. 151 e segs. e «Esboço de uma História da Faculdade de Direito. 1.º Período 1836-1865», *Boletim*, volume XXVIII (1952), pp. 99 e segs..

Ensinar Finanças Públicas numa Faculdade de Direito 19

liberalismo português ao estudo e divulgação das ciências económicas [35], numa atitude que colocou Portugal em posição percursora relativamente a outros países da Europa. Recorde-se que em França, por exemplo, só em 1864 se viria a criar na Faculdade de Direito de Paris a primeira cadeira de economia política [36].

De resto, o ensino de economia, confiado em Coimbra desde 1836 e até 1871 a ADRIANO FORJAZ PEREIRA SAMPAIO, foi marcado por uma profunda adesão às teorias liberais [37], orientação que só viria a ser alterada ou mitigada, mais tarde, por professores como AFONSO COSTA MARNOCO E SOUSA e, sobretudo, JOSÉ FREDERICO LARANJO [38].

A importância do ensino da economia na Faculdade de Direito de Coimbra deve ser entendida dentro da orientação geral daquela Escola no sentido de privilegiar o estudo das ciências sociais, que levou mesmo a que MARNOCO SOUSA e ALBERTO DOS REIS pudessem afirmar que as

---

[35] Vd. MANUEL PORTO, «A Universidade de Coimbra e o Ensino da Economia em Portugal», in *Universidade(s), História Memória, Perspectivas*, Comissão Organizadora do Congresso «História da Universidade», Coimbra, 1991, volume I, pp. 297 e segs.: ANÍBAL ALMEIDA, *Relatório...*, cit., p. 33, ANTÓNIO FARINHA PORTELA, «A Evolução Histórica do Ensino das Ciências Económicas em Portugal», *Análise Social*, volume VI, n.°s 22-24, 1968, pp. 787 e segs.. Mais recentemente, FERNANDO ARAÚJO, *O Ensino da Economia Política nas Faculdades de Direito*, cit.. Vd., também, JOSÉ LUÍS CARDOSO, *O Pensamento Económico em Portugal nos Finais do Século XVIII 1780-1808*, Lisboa, Estampa, 1989.

[36] Cfr. PIERRE LAVIGNE «Le Centenaire de l'Enseignement des Finances Publiques dans les Facultés de Droit Françaises (Décret du 24 Juillet 1889)», *Revue Française de Finances Publiques*, n.°s 28-29, 1989, p. 108. PAULO MERÊA, «Como Nasceu a Faculdade...», cit., p. 157, comentava, aliás: "cotejado com os planos de ensino coevos dos países latinos, o quadro da nova Faculdade pode afoitamente dizer-se que constitui um espécime progressivo. Algumas disciplinas não tinham ainda representação na Itália nem na França (Economia, Direito Natural, História do Direito Pátrio...".

[37] Sobre o ensino da economia na Faculdade de Direito de Coimbra e o papel de ADRIÃO FORJAZ DE SAMPAIO, vd. JOSÉ LUÍS CARDOSO, *História do Pensamento Económico Português. Temas e Problemas*, Lisboa, Livros Horizonte, 2000, pp. 47 e segs. e ANTÓNIO ALMODÔVAR, *A Institucionalização da Economia Política Clássica em Portugal*, Porto, Afrontamento, 1995, pp. 293 e segs..

[38] Cfr. MARNOCO E SOUSA e ALBERTO DOS REIS, *A Faculdade de Direito e o seu Ensino*, Coimbra, França Amado, 1907, pp. 10 e segs.. Sobre JOSÉ FREDERICO LARANJO, vd. ANTÓNIO VENTURA, *José Frederico Laranjo (1846-1910)*, Lisboa, Colibri, 1996 e CARLOS BASTIEN, Introdução a JOSÉ FREDERICO LARANJO, *Princípios de Economia Política (1891)*, Lisboa, Banco de Portugal, 1997.

faculdades de direito eram realmente faculdades de direito e ciências sociais [39,40].

Ora, de entre as ciências sociais, como sublinhavam os mesmos autores, num texto de notável modernidade, "... nenhuma ha que contribua tão poderosamente para a educação do jurisconsulto como a economia, visto os phenomenos económicos constituírem a base da funcção jurídica e só esta sciencia permitir atender às novas formas assumidas pela propriedade, pelo trabalho, pelo crédito e pela circulação, em harmonia com as exigências das sociedades modernas" [41].

Portugal tem também um papel pioneiro no reconhecimento da necessidade de autonomização da disciplina de finanças públicas [42] que, contudo, veio a ocorrer apenas em 1865, em virtude de dificuldades sentidas em encontrar espaço no plano de curso, que levaram a que até aí a matéria fosse leccionada em conjunto com outras disciplinas e, designadamente, a de Direito Eclesiástico [43].

Bem significativo do interesse que a matéria suscitava é a publicação em 1831 dos *Princípios de Syinthetologia* de FERREIRA BORGES [44], que SOUSA FRANCO, a justo título, considera a "primeira obra de finanças públicas modernas em Portugal" [45] e que é expressamente referenciada

---

[39] MARNOCO E SOUSA e ALBERTO DOS REIS, *A Faculdade de Direito e o seu Ensino*, cit., p. 1.

[40] Essa opção das Faculdades de Direito viria a manter-se e a ser muitas vezes evocada como motivo de orgulho. Logo aquando da tentativa de extinção da Faculdade de Direito de Lisboa em 1928, no opúsculo então publicado sob o título *Faculdade de Direito. Razões Justificativas da sua Manutenção* (Universidade de Lisboa, Lisboa, 1928), se afirmava que "... as Faculdades de Direito, pela forma do seu ensino, pelas sciências que cultivam, dão o melhor de todas as preparações gerais para a vida. Abrem ou facilitam todas as grandes carreiras da administração comercial ou industrial. A formação jurídica de um espirito, acompanhada de uma instrução económica cuidada, é a melhor de todas as iniciações na vida dos negócios".

[41] MARNOCO E SOUSA e ALBERTO DOS REIS, *A Faculdade de Direito e o seu Ensino*, cit., p. 9.

[42] Ainda que seja de notar a dificuldade com que foram introduzidas entre nós as expressões "finanças" ou "ciências das finanças". Vd, Armindo Monteiro, "Do Conceito de Direito Financeiro", *O Direito*, ano 58, n.º s 7-8 (1926), pp. 100 e segs..

[43] ANÍBAL ALMEIDA, *Relatório...*, cit., pp. 37 e segs..

[44] Agora reeditados, com prefácio de SOUSA FRANCO, Banco de Portugal, Lisboa, 1995.

[45] Prefácio, cit., p. XVI.

por PEREIRA JARDIM [46], primeiro titular da cadeira na Faculdade de Direito de Coimbra.

As questões financeiras começaram por ser objecto de análise no próprio ensino da economia, disciplina em que ADRIÃO FORJAZ dedicava parte do estudo às receitas e despesas públicas, tendo o Regulamento de 6 de Julho de 1854 expressamente determinado que figurasse, entre as matérias professadas na cadeira de economia, "legislação sobre fazenda" [47].

Naturalmente que o ensino das finanças nesse primeiro período não foi isento de dificuldades, designadamente quanto ao recrutamento dos responsáveis, bastando recordar que PEREIRA JARDIM era um privatista, que ao longo da sua carreira académica consagrou uma parcela bem mais significativa do seu ensino ao direito civil e que mesmo MARNOCO E SOUSA, unanimemente reconhecido como o professor que vai inaugurar os modernos estudos de finanças públicas, é um cultor do direito público.

Essas circunstâncias não serão surpreendentes, se considerarmos que em França foi decisivo para o avanço das finanças públicas o impulso de publicistas, sendo especialmente justo assinalar a fundação, em 1903, da *Revue de Science et Législation Financière*, por iniciativa de GASTON JÉZE e MAX BOUCARD e com um *comité de patronage* em que figuravam, entre outros, MAURICE HAURIOU.

2.2. As primeiras orientações do ensino das finanças públicas

A análise do pensamento financeiro português não se pode cingir à apreciação do ensino e dos manuais a que deu origem, na medida em que, desde sempre, surgiram muitas e importantes dissertações académicas nesta área que, por diversas vezes, permitiram até aos seus autores um especial desenvolvimento de novos temas.

Se num texto sintético SOUSA FRANCO [48] teve ocasião de chamar a atenção para este aspecto e de salientar a riqueza do pensamento finan-

---

[46] *Princípios de Finanças*, 6.ª edição (3.ª póstuma), Coimbra, Imprensa da Universidade, 1904.

[47] PAULO MERÊA, «Esboço de uma História...», cit., p. 159.

[48] Para um levantamento de uma parcela muito significativa destes estudos, vd. SOUSA FRANCO, «O Pensamento Financeiro em Portugal no Século XX», in *Ensaios de Homenagem a Manuel Jacinto Nunes*, Lisboa, ISEG, 1996, pp. 11 e segs..

ceiro português, não se pode deixar de pensar que, em termos absolutos, se não vão encontrar contribuições marcantes para a evolução da ciência como, de resto, sucede com a própria disciplina de economia política.

Reportando-nos à primeira fase do ensino da economia, evocamos o que escreveu, em 1918, OLIVEIRA SALAZAR: "Nunca foi Portugal pátria de grandes economistas, nem se pode dizer que alguma vez florescesse aqui a cultura desta sciência. Sem dúvida de longe vem na Universidade o ensino oficial de tais matérias, mas ensino e cultura deveram exercer uma recíproca influência depressiva, porque nem uma intensa cultura fora dos meios escolares conseguiu incitar e elevar o ensino público, nem êste atrair os estudiosos a um ramo sciêntifico cujo aparecimento foi tão prometedor de futuros progressos e adiantamentos" [49].

Trata-se de um juízo, porventura, excessivamente crítico e que, de alguma forma, pode hoje ser contrariado com um melhor conhecimento da obra dos economistas portugueses, o que se fica essencialmente a dever a um dos autores que mais se tem empenhado na sua divulgação – JOSÉ LUÍS CARDOSO – que tem acentuado como o estudo das escolas nacionais de determinada ciência pode apresentar aspectos interessantes e próprios [50].

Claro que em ciências como a economia ou as finanças públicas dificilmente se poderá falar de escolas nacionais e que, mesmo as que surgiram com essas características, rapidamente deixaram de se limitar ao âmbito das fronteiras de um dado país.

Essa terá sido uma dificuldade sempre sentida nos estudos económicos nos pequenos países e que se viria a agravar, mais tarde, com a influência decisiva das concepções anglo-saxónicas a estender-se a todo o mundo, circunstância que levou CELSO FURTADO a escrever, a certa altura: "compreende-se que a economia possa ser considerada uma "ciência inglesa", pois o sistema económico que veio a prevalecer no mundo moderno é um sistema de matriz inglesa" [51].

O mesmo CELSO FURTADO viria, no entanto, a protagonizar a tentativa de criação na América Latina de uma escola alternativa de estudos de

---

[49] «O Doutor Marnoco e Sousa. O Professor de Sciências Económicas», *Boletim da Faculdade de Direito da Universidade de Coimbra*, ano II (1915-1916), p. 383.

[50] *Pensar a Economia em Portugal. Digressões Históricas*, Lisboa, DIFEL, 1997, p. 226.

[51] *A Fantasia Organizada*, Paz e Terra, Rio de Janeiro, 1985, p. 35.

Ensinar Finanças Públicas numa Faculdade de Direito

desenvolvimento, objecto entre nós de uma especial atenção por parte de AVELÃS NUNES [52] [53] que, na sequência das reflexões de JOAN ROBISON quanto à exportação de modelos [54], tem alertado para a necessidade de, em tempos de pensamento muito direccionado, manter atenção quanto a pequenas escolas periféricas.

Regressando aos tempos em que os estudos das finanças públicas davam os primeiros passos entre nós, importa sublinhar que o aspecto eventualmente mais interessante do ensino, ainda que não insusceptível de controvérsia, é a introdução, nos manuais universitários, de muitos elementos informativos relacionados com as próprias finanças portuguesas.

O exemplo mais nítido é, de resto, dado por MARNOCO E SOUSA, cujo *Tratado de Sciência das Finanças* [55] é, quanto à matéria de crédito público, como pertinentemente nota ANSELMO DE ANDRADE, um manual de finanças portuguesas [56].

A opção concretizada no *Tratado* vem, de resto, ao encontro do que parecia ser já a sensibilidade do autor, expressa no estudo em co-autoria com ALBERTO DOS REIS, ao defender o que chamava de corrente político-financeira no estudo das finanças públicas, que seria já seguida por ASSIS TEIXEIRA, regente da cadeira nessa altura [57].

A importância da abordagem dos temas portugueses era, especialmente cara aos professores da época, como OLIVEIRA SALAZAR [58], não

---

[52] *Teoria Económica e Desenvolvimento Económico*, Lisboa, Caminho, 1988, pp. 16 e segs..

[53] Vd., também, MANUEL JACINTO NUNES, «Celso Furtado: Apóstolo do Desenvolvimento», *Revista de Estudos de Economia*, volume VIII, n.º 4 (1987), agora in *Temas Económicos*, Lisboa, INCM, 1989, pp. 29 e segs..

[54] «The Second Crisis of Economic Theory», *The American Economic Review*, volume LXII, n.º 2, 1972, pp. 1-10.

[55] França Amado, Coimbra, 1916.

[56] Introdução ao *Tratado*, cit., p. VIII.

[57] Ob. cit., pp. 21-22.

[58] Na resposta à sindicância de que foi alvo, agora in MANUEL BRAGA DA CRUZ (organizador), *Inéditos e Dispersos I Escritos Político-Sociais e Doutrinários (1908-1928)*, Venda Nova, Bertrand, 1997, pp. 247-248, escreveu OLIVEIRA SALAZAR: "comparem-se os programas das lições com os professados nas Faculdades de Montpellier, Toulouse, Paris, ou ainda nas Faculdades italianas. Encontrarão nos nossos um defeito, eu sei, mas é um defeito que propositadamente não emendo. Em todos os capítulos em que se vão versando as grandes questões de ordem geral, um parágrafo, um número há sempre pondo a correspondente questão portuguesa. É criticável este processo sob um ponto de

sendo por isso de admirar que este professor louvasse especialmente em MARNOCO E SOUSA o "...esforço que, em breves anos pôde actualizar o ensino, tanto sob o ponto de vista scientífico e doutrinário, como sob o ponto de vista da história, da estatística e da dispersa, numerosa legislação financeira portuguesa" [59].

Também se nos afigura que um dos aspectos mais interessantes de muitos estudos financeiros portugueses é a atenção consagrada à análise da realidade nacional, não só por permitir um melhor conhecimento da mesma, mas porque ilustra a forma como por vezes a percepção dos fenómenos financeiros por parte dos professores portugueses foi condicionada por essa realidade.

A matéria da dívida pública é, talvez, o exemplo mais típico, dado que o seu tratamento é sempre marcado pela referência à experiência portuguesa, "macabra de cinco séculos" como lhe chamou ANSELMO DE ANDRADE [60], enquanto que ARMINDO MONTEIRO [61] escrevia: "a história do deficit é a história das finanças portuguesas. Tem na atormentada vida nacional o papel de Cérbero – o cão das três cabeças que guarda as portas do Inferno".

Essa orientação de privilegiar o estudo dos problemas concretos das finanças públicas portuguesas, embora meritória, teve como consequência uma menor atenção aos grandes debates teóricos em curso e a criação de um certo vazio, quando as reformas financeiras do Estado Novo fizeram as áreas da dívida e do défice público perder actualidade e enquanto não ganhavam importância novos temas, resultantes, designadamente, da revolução *keynesiana*.

Em matéria das finanças públicas não se pode também esquecer a longa tradição de interpenetração entre o espaço da universidade e o da acção política [62], o que fez com que muitas reflexões importantes sobre as

---

vista teórico. Mas não havendo, como há nalgumas Faculdades estrangeiras, ao lado do curso geral de Economia, cursos de Economia agrícola e Economia industrial, onde as questões locais são por certo tratadas, e sentindo-se a necessidade de descobrir Portugal aos portugueses, eu creio fazer um serviço aos meus alunos, ensinando-os a conhecer Portugal".

[59] «O Doutor Marnoco», cit., p. 393.

[60] Prefácio, cit..

[61] *Do Orçamento Português*, 1 Volume, Lisboa, 1921, p. 55.

[62] Veja-se o caso de ANSELMO DE ANDRADE que, não sendo um académico, manteve estreitas relações com a Faculdade de Direito de Coimbra e, em especial, com MARNOCO E

Ensinar Finanças Públicas numa Faculdade de Direito 25

finanças públicas surgissem sobre a forma de propostas concretas de governação ou relatórios de actividade política.

Sem se pretender politizar o estudo das finanças públicas ou o da história das finanças públicas, não se pode ignorar a importância e originalidade de algumas dessas intervenções que, nalguns casos, como o de OLIVEIRA SALAZAR, permitem um conhecimento do pensamento do autor mais aprofundado do que aquele que resultaria apenas da apreciação da sua obra académica [63], mais vasta, de resto, em matéria de direito fiscal e de economia, do que na área das finanças públicas.

É patente, aliás, a forma como muitos professores de finanças públicas foram tentados pela política [64] e, em especial, pelo exercício do cargo de Ministro das Finanças e como as suas obras muitas vezes reflectem esse pensamento. Ou, como expressamente afirmava LUMBRALES, num discurso proferido na Sala de Capelos, "para SALAZAR a cátedra era uma tribuna de ciência e de doutrina – de doutrina nacional. As suas lições eram o precedente lógico da sua acção" [65].

Talvez se possa, um tanto ironicamente, ilustrar essa perspectiva com uma transcrição de ARMINDO MONTEIRO, a quem os fados não permitiram ser Ministro das Finanças [66], ainda que viabilizando-lhe uma car-

---

SOUSA, cujo Tratado viria a prefaciar, sendo também nítida a influência em OLIVEIRA SALAZAR. De ANSELMO DE ANDRADE, vd. *Relatórios e Propostas de Fazenda*, Coimbra, França Amado, 1911 e *Política, Economia e Finanças Nacionaes Contemporâneas*, Coimbra Editora, 1925.

[63] A este propósito é bem ilustrativa a resenha de artigos e intervenções públicas daquele Professor feita por GUILHERME BRAGA DA CRUZ, *A Revista de Legislação e Jurisprudência. Esboço da sua História*, volume I, Coimbra, 1975, pp. 651 e segs..

[64] Como recorda MANUEL BRAGA DA CRUZ, Prefácio a *Inéditos e Dispersos*, cit., p. 27, "SALAZAR revelou ao longo dos anos que antecederam o seu ingresso para o governo, em 1928, em todas as suas actividades, uma decidida propensão para o protagonismo público, ao qual sacrificou, aliás, a sua vida privada. Propensão essa que, se por um lado decorria da obrigação de consciência de corresponder ao apelo da hierarquia católica, feito aos católicos, no sentido de intervir para resolver a grave questão religiosa reaberta pela I República, por outro lado correspondia a uma vocação política pessoal inegável e a um desejo manifesto de participação na vida pública ao mais alto nível. As sucessivas candidaturas ao Parlamento, e a forma como chamou as atenções e se deixou convidar para o governo – desde o sidonismo aos tempos da ditadura militar – não permitem outra leitura".

[65] *Salazar Professor e Homem de Estado*, Universidade de Coimbra, 1938, p. 9.

[66] E que na tese apresentada ao Congresso das Associações Comerciais e Industriais Portuguesas de 1923, publicado com o título *A Questão do Equilíbrio Orçamentário*, Lis-

reira política em que pôde defender muitos dos pontos de vista que anteriormente propugnara na obra académica [67] e que, em tempos em que o ensino universitário era seguramente entendido com muito maior distanciação em relação à Polis, escrevia no prefácio da dissertação de doutoramento [68]:

> "a anarquia financeira é o pior sinal que um povo pode dar da sua decadência. Tem tam grande influência sobre a vida pública como sobre a vida privada. Precisam por isso estas questões que as estudem com amor. Da sua inteligente resolução depende afinal o futuro do país.
>
> Tem Portugal uma obra a realizar. Se nela a parte do pensamento e da vontade é grande, a do dinheiro não é menor. Não apouquemos aquela mas não tiremos a esta o lugar que merece.
>
> Não podemos separar o nosso destino do nosso poder. Precisamos ser fortes – porque chegámos a um tempo em que tudo que não é uma força é uma quimera. Por isso precisamos ser ricos.
>
> Nisto vai a justificação nacional e scientífica deste estudo".

Conforme já foi referido, não pareceria adequado aos objectivos do presente relatório proceder a um estudo exaustivo de todas as obras que em Portugal versaram temas de finanças públicas, antes parecendo necessário tentar detectar as linhas de força do pensamento financeiro português e do ensino das finanças públicas, como forma de justificar algumas soluções propostas.

---

boa, Diário de Notícias, 1923, apresentara um verdadeiro programa de regeneração financeira, defendendo (p. 58) que "... é preciso que o Ministro das Finanças possa mandar. Em matéria de despezas o seu poder deve ser tão forte, que, ante ele, todos os outros se curvem". Ver, mais tarde e após a sua experiência na equipa das Finanças, o prefácio a LEOPOLDO NUNES, *O Ditador das Finanças*, Lisboa, 1930.

[67] ARMINDO MONTEIRO seria, no entanto, subsecretário de Estado do Orçamento entre 1929 e 1931. Sobre a carreira de ARMINDO MONTEIRO ver PEDRO SOARES MARTINEZ, «Monteiro (Armindo Rodrigues de Sttau)», *Enciclopédia Verbo*, volume 13, PEDRO AIRES OLIVEIRA, *Armindo Monteiro, Uma Biografia Política*, Lisboa, Bertrand Editora, 2000, MANUEL DE LUCENA, «Monteiro, Armindo», in *Dicionário de História de Portugal*, volume VIII, Suplemento F/O, organizadores ANTÓNIO BARRETO e MARIA FILOMENA MÓNICA, Lisboa, Figueirinhas, pp. 518-529.

[68] *Do Orçamento*, volume I, cit..

Ensinar Finanças Públicas numa Faculdade de Direito

No vasto conjunto de elementos de variada origem que se encontram disponíveis é, de resto, normal que se procure privilegiar aqueles que reflectem mais de próximo o ensino que foi ministrado nas faculdades jurídicas do país.

Se nos reportarmos à Faculdade de Direito de Coimbra, a tarefa encontra-se substancialmente facilitada (ou dificultada) pela existência do rico relatório sobre o ensino das finanças de ANÍBAL ALMEIDA, que nos dá um panorama muito vasto das vicissitudes históricas do ensino da disciplina naquela Faculdade [69] e que pode ser conjugado, para uma melhor integração curricular, com o trabalho fundamental de PAULO MERÊA [70] e o estudo de ALMEIDA COSTA [71].

2.3. A colocação da disciplina de finanças públicas no programa do curso de Direito

Por razões de clareza e ainda antes de se procurar ver os rumos que seguiu o ensino nas várias escolas, convirá recordar a arrumação que a matéria que agora nos ocupa mereceu nas Faculdades de Direito, desde a sua autonomização pedagógica até aos nossos dias.

Logo no início do século XX, assistir-se-ia a uma reforma profunda do plano de estudos, com origem governamental, uma vez que a Comissão nomeada pela Universidade "... dominada desde a sua constituição por irredutíveis questões teóricas, não chegou a conclusões práticas aproveitáveis" [72].

Tratou-se de uma reforma moderna, em consonância com as correntes mais importantes da época, e que absorvia muitas das concepções positivistas e sociológicas que entretanto tinham feito carreira nas universidades. ALMEIDA COSTA sintetiza-a, comentando: "entendeu-se que o ensino do Direito não podia restringir-se à simples análise e interpretação dos textos, mas que encontrava o seu apropriado complemento nos estu-

---

[69] Ob. cit..

[70] «Esboço de uma História da Faculdade de Direito», cit..

[71] «O Ensino do Direito em Portugal no Século XX. (Notas sobre as Reformas de 1901 e 1911)», *Boletim da Faculdade de Direito da Universidade de Coimbra*, volume XXXIX, 1963, pp. 31 e segs..

[72] «O Ensino...», cit., pp. 32 e 33.

dos respeitantes à vida do homem em sociedade, e que este caminho seria o único meio de estabelecer a verdadeira aliança entre a teoria e a prática. Numa palavra: chama-se à ribalta o axioma do carácter eminentemente social dos fenómenos jurídicos, integrando-se no programa da respectiva Faculdade, à semelhança do que acontecia no estrangeiro, as matérias julgadas susceptíveis de permitir a compreensão das suas conexões e interdependências com todos os restantes aspectos sociais" [73].

No contexto dessa reforma, a matéria de finanças era leccionada na 10ª cadeira, designada por Ciência das Finanças e Direito Financeiro.

Seguir-se-ia a Reforma de 1911, basicamente originada num projecto da Faculdade e pela mesma recebida com agrado [74], por força da qual passava a existir uma cadeira de finanças, integrada no segundo grupo – Ciências Económicas – que abrangia também as cadeiras de economia política e os cursos de estatística e economia social.

O sentido dessa reforma, pelo que às nossas matérias toca, parece ter sido o de reforçar a componente económica do ensino, não só pelo aparecimento dos dois novos cursos, como pela eliminação da referência ao direito financeiro. Da mesma forma, à antiga disciplina de ciência económica e direito económico substitui-se a nova de economia política.

A Reforma de 1918, aprovada pelos Decretos n.º 4684, de 14 de Julho e 4874, de 5 de Outubro, manteria intocado o conjunto de disciplinas de ciências económicas, que só seria revisto pelo Decreto n.º 8578, de 8 de Janeiro de 1923, que substituiu o curso de estatística por um de direito fiscal.

Depois do atribulado processo da extinção e restauração da Faculdade de Direito de Lisboa, o Decreto-Lei n.º 16044, de 13 de Outubro de 1928, aprovava um novo plano de estudos, com aspectos profundamente inovadores, já que o ensino passava a estar dividido entre um curso geral de quatro anos, que permitia a atribuição do grau de bacharel em direito e um curso complementar – apenas aberto a quem tivesse média mínima de 12 – em duas especialidades: ciências jurídicas e ciências jurídico-políticas.

As finanças públicas passavam a ser leccionadas em conjunto com o direito fiscal, no 3.º ano e no curso complementar exigia-se o ensino de direito administrativo ou direito fiscal na menção de jurídico-políticas.

---

[73] Idem, p. 35.
[74] Idem, p. 63.

Em 1933 veio a verificar-se uma substituição do curso de economia social pelo de direito corporativo [75] que, no entanto, pelo menos nalgumas das suas regências, manteve um forte pendor de economia social e serviu, noutros casos, para introduzir temas de direito de trabalho e sindicalismo, como sucedeu por exemplo, na regência de SÉRVULO CORREIA já nos anos 70, quando o autor do relatório foi aluno da disciplina.

Data de 1945 a subsequente reforma do plano de estudos de direito – aprovada pelo Decreto-Lei n.º 34850, de 21 de Agosto, – que voltou a criar um curso geral de cinco anos, mantendo cursos complementares de ciências jurídicas e de ciências político-económicas, apenas acessíveis aos alunos com informação final mínima de 14 valores.

A reforma autonomizou, de novo, a cadeira de finanças, que era leccionada no 3.º ano – ano com uma forte componente de político-económicas – uma vez que se somavam a finanças os cursos de economia política [76] e direito fiscal.

Na Reforma de 45, que proporcionou um largo período de estabilidade à licenciatura em direito, pode ver-se como aspecto negativo a rigidez, criticada por LUMBRALES que, no artigo intitulado "Lugar das Ciências Económicas no Ensino do Direito", defendia a criação de duas secções [77], proposta também apoiada por SOUSA FRANCO [78] e que o decurso dos anos viria a tornar ainda mais pertinente, sendo assumida quer pela Reforma de 1972, quer pela de 1977/78.

Deverá, em qualquer caso, ter-se presente que o artigo de LUMBRALES surgiu essencialmente como defesa da continuidade do ensino da economia nas faculdades jurídicas, posição que não seria totalmente pacífica na Escola [79] e que viria a merecer uma resposta indirecta de JACINTO NUNES, sustentando que o ensino das ciências económicas apenas poderia fazer-se de forma satisfatória numa faculdade distinta e autónoma, desti-

---

[75] Decreto-Lei n.º 23382, de 20 de Dezembro de 1933.

[76] No qual tradicionalmente eram leccionadas as matérias de moeda e crédito e relações económicas internacionais, vd., por todos, o programa de PAULO PITTA E CUNHA, constante das lições de 1972-73, Lisboa, AAFDL.

[77] *Revista da Faculdade de Direito de Lisboa*, volume XVIII (1965), pp. 7-49.

[78] «Algumas Palavras Acerca da Especialização do Curso Jurídico», *Scientia Jurídica*, tomo XIV, n.ºs 71-72 (1965), pp. 12-22.

[79] Veja-se Marcello Caetano, "A Reforma dos Estudos Jurídicos", *O Direito*, ano 98.º, n.º 1 (1966), pp.153-54.

nada a formar economistas profissionais, sendo apenas concebível subsidiariamente que tal ensino vise complementar outras profissões [80].

A última reforma do plano de curso de direito, aplicável às duas faculdades e que só viria a ter implementação muito escassa, em face da evolução política, foi a levada a cabo por VEIGA SIMÃO em 1972.

Recebida com fortes críticas, quer por parte de docentes quer de alunos [81], a reforma voltava a introduzir a divisão entre bacharelato e licenciatura e procedia a uma total semestralização do curso, dentro da concepção global daquele Ministro da Educação, muito marcada pela sua formação universitária e pela permeabilidade às experiências estrangeiras.

Embora o ensino da economia tivesse um papel de relevo na reforma, não se pode deixar de notar que o direito fiscal só era leccionado no 4.º ano, onde surgia, também, direito fiscal II, ainda que como cadeira optativa, enquanto que as finanças eram reduzidas a um curso semestral, integrado no 3.º ano.

A evolução subsequente ao 25 de Abril de 1974 não permitiu que se tivesse sequer a experiência de uma licenciatura concluída nos termos previstos, uma vez que na Faculdade de Direito de Lisboa foi aprovado um plano de estudos com preocupações e objectivos radicalmente diversos[82], enquanto que em Coimbra se processou uma alteração menos radical, fruto do trabalho de uma Comissão de Reestruturação que optou por uma flexibilização do currículo, dividido em dois ciclos, estrutura que, no essencial, se manteve até aos nossos dias.

---

[80] «Para uma Reforma da Universidade – o Ensino das Ciências Económicas», *Economia e Finanças*, volume XXIII, tomo II (1965), pp. 271-291.

[81] Nesse sentido MENEZES CORDEIRO, *Teoria Geral do Direito Civil*, pp. 362 e segs.. Recorde-se, no entanto, que, apesar do desagrado manifestado pelo Conselho da Faculdade de Direito de Lisboa, não há notícia de as faculdades terem protestado oficialmente ou exigido a suspensão da Reforma. O parecer da Faculdade sobre as linhas gerais da Reforma do Ensino Superior fora, entretanto, publicado na *Revista da Faculdade*, volume XXIII (1970-71), pp. 261-311. Em Coimbra, AFONSO QUEIRÓ, publicaria um comentário igualmente muito crítico, *Aspectos Políticos (e Quase Políticos) da "Reforma"*, separata do *Boletim da Faculdade de Direito da Universidade de Coimbra*, volume XLVII (1971) e GUILHERME BRAGA DA CRUZ escreveria a *Reforma do Ensino Superior*, que justificaria, aliás, resposta numa publicação do Ministério da Educação Nacional, *Esclarecimentos ao Livro "Reforma do Ensino Superior" da Autoria do Doutor Guilherme Braga da Cruz*, Lisboa, 1973.

[82] Para uma descrição da situação na Faculdade de Direito de Lisboa, vd. MENEZES CORDEIRO, *Teoria Geral do Direito Civil...*, cit., pp. 366 e segs..

A Reforma de 1972 seria, no entanto, a última a manter a unidade dos *curricula* nas duas faculdades jurídicas então existentes, a qual se viria, depois, a quebrar, passando cada uma delas a poder seguir o seu próprio caminho. Trata-se naturalmente da única opção compatível com a autonomia universitária e em relação à qual se deve reconhecer que, à dificuldade de comparação de *curricula*, se opõe a vantagem de uma diversidade de escolha, necessariamente vantajosa para os candidatos a licenciados em direito.

A proliferação das licenciaturas em direito, que está longe de poder considerar-se positiva para o avanço científico, veio, aliás, a determinar uma variedade crescente de planos de estudo extremada, porventura, na Faculdade de Direito da Universidade Nova.

Importa, de resto, reconhecer, como se fez já no concurso para professor associado [83], que essa experiência de diversificação começou muito mal na Faculdade de Direito de Lisboa, com um plano cuja crítica está abundantemente feita [84], sendo de sublinhar o marcado positivismo jurídico, que levou à subalternização das cadeiras de carácter económico e chegou até à supressão de finanças públicas, substituída por um curso de direito financeiro que, no quinto ano, acompanhava os cursos de direito fiscal e de direito internacional económico.

No que respeita à substituição de finanças públicas pelo direito financeiro, as consequências não foram especialmente significativas, na medida em que, sendo o direito financeiro leccionado no 5.º ano do plano de curso, veio a sê-lo por uma equipa sob a orientação de SOUSA FRANCO que manteria o essencial do programa de Finanças Públicas tendo, porventura, encontrado em BRAZ TEIXEIRA a opção por uma maior juridificação da cadeira [85].

Contrariamente ao que sucedeu noutras áreas, sujeitas a uma forte influência de correntes marxistas então dominantes em praticamente toda a universidade portuguesa [86], não se verificou qualquer inovação científica significativa no ensino das finanças públicas no período 74-76.

---

[83] *Direito Comunitário II...*, cit..

[84] Para uma síntese dessa críticas, vd. EDUARDO PAZ FERREIRA, *Direito Comunitário*, cit..

[85] *Introdução ao Direito Financeiro*, Lisboa, AAFDL, 1980.

[86] Vd. MARCELO REBELO DE SOUSA, *Ciência Política. Conteúdo e Métodos*, Lisboa, Lex, 1998, pp. 15-16. MENEZES CORDEIRO, *Teoria Geral*, cit., pp. 376 e segs..

32   *Eduardo Manuel Hintze da Paz Ferreira*

Sobre a Reforma de 77-78, retoma-se quanto se escreveu no concurso para associado, sublinhando-se o carácter amplamente positivo daquela reforma para o grupo de jurídico-económicas, fruto do trabalho de uma Comissão de Reestruturação, em cujo relatório se pode ler: "não vê esta Comissão que haja motivos para renunciar à concepção da missão das Faculdades de Direito que sempre tem prevalecido em Portugal, reduzindo-as no seu papel de escolas de formação em ciências jurídico-sociais à estreita função de preparação de juristas profissionais".

O plano curricular resultante desta reforma viria a ser marcado por uma acentuada estabilidade que, no que respeita às cadeiras económicas, apenas seria enriquecida pela introdução da disciplina de direito comunitário, cujo ensino, repartido entre os grupos de Ciências Jurídico-Económicas e Ciências Jurídico-Políticas, permitiria a análise de importantes aspectos da economia comunitária [87].

Esse equilíbrio viria a ser significativamente abalado com a recente alteração do plano curricular, cujo impacto não pode ainda ser plenamente avaliado, dado o escasso tempo de vida da experiência. Não será, no entanto, prematuro afirmar-se que a anualização de diversas disciplinas do grupo é prejudicial, uma vez que implicou um "casamento artificial", especialmente nítido na disciplina de relações económicas internacionais e direito da economia.

Entretanto, em Coimbra, foi profundamente diverso o caminho seguido no que respeita às cadeiras económicas, tendo prevalecido o pensamento restritivo de TEIXEIRA RIBEIRO [88], que levou a que o ensino de disciplinas económicas ficasse reduzido a economia política, no primeiro ano e a economia e finanças públicas, no segundo.

O actual plano de estudos encontra-se em vigor desde o ano lectivo de 1988/89, apresentando um elenco apenas constituído por disciplinas anuais (Portaria n.º 914/89, de 17 de Outubro).

Aos poucos, parece firmar-se uma tendência no sentido de uma recuperação da importância das matérias jurídico-económicas, como resulta da existência, no quinto ano, de uma opção jurídico-económica, na qual se integra uma nova cadeira de economia e direito das empresas e ainda do amplo elenco de disciplinas facultativas, em que se encontram

---

[87] Sobre este ponto, cfr. EDUARDO PAZ FERREIRA, *Direito Comunitário II*, cit..

[88] Permito-me, a este propósito, remeter para quanto escrevi em *Direito Comunitário II*, cit., p. 15.

direito das empresas, direito público da economia, direito bancário e dos seguros, direito da segurança social, da moeda e crédito e política económica [89].

Nas novas universidades públicas a inovação mais profunda foi a do plano de estudos da Faculdade de Direito da Universidade Nova de Lisboa, que substituiu a disciplina de finanças públicas por um curso de economia pública, na sequência da substituição de economia política por macroeconomia e microeconomia, ficando todas essas disciplinas a cargo de economistas, opção vivamente criticada por PAULO DE PITTA E CUNHA e SOARES MATINEZ[90].

A Faculdade manteve, no entanto, a leccionação de direito fiscal, tendo criado uma nova disciplina de fireito financeiro e outra de direito fiscal internacional e uma cadeira facultativa de direito da economia.

Em face das diferentes experiências ensaiadas no domínio do ensino das finanças e do direito fiscal – algumas das quais o autor conheceu, quer na qualidade de aluno, quer na de docente – a Reforma de 45 é aquela que mais se aproximava do modelo que lhe parece o mais adequado, consagrando uma cadeira anual às finanças e uma semestral ao direito fiscal.

O carácter anual da disciplina de finanças permitia um estudo muito mais aprofundado da matéria, o que assegurava uma preparação básica numa área de grande utilidade, não só para aqueles que viessem a optar por carreiras ligadas à Administração Pública, mas também para o conjunto dos juristas, sendo o ponto mais negativo dessa experiência a leccionação simultânea das duas disciplinas.

De qualquer modo, não se pode deixar de sublinhar que a Reforma de 77/78, na versão que no essencial vigorou até ao ano lectivo de 2001-2002, com excepção do encurtamento da cadeira de anual para semestral, tinha aspectos extremamente positivos, proporcionando um melhor escalonamento das disciplinas jurídico-económicas pelos diversos anos e pondo termo à excessiva concentração destas matérias no 3.º ano da licenciatura.

---

[89] Vd., *O Ensino e a Investigação do Direito em Portugal e a Faculdade de Direito da Universidade de Coimbra*, Faculdade de Direito da Universidade de Coimbra, 1999, p. 77.

[90] Vd. Actas do Conselho Científico de 7 de Fevereiro e 17 de Abril de 1996.

SECÇÃO II

DO CONTEÚDO DO ENSINO DAS FINANÇAS EM PORTUGAL

1. A Faculdade de Direito de Coimbra

1.1. Os primeiros tempos

Vai, no entanto, sendo tempo de abandonarmos as questões de índole mais formal e de ensaiarmos uma maior aproximação ao conteúdo do ensino das finanças públicas. Naturalmente que, como já foi referido, é a Faculdade de Direito de Lisboa que merecerá especial atenção, mas nem por isso se podem ignorar as outras experiências, com natural relevo para a Faculdade de Direito de Coimbra.

Como já foi referido, o ensino de finanças públicas nasceu, em Coimbra, de uma forma um tanto paradoxal em ligação com a cadeira de Direito Eclesiástico, não porque se entendesse haver qualquer identificação substancial entre as matérias versadas, mas antes porque se tornara necessário encontrar um local para acolher as novas matérias que se pretendia estudar.

PAULO MERÊA recorda que ainda "pretendeu justificar-se a junção da administração financeira ao eclesiástico com a razão de que o direito eclesiástico português é também um ramo da administração", para logo concluir que "a verdade, porém, é que só se adoptou esta solução à falta de melhor em vista do dilema: renunciar ao ensino desta matéria ou alojá-lo numa cadeira já existente" [91].

PEREIRA JARDIM, autor do primeiro compêndio de finanças, justificou o atraso no desenvolvimento autónomo da disciplina também pela

---

[91] «Esboço de uma História da Faculdade de Direito 1.º Período: 1836-1865», cit., pp. 116-17.

circunstância de ela ser muitas vezes considerada parte integrante da economia política, disciplina em relação à qual existiam, aliás, muitas dúvidas, ainda que congratulando-se com o que teria sido o avanço português relativamente a outros países, que só mais tarde viriam a optar pela autonomização pedagógica da disciplina [92].

Embora tenham servido de texto de apoio aos estudos de finanças públicas durante quarenta anos e conhecido seis edições, os *Princípios de Finanças* de PEREIRA JARDIM são objecto de um julgamento muito severo por parte de ANÍBAL ALMEIDA, quer quanto ao estilo, quer quanto às opções metodológicas, quer quanto à circunstância de o autor ter optado por um estudo excessivamente descritivo.

Já OLIVEIRA SALAZAR não fora, aliás, menos crítico quanto a PEREIRA JARDIM [93]. Demos-lhe, então, a palavra:

"É certo que de longe vinha em Coimbra o ensino da *Sciência das Finanças*. Pode dizer-se que mal ensaiava ainda a sua constituição autónoma e já o Doutor BERNARDINO CARNEIRO era, em 1859, encarregado de ensinar uns *princípios de administração económica e financeira*, ao depois publicados para uso dos seus alunos. Como disciplina independente a que podia dar-se todo o desenvolvimento compatível com a duração do ano lectivo, aparece um pouco mais tarde no ensino universitário, em 1865-1866, confiada para muitos anos à regência do Doutor JARDIM. Mas, as lições (1868-1869) que este deixou publicadas com o título de *Princípios de Finanças*, não dão ideia de que a grande altura tivesse conseguido elevar o ensino universitário. Desculpava-se o Autor com o ser a sciência nova e não haver um bom modelo para seguir ou imitar; e efectivamente do apoucado das matérias tratadas e da leveza com que o foram, se deduz não poder ir o livro alem do limitado fim a que ele o destinou – "modesto padrão que registe e faça conhecer a época em que se empreenderam, pela primeira vez, nesta Universidade os estudo de *Sciência e Legislação financeira*". Sem dúvida lhe descobriram outros méritos ao depois, porque ainda em 1894 se reproduziam edições póstumas (!) do livrinho, não sei se adoptado se simplesmente seguido no estudo daquelas matérias...".

---

[92] Nesse sentido, ANÍBAL ALMEIDA, *Relatório...*, cit., p. 39.

[93] «Doutor Marnoco e Sousa. O Professor de Sciências Económicas», *Boletim da Faculdade de Direito da Universidade de Coimbra*, ano II, n.ºs 1-2, (1915-16), p. 392.

Não se poderá, com efeito, deixar de concordar com as críticas dirigidas à obra de JARDIM, que se reveste de um descritivismo excessivo e apresenta um plano de escassa unidade.

Assim, depois de uns princípios gerais que, ainda que incipientes, não chocam, se levarmos em consideração a época em que foram escritos, segue-se uma parte especial, extremamente criticável quer no que respeita ao tratamento dado às matérias, quer à respectiva escolha, com relevo para a grande importância dada à descrição dos serviços de fazenda.

A PEREIRA JARDIM, para além de alguns anos de regência irregular de MENDONÇA CORTEZ, seguir-se-ia ASSIS TEIXEIRA, por quem OLIVEIRA SALAZAR não manifesta, igualmente, grande apreço, ignorando praticamente o ensino deste Professor, num julgamento, porventura, menos correcto do que o que formulou sobre PEREIRA JARDIM.

De facto, se é certo que ASSIS TEIXEIRA leccionou a disciplina durante um longo período, conduzindo-a a uma certa estagnação e não deixou um manual de sua autoria, não se pode ignorar que elaborou uma sebenta, publicada sem indicação de autor, mas que se sabe ter sido feita sob sua responsabilidade [94] e que representa um avanço sensível em relação a alguns aspectos do trabalho de JARDIM.

ANÍBAL ALMEIDA pôde, assim, considerar que ASSIS TEIXEIRA veio abrir caminho a MARNOCO E SOUSA – cuja importância para o avanço da ciência das finanças em Portugal foi já assinalada – posição que parece ser partilhada pelo próprio MARNOCO E SOUSA na referência feita ao ensino de ASSIS TEIXEIRA, de quem foi aluno, bem como na dedicatória com que abre as *Syntheses Financeiras* [95].

As lições de ASSIS TEIXEIRA revelam, aliás, a influência de um conjunto de financeiros importantes como WAGNER, LEROY-BEAULIEU, COSSA, RICCA-SALERNO e GRAZIANNI, o que não pode deixar de ser considerado como um avanço significativo, revelador de um esforço de acompanhamento da literatura financista estrangeira.

Ainda que se mantivesse uma parte do curso consagrada à análise da legislação financeira portuguesa, aspectos francamente positivos eram a autonomização de uma parte sobre despesas públicas – em que é designadamente discutida a lei de WAGNER – e uma clara distinção entre receitas ordinárias e extraordinárias, com o senão de as últimas aparecerem numa

---

[94] ANÍBAL ALMEIDA, *Relatório*..., cit., p. 45.
[95] Imprensa da Universidade, Coimbra, 1893.

parte intitulada relações entre as receitas e as despesas, onde era, igualmente, incluída uma secção sobre orçamento e outra sobre contabilidade, arrumação que não pode deixar de ser considerada confusa.

1.2. Marnoco e Sousa

Não sendo a obra de ASSIS TEIXEIRA menos prestigiante para a academia, considerada a época em que foi escrita, é com o *Tratado de Sciência das Finanças* de MARNOCO E SOUSA [96] que se irá assistir à publicação do primeiro manual universitário de finanças públicas de inegável qualidade produzido na Faculdade de Direito de Coimbra, aspecto especialmente posto em relevo por OLIVEIRA SALAZAR, no já citado elogio fúnebre daquele professor.

MARNOCO E SOUSA chegou ao ensino de finanças públicas depois de ter leccionado diversas outras disciplinas, ainda que o seu interesse por esta área científica tivesse ficado atestado, ainda enquanto aluno, com a publicação de "Estudos Financeiros" [97].

O *Tratado*, interrompido pela morte do autor, revela, de facto, as grandes qualidades de estudioso de MARNOCO E SOUSA [98] e o seu conhecimento dos principais financeiros da época, para além de incluir uma impressionante recolha de informação sobre materiais portugueses [99].

---

[96] Coimbra, França Amado, 1926.

[97] *O Instituto*, 41 (1893).

[98] Unanimemente assinaladas pelos professores que evocaram a sua memória no *Boletim da Faculdade* e mais tarde por FERNANDO EMYDGIO DA SILVA, «Doutor Marnoco e Sousa. O Ensino das suas aulas e a lição da sua vida», *Boletim da Faculdade de Direito*, volume XLII (1966).

[99] Recorde-se o elogio que faz de MARNOCO E SOUSA o antigo aluno ALBERTO XAVIER, *História da Greve Académica de 1907*, Coimbra Editora, 1962, ao escrever: "O Doutor MARNOCO E SOUSA possuía também a aptidão de saber ensinar eficientemente. As suas lições obedeciam a um método sintético, elucidativo, propício a facilitar o estudo. Era formidável a sua capacidade de trabalho e de investigador. MARNOCO E SOUSA, durante alguns anos, regia determinada disciplina, imprimia às suas lições orais e escritas uma orientação definida, metódica, clara, moderna: a direcção da faculdade, reconhecendo nele tão raras aptidões didácticas e de investigação, encarregava-o da regência de outra cadeira, e MARNOCO E SOUSA, em breve, revelava-se perfeitamente integrado nas novas matérias a ensinar". Veja-se, ainda, a evocação feita por FERNANDO EMYGDIO DA SILVA «Doutor Marnoco e Sousa. O Ensino das suas Aulas e a Lição da Sua Vida», cit..

Ensinar Finanças Públicas numa Faculdade de Direito 39

É certo que, apesar do *Tratado* de MARNOCO E SOUSA revelar uma maior preocupação de teorização do fenómeno financeiro do que o Manual de ASSIS TEIXEIRA, a sua estruturação genérica continua a evidenciar um grande peso da componente descritiva do ensino.

O livro revela uma profunda influência da obra de GASTON JÈZE e abrange, seguindo de alguma forma a orientação de ASSIS TEIXEIRA, uma introdução, as despesas públicas e as receitas provenientes da dívida pública. A essas partes deveriam ainda, ao que informa ABEL DE ANDRADE e se pode confirmar da sebenta publicada por MARTINHO SIMÕES [100], juntar-se as relativas às receitas públicas e à administração financeira.

1.3. Oliveira Salazar

SALAZAR, que se seguiria a MARNOCO E SOUSA na regência de finanças públicas, não publicou qualquer tratado de sua responsabilidade, deixando, no entanto, uma obra prolixa na área da economia, das finanças públicas e direito financeiro e, sobretudo, do direito fiscal, dispersa por inúmeras publicações, com relevo para a *Revista de Legislação e Jurisprudência*, cuja consulta se encontra hoje substancialmente simplificada pelo exaustivo trabalho de recolha de MANUEL BRAGA DA CRUZ.

Como já foi referido, uma parte significativa dos seus textos de acção governativa, com relevo para os reunidos na colectânea *A Reorganização Financeira. Dois Anos no Ministério das Finanças – 1928-1930* [101], são fundamentais para compreender o seu pensamento financeiro, assim como o são textos de mais marcada intervenção política, como a conferência *A Redução das Despesas Públicas*[102] ou até os artigos publicados no jornal *Novidades*, que ficaram tão intimamente ligados à sua carreira política [103].

---

[100] Livraria Neves, Coimbra, 1920.

[101] Coimbra Editora, 1930.

[102] Agora in MANUEL BRAGA DA CRUZ (organizador), *Inéditos e Dispersos II. Estudos Económicos e Financeiros (1916-1928)*, tomo II, Venda Nova, Bertrand, 1998, pp. 17 e segs..

[103] Vd. GUILHERME BRAGA DA CRUZ, *A Revista de Legislação e de Jurisprudência. Esboço da sua História*, volume I, Coimbra, 1975, pp. 701 e segs. para uma análise pormenorizada desses artigos e dos seus efeitos políticos.

Existem, no entanto, *Lições de Finanças*, publicadas sob forma de sebenta, por JOÃO PEREIRA NETO que, ao que tudo leva a crer, serão bastante próximas do texto da exposição oral, como se deduz do quanto escreve o próprio PEREIRA NETO, na introdução: "e como recompensa do nosso trabalho – seja-nos permitido dizê-lo – bastar nos há a consolação de podermos afirmar que estas LIÇÕES DE FINANÇAS se encontram em perfeita harmonia com as prelecções magistrais do Exm.º Senhor Doutor OLIVEIRA SALAZAR".

A bibliografia geral indicada nas *Lições* – oito títulos – apenas inclui um autor português – MARNOCO E SOUSA – ao qual se juntam JÉZE, ALLIX, WAGNER e três autores italianos – NITTI, GRAZIANNI e EINAUDI – que, com excepção deste último, estão longe de figurar entre a primeira linha dos financeiros transalpinos.

No que respeita ao programa, é sobretudo de acentuar que o Orçamento passa a figurar como parte primeira, após a introdução, abrindo-se caminho a uma nova arrumação que se tornaria dominante nos manuais portugueses de finanças públicas. Segue-se uma parte segunda sobre as despesas públicas, uma terceira sobre crédito público, que integra, tal como o *Tratado* de MARNOCO E SOUSA, um largo tratamento da dívida pública portuguesa, a que se segue uma última parte, consagrada às receitas públicas, que inclui uma teoria geral do imposto, uma das passagens mais relevantes da obra.

Em vão se procurará nas *Lições* de OLIVEIRA SALAZAR uma alteração significativa do ensino, sendo antes o traço mais saliente a continuidade com a obra de MARNOCO E SOUSA, porventura até sublinhada por um maior descritivismo do que aquele que caracterizava o ensino do seu antecessor.

É, de facto, evidente que OLIVEIRA SALAZAR é um continuador do método de ensino jurídico-político que caracterizava o ensino das finanças em Coimbra, sendo especialmente significativo do seu tipo de abordagem o artigo intitulado "Arrumação Orçamental das Receitas" [104]. O seu ensino terá, no entanto, sido marcado por uma especial clareza [105].

---

[104] *Boletim da Faculdade de Direito*, ano X (1926-1928), pp. 64-120.

[105] Cfr. especialmente a avaliação feita por LUMBRALES, em *Salazar. Professor e Homem de Estado*, cit..

Ensinar Finanças Públicas numa Faculdade de Direito 41

1.4. João Lumbrales

Também JOÃO LUMBRALES não deixou um manual de finanças impresso, mas uma sebenta datada de 1932 [106], que comporta diferenças substanciais em relação ao ensino de SALAZAR, aligeirado de algumas parcelas descritivas e enriquecido com uma maior reflexão teórica.

Na bibliografia de base surge pela primeira vez referenciada a obra de ARMINDO MONTEIRO e a de dois importantes autores italianos: DE VITTI DE MARCO e FLORA.

A circunstância de se tratar de um texto recolhido por alunos e o facto de aquele professor se ter consagrado posteriormente quase exclusivamente à matéria de economia política justificam, porventura, o escasso conhecimento destas lições que, no entanto, não desmerecem da sua restante obra.

Apesar de quanto fica dito sobre as lições de LUMBRALES, não se poderá, ao apreciar os elementos disponíveis sobre o ensino de finanças públicas em Coimbra, deixar de se assinalar algum contraste entre o fulgor que o ensino da economia conhecera e o ensino das finanças públicas, seguramente bem mais discreto.

De facto, se é possível atribuir à Faculdade de Direito de Coimbra um papel de relevo na renovação dos estudos de economia política [107], esse relevo deve-se, como sustentou TEIXEIRA RIBEIRO[108], ao facto de se passar a dar prevalência ao ensino teórico sobre a descrição dos factos económicos [109], orientação patente na teses de doutoramento do próprio TEIXEIRA RIBEIRO [110] e na dissertação de concurso para professor de JOÃO LUMBRALES[111].

---

[106] Atlântida, Coimbra, 1932.

[107] JACINTO NUNES, «Os Economistas», agora in *Temas Económicos*, Lisboa, IN-CM, s.d., p. 14.

[108] «A Faculdade de Direito na Renovação do Ensino...», *Boletim de Ciências Económicas*, volume XXXV (1993), p. 251.

[109] Note-se, no entanto, o grande número de dissertações económicas anteriormente publicadas. Cfr. TEIXEIRA RIBEIRO «A Coimbra Editora e as Ciências Económicas», in *Ab Uno Ad Omnes*, Coimbra, Coimbra Editora, 1998.

[110] *Teoria Económica dos Monopólios*, Coimbra, Coimbra Editora, 1934.

[111] *Ensaio sobre a Teoria das Crises Económicas*, Coimbra, Coimbra Editora, 1933.

1.5. Teixeira Ribeiro

Poderá, com o próprio TEIXEIRA RIBEIRO [112], admitir-se que os primeiros professores de finanças públicas da Faculdade de Direito de Coimbra deram à cadeira um cariz predominantemente jurídico e político, enquanto que a predominância do elemento económico se viria a verificar por acção deste Professor, influenciado, como ele próprio refere, pelos *Principii di Economia Finanziaria* de DE VITI DE MARCO, um dos expoentes da escola de economia financeira italiana e que, como tal, vivamente se opusera às correntes jurídico-políticas.

A importância do ângulo económico na análise financeira é evidente logo na primeira sebenta publicada, sem responsabilidade do professor, pelos alunos FURTADO MORGADO, NOBRE GOMES e MÁRIO ROSEIRA[113], sendo aliás de notar que na bibliografia geral são indicados, além dos *Principii* de DE VITTI DE MARCO, *A Study in Public Finance* de PIGOU e os *Élements d'Économie Politique* de CASSEL [114].

Inicia-se aqui uma viragem significativa no ensino das finanças públicas em Coimbra, devido à crescente permeabilidade de TEIXEIRA RIBEIRO aos economistas financeiros italianos e anglo-saxónicos e ao que o saudoso Professor considerava ser a prevalência do ensino teórico sobre a descrição dos fenómenos económicos.

Logo nas primeiras lições de que há elementos escritos, é de notar uma alteração significativa na arrumação das matérias, apesar das deficiências formais resultantes do seu registo por alunos, mantendo-se o orçamento como primeira parte, mas passando as receitas a aparecer organizadas em receitas ordinárias e extraordinárias.

As várias edições de sebentas de TEIXEIRA RIBEIRO viriam a mostrar evoluções significativas na arrumação das matérias, bem como uma crescente diversificação das orientações bibliográficas, até à sua estabilização, a partir da primeira edição das *Lições de Finanças Públicas* de 1977 [115], numa introdução à qual se seguem cinco partes : O Orçamento; Despesas Públicas; Crédito Público; Receitas Efectivas e Políticas Financeiras.

---

[112] Nota Introdutória das *Lições de Finanças Públicas*, 3.ª edição, Coimbra, Coimbra Editora, 1989.

[113] Coimbra, Livraria do Castelo, 1936.

[114] Na bibliografia portuguesa, para além de MARNOCO E SOUSA e ARMINDO MONTEIRO, referência para o *Tratado de Finanças Públicas* de DIAS FERREIRA.

[115] Coimbra Editora.

Naturalmente que esta última parte é a que verdadeiramente dá a marca inovadora na orientação das finanças públicas e vai subsistir sem alterações significativas nas sucessivas edições das lições, ainda que o autor dê conta, a partir da quarta edição (1991), de algumas dúvidas resultantes quer da necessidade de introduzir também, a este propósito, a política monetária, quer da circunstância de, entretanto, diversos manuais anglo-saxónicos terem deixado de abordar expressamente esta matéria.

Tal como se manteve nas várias edições, a matéria relativa às políticas financeiras revela uma forte influência keynesiana, se bem que com algumas notas de reflexão sobre as revisões neo-clássicas de tais políticas.

A verdadeira revolução introduzida por TEIXEIRA RIBEIRO consistiu na transformação progressiva da cadeira numa cadeira de economia financeira, o que asseguraria às *Lições* uma ampla projecção nas faculdades económicas, onde foi elemento de estudo essencial durante muitos anos.

A orientação de TEIXEIRA RIBEIRO viria a ser prolongada por ALMEIDA GARRETT e ANÍBAL ALMEIDA, ainda que importe notar que nunca o autor renegou os estudos jurídicos [116] e que o seu pensamento sobre a própria estrutura da cadeira parece ter oscilado.

É assim que, na introdução à primeira edição (1977), TEIXEIRA RIBEIRO recordava que se tratava de lições feitas numa Faculdade de Direito, "isto é, duma faculdade que tem por missão formar juristas: daí que nelas assumam particular relevo os aspectos institucionais e apareçam reduzidas ao essencial a teoria e política financeiras, cujo conhecimento visa apenas completar a formação jurídica dos alunos", enquanto que na quarta edição de 1999 o autor lamentava o escasso estudo de macroeconomia na licenciatura em Direito.

Os longos anos em que TEIXEIRA RIBEIRO exerceu a regência [117], a par com a inegável qualidade do seu ensino e a grande clareza dos seus

---

[116] Como é bem patente em múltiplos estudos publicados no *Boletim da Faculdade* ou no *Boletim de Ciências Económicas*, bem como nas muitas anotações a acórdãos na *Revista de Legislação e Jurisprudência*, sem esquecer a sua obra no domínio do Direito Fiscal e a própria presidência da Comissão da Reforma Fiscal nos anos sessenta.

[117] Ao mesmo tempo que assegurava toda uma outra série de disciplinas (Economia Política I e II, Economia Dirigida, Economia Corporativa, Sindicatos Industriais, Moeda, Padrão-Ouro, Comércio Internacional e Desenvolvimento Económico), Finanças, Direito Fiscal, Direito Corporativo, Direito do Trabalho e Convenções Colectivas, como recorda MANUEL PORTO na evocação publicada no *Boletim da Faculdade de Direito da Universi-*

manuais [118] grangearam-lhe um grande prestígio na própria Escola [119] e permitiram o comentário de ANÍBAL ALMEIDA [120] que, após recordar as mais de quatro décadas de ensino daquele Professor afirma, com indisfarçável orgulho coimbrão: "uma dedicação ininterrupta à disciplina durante tantos anos torná-lo-ia, fatalmente, o vulto mais marcante das Finanças na Faculdade e no país"[121].

1.6. Almeida Garrett e Aníbal Almeida

O caminho de progressiva aproximação à economia financeira, aberto por TEIXEIRA RIBEIRO, viria a ser aprofundado pelos seus sucessores e até a ter expressão na alteração da designação da cadeira.

Deve-se a ALMEIDA GARRETT e ANÍBAL ALMEIDA um corte mais profundo com a tradição conimbricense do ensino das finanças de base institucional do que aquele que fora ensaiado por TEIXEIRA RIBEIRO, dentro de uma concepção de ensino que ANÍBAL ALMEIDA considerou comum a ambos os professores e que seria a "... a ideia de que a própria inclusão dessas disciplinas no elenco curricular da formação jurídica impõe que o tratamento a dar-lhes, embora sem ceder no rigor técnico dos seus conceitos e modelos, tenha uma índole predominantemente *cultural*, o que é, por certo, uma exigência adicional e um permanente desafio, mas constitui, também, uma fonte inestimável de realização profissional..." [122].

---

dade de Coimbra, volume LV (1979), p. 217, texto em que recorda como durante décadas TEIXEIRA RIBEIRO foi o único Doutor em Ciências Económicas a exercer funções na Faculdade. A propósito da longa carreira de TEIXEIRA RIBEIRO, vd., ainda, AVELÃS NUNES, «In Memoriam», *Boletim da Faculdade de Direito da Universidade de Coimbra*, volume LXXIII (1997), pp. 279 e segs..

[118] A clareza pedagógica é uma das qualidades unanimemente reconhecidas a TEIXEIRA RIBEIRO. Vd., por todos, SOUSA FRANCO, «O Pensamento Financeiro...», cit..

[119] Bem expresso nos volumes em Homenagem e no mais recente número do *Boletim de Ciências Económicas*, volume XVL-A (2002).

[120] *Relatório...*, cit., p. 58.

[121] Tal facto ficou igualmente a dever-se à profunda influência exercida por TEIXEIRA RIBEIRO sobre PINTO BARBOSA, professor que viria a ser determinante para a evolução dos estudos económicos em Portugal e, sobretudo, para a reforma e prestígio do ISCEF. Vd. JOÃO CÉSAR DAS NEVES e FRANCISCO AZEVEDO DA SILVA, *António Manuel Pinto Barbosa. Uma Biografia Económica,* Lisboa, Verbo, 1999, pp. 33-34.

[122] Na «Última Lição" do Doutor João Ruiz de Almeida Garrett», cit., *Boletim da Faculdade de Direito da Universidade de Coimbra,* volume 69 (1993), p. 734.

Almeida Garret, que fez uma grande parte da sua carreira docente na Faculdade de Economia do Porto [123], iria prolongar o ensino de Teixeira Ribeiro, ainda que as suas lições na Universidade Portucalense atestem uma mais decidida aproximação da economia financeira, com a introdução da ideia de economia pública, aspecto que Aníbal Almeida [124] considera ser o mais relevante do ensino daquele professor.

Das lições policopiadas [125] ressalta, como aspecto mais significativo, a substituição do tradicional capítulo sobre o orçamento por um capítulo sobre o Estado como agente económico.

Mais longe iria, contudo, o próprio Aníbal Almeida, não só no programa proposto no relatório para associado, como em diversos estudos[126] e na proposta, formulada na agregação, de uma cadeira de Economia Pública [127], com um programa dividido em seis partes: conteúdo; objecto e plano do curso; a racionalidade económica do operador G; a política de redistribuição, a política de estabilização, a política anti-inflaccionista; a política de desenvolvimento e para uma política de ambiente – projecto de grande modernidade e em que perpassam algumas das grandes questões do nosso tempo [128].

Um dado particularmente interessante do ensino de Aníbal Almeida é a tentativa de introdução da matemática no ensino das finanças públicas, aspecto que realçava como contribuição sua para o ensino da cadeira.

No essencial, na Faculdade de Direito de Coimbra a cadeira de economia e finanças públicas segue o programa apresentado por Aníbal Almeida no concurso para associado, fortemente influenciado por Teixeira Ribeiro, como o próprio reconhece, mas com aperfeiçoamentos e desenvolvimentos metodológicos interessantes, de entre os quais é justo destacar a já referida tentativa de introdução de noções básicas de matemática.

---

[123] Sobre o percurso de Almeida Garret, cfr. «Na "Última Lição" do Doutor João Ruiz de Almeida Garret», cit., pp. 725 e segs..

[124] *Relatório...*, cit., p. 62.

[125] *Economia e Finanças Públicas, lições ao curso jurídico de 1998-99*, Universidade Portucalense, Porto, 1989.

[126] Vd., por último, *Cuidado com as Curvas*, separata do *Boletim de Ciências Económicas*, Coimbra, 2001.

[127] *Relatório com o Programa, os Conteúdos e Métodos de Ensino Teórico e Prático das Matérias de uma Disciplina de Economia Pública*, Coimbra, 1998.

[128] Note-se que Aníbal Almeida não abandonou totalmente os temas jurídicos, tendo publicado, em 1996, *Estudos de Direito Tributário*, Coimbra, Almedina.

Como aspectos significativos do programa refira-se a substituição da parte tradicionalmente reservada ao orçamento por uma parte consagrada à contabilidade pública e a introdução, entre as políticas financeiras, da política do ambiente.

Está, ainda, por fazer a homenagem que a densidade do pensamento e a originalidade da investigação de ANÍBAL DE ALMEIDA justificam [129], mas pode dizer-se que o caminho que ele consolidou continua a ser seguido em Coimbra, onde a cadeira passou a estar a cargo do Mestre ROCHA ANDRADE, que com ele vinha já colaborando e que não alterou o essencial do ensino do falecido professor.

Dir-se-á, em síntese final, que se assistiu em Coimbra a uma evolução própria, muito semelhante à que ocorreu em Itália e à que foi tentada recentemente em Portugal noutras faculdades jurídicas, ainda que com a particularidade de nestas últimas ter sido feito apelo a professores de economia para leccionarem finanças públicas na licenciatura em direito, no que se pode ver uma vingança das escolas de economia, tantos anos subalternizadas às faculdades de direito no próprio ensino da economia [130].

2. A Faculdade de Direito da Universidade de Lisboa

2.1. Considerações preliminares

Ao abordar a história da disciplina de finanças públicas na Faculdade de Direito de Lisboa não se pode ignorar a dupla circunstância de o primeiro responsável pela cadeira ter sido o próprio fundador da Faculdade – AFONSO COSTA – e de o primeiro doutoramento de um aluno com o curso feito integralmente na Faculdade de Direito de Lisboa – ARMINDO MONTEIRO – ter ocorrido precisamente nesta área.

---

[129] Vd., no entanto, o «In Memoriam», publicado no Boletim da Faculdade de Direito de Coimbra, volume LXXVIII (2002), pp. 789-792, a alocução proferida no funeral por MANUEL PORTO, idem, pp. 793-795 e o texto de AVELÃS NUNES, «Doutor Aníbal Almeida», *Boletim de Ciências Económicas*, volume XLV (2002). De Lisboa viria também a homenagem de FERNANDO ARAÚJO, sob a forma de dedicatória, da obra *Introdução à Economia*, Coimbra, Almedina, 2003.

[130] Fernando Araújo, *O Ensino da Economia Política...*, cit., p. 183.

Um tanto ironicamente, no entanto, a passagem de AFONSO COSTA pela regência da disciplina foi efémera e ARMINDO MONTEIRO nunca viria a leccionar finanças públicas, em qualquer das fases da sua carreira.

Antes de apreciarmos a forma como se desenvolveu o ensino das finanças públicas convirá, então, incluir uma breve referência às razões que levaram à situação assinalada.

No que respeita a AFONSO COSTA, cuja carreira universitária, seria permanentemente entrecortada pelas incursões na actividade política, é de assinalar que, logo em 1914, o então Director da Faculdade pediu a transferência do 2.º grupo (ciências económicas) para o 4.º (ciências jurídicas) [131], o que permitiu a ascensão de FERNANDO EMYDGIO DA SILVA a professor ordinário [132].

Ficou assim a cadeira de finanças públicas por largas décadas entregue a FERNANDO EMYDGIO DA SILVA, enquanto que ARMINDO MONTEIRO viria a leccionar direito fiscal, economia política e administração e direito colonial, disciplinas de que existe testemunho escrito do seu ensino [133].

Recorde-se que ARMINDO MONTEIRO concluiria as provas de Doutoramento – nas quais apresentara a monografia *Do Orçamento Português*, volume I, *Teoria geral, História, Preparação* – em 1 de Julho de 1921, vindo a apresentar-se e a ser aprovado no concurso para assistente no ano seguinte, com o segundo volume da dissertação *Do Orçamento Português. Votação e Execução*. MARCELLO CAETANO [134] referia-se, a este propósito, a uma "aquisição valiosíssima para a Faculdade", Faculdade que

---

[131] Cfr. MARCELLO CAETANO, «Apontamentos para a História da Faculdade de Direito de Lisboa», *RFDUL*, volume XIII, 1959, p.35.

[132] FERNANDO EMYGDIO DA SILVA, «Afonso Costa. Fundador da Faculdade de Direito de Lisboa», in *Vida Mundial*, n.º 1662, 1971, agora in *Conferências e mais Dizeres*, volume 5.º, cit., não deixaria de recordar que esse fora o expresso propósito do pedido de transferência de AFONSO COSTA, acrescentando: "nunca esquecerei a espontânea e obsequiosa deferência, que, alheia a qualquer interesse, e não sendo aliás de pedir, só dobrava o reconhecimento do seu beneficiário".

[133] *Introdução ao Direito Fiscal*, separata da *RFDUL*, Lisboa, 1951, *Curso de Economia Política*, Cooperativa parágrafo Único, Lisboa, 1952 e *Administração Colonial*, lições coligidas por AUGUSTO RAMOS, Lisboa, 1944-45.

[134] «Apontamentos para a História da Faculdade de Direito de Lisboa», cit., p. 68. Ainda que mais tarde, MARCELO CAETANO pareça ter revisto essa posição, escrevendo a propósito de ARMINDO MONTEIRO, que "infelizmente o que lhe sobrava de saber e de boa vontade faltava-lhe em qualidades didácticas. O seu pendor literário fazia com que sacrifi-

não lhe regatearia elogios, em especial pela mão do seu antigo professor, FERNANDO EMYGDIO DA SILVA [135].

Se é certo que ARMINDO MONTEIRO nunca regeu finanças públicas, o seu interesse pela área era evidente e ficou, ainda, espelhado em outros textos, como a conferência *Do Equilíbrio Orçamentário* [136] e os *Relatórios sobre os Orçamentos Coloniais* de 1933-34 e de 1935-36 [137].

Da mesma forma, JOÃO LUMBRALES, que leccionara Finanças Públicas em Coimbra e se transferira para Lisboa, também nunca teria a seu cargo a regência da disciplina, embora se mantivesse igualmente atento às questões financeiras [138].

2.2. Fernando Emygdio da Silva

EMYGDIO DA SILVA não publicaria lições da sua responsabilidade, mas existe testemunho do seu ensino através de sebentas elaboradas por alunos, sendo a mais desenvolvida a publicada por CALVET DE MAGALHÃES em 1938, enquanto que diversas conferências publicadas, com relevo para *A Reforma do Orçamento em Portugal: Política e Técnica* [139] e *Finanças Portuguesas 1928-1838* [140], permitem um melhor conhecimento do seu pensamento [141].

---

casse à tentação da bela frase e da imagem sugestiva o rigor dos conceitos e a precisão de linguagem", *Minhas Memórias de Salazar*, Lisboa, Verbo, 1977, p. 354.

[135] Vd. «Armindo Monteiro», *RFDUL*, volume IX (1957), pp. 1 e segs. e «A Alta Figura de Armindo Monteiro, seu Laborioso e Aprumado Caminhar na Vida», *RFDUL*, volume XXII (1970).

[136] Ob. cit..

[137] Agência Geral das Colónias, Lisboa, 1934 e 1936.

[138] Cfr., por exemplo, o estudo *O Problema Financeiro Português*, separata da *Revista da Faculdade de Direito de Lisboa*, volume XI (1958).

[139] Lisboa, Academia de Ciências, 1938.

[140] Coimbra, Coimbra Editora, 1938.

[141] Para além de todo um conjunto significativo de artigos sobre temas de finanças públicas portuguesas, agora reunidos nas *Conferências e Mais Dizeres*, cit., tais como «La Situation Politique, Économique et Financière du Portugal» (volume 2), «Le Financement du Réarmement», «Les Finances Publiques de l'Aprés Guerre», «Conceptions Classique et Moderne des Finances Publiques», «La Reforme du Budget au Portugal: Politique et Technique» (3.º volume), «A Crise Financeira e a Revisão das Despesas Públicas», «Le

Ensinar Finanças Públicas numa Faculdade de Direito 49

A bibliografia geral indicada incluía, para além de textos de JÈZE, ALLIX, NITTI e COSSA, comuns a quase todas as lições da época, obras de TROTABAS e MARNOCO E SOUSA.

A arrumação seguida aproxima-se muito da de MARNOCO E SOUSA, seguindo-se a uma introdução uma primeira parte sobre despesas públicas, uma segunda sobre crédito público, uma terceira sobre receitas públicas, (apenas abrangendo receitas tributárias) e uma quarta sobre orçamento, o que representa uma alteração ao plano do professor de Coimbra.

As lições coligidas por CALVET DE MAGALHÃES revelam uma grande preocupação com a análise da realidade portuguesa e da evolução legislativa, podendo dizer-se que se trata essencialmente de lições de direito financeiro e fiscal, em que os aspectos económicos do fenómeno financeiro raramente encontram lugar.

Foi já afirmado que EMYGDIO DA SILVA é um continuador da tradição descritiva no estudo das finanças públicas [142]. Entre os aspectos relevantes da sua actividade académica haverá que registar a sua constante actividade de conferencista [143] e a preocupação em manter em permanência o diálogo científico com o estrangeiro e, em especial, com França, não se podendo esquecer que viria a ser doutorado *honoris causa* pela Faculdade de Paris.

A propósito das suas qualidades de professor é particularmente elucidativo o testemunho do seu sucessor, SOARES MARTINEZ: "Sucedendo na regência da cadeira a AFONSO COSTA, ensinou Finanças Públicas a muitas gerações de alunos de Direito que com o Doutor FERNANDO EMYGDIO DA SILVA aprenderam a distinguir o orçamento da conta geral do Estado. E tinham mesmo de aprender, porque aquele professor, propenso à benevolência na apreciação do aproveitamento dos alunos, era exigente quanto aos pontos reputados fundamentais: Não expunha muita matéria; mas expunha-a bem e selecionando o que mais importava. As suas lições eram impecáveis; pela clareza e pela capacidade de atrair a atenção dos seus alunos. Porque o Doutor FERNANDO EMYGDIO DA SILVA não era apenas um

---

Redressemente Financier Portugais», «Les Finances Publiques Portugaises et la Viabilité du Pays», «La Dette Publique Portugaise», (5.º volume).

[142] Neste sentido, SOUSA FRANCO, «O Pensamento Financeiro..», cit., p. 24.

[143] ADELINO DA PALMA CARLOS, «Palavras Proferidas nos 75 anos da Faculdade», *Revista da Faculdade de Direito de Lisboa*, volume XXX, 1989, p. 464, recorda-o como o mais brilhante conferencista que conheceu.

50   *Eduardo Manuel Hintze da Paz Ferreira*

excelente conferencista eventual, na base de longa e minuciosa preparação das suas orações; conseguia ser eloquente três vezes por semana, pelo menos, pois tantas eram as aulas de finanças" [144].

Os conhecimentos financeiros de FERNANDO EMYGDIO DA SILVA reflectiram-se, ainda, nos sucessivos pareceres sobre a lei de meios que relatou na Câmara Corporativa.

A síntese que fica da sua actividade enquanto professor é a da clareza e brilho de exposição, assentes na opção por uma metodologia tradicional de ensino das Finanças Públicas.

A opção que ficou assinalada, contrasta, de alguma forma, com a evolução iniciada em Coimbra por TEIXEIRA RIBEIRO e levou a uma interrogação sobre a permeabilidade da Faculdade de Direito de Lisboa às novas orientações keynesianas[145], que foi vivamente sustentada por SOUSA FRANCO[146]com a evocação de lições de ARMINDO MONTEIRO e com a obra de SOARES MARTINEZ.

2.3. Soares Martinez

SOARES MARTINEZ, que nos anos subsequentes teria a seu cargo múltiplas cadeiras do grupo de jurídico-económicas [147] e mais tarde cadeiras inovadoras no plano de estudos da Faculdade, tais como filosofia do direito e histórias das relações diplomáticas, veio a reger finanças públicas, na sequência da jubilação de FERNANDO EMYDGIO DA SILVA.

O interesse de SOARES MARTINEZ pela área das finanças públicas, do direito financeiro e do direito fiscal fizera-se sentir desde muito cedo, com a apresentação de uma dissertação de licenciatura intitulada *a Obrigação Tributária* [148] e com a escolha para tema de doutoramento da per-

---

[144] «Doutor Fernando Emygdio da Silva», *Revista da Faculdade de Direito de Lisboa*, volume XXIV (1972), p. 7.

[145] JACINTO NUNES, «Algumas Notas sobre a Introdução do Keynesianismo em Portugal», in *Cinquentenário da Publicação da Teoria Geral de Keynes*, Lisboa, ISE, 1986, pp. 53-60.

[146] Comentário à comunicação de JACINTO NUNES, cit., pp. 51-55.

[147] Designadamente Economia Política, Direito Fiscal, Direito Corporativo, Direito do Trabalho, História Diplomática, História das Relações Internacionais e Filosofia do Direito.

[148] Publicada nos *Cadernos de Ciência Fiscal*, n.º 51, 1963, pp. 621-773.

Ensinar Finanças Públicas numa Faculdade de Direito 51

sonalidade tributária [149], que deu origem a um texto em que a reflexão sobre a problemática central – soberania tributária e personalidade tributária – é enquadrada numa perspectiva de vasto fôlego sobre o direito financeiro, sua construção teórica e perspectiva histórica.

De resto, na sua vasta obra científica, encontram-se um conjunto significativo de títulos relacionados com as finanças públicas e o direito financeiro [150], que atestam um permanente interesse pela matéria.

Contrariamente ao que aconteceu com outras disciplinas por que foi responsável, SOARES MARTINEZ não publicou lições completas, ainda que uma parte significativa do conteúdo do seu ensino se encontre editada em dois volumes separados, – *Introdução ao Estudo das Finanças* [151] e *Esboço de uma Teoria das Despesas Públicas* [152] – e existam lições da responsabilidade de alunos [153].

Constitui, aliás, um contributo notável para a reflexão sobre o ensino universitário a forma como SOARES MARTINEZ coloca, em 1967, a questão da publicação de lições, escrevendo: "muitos anos depois de ter assumido a regência daquela disciplina na qual teve a honra de suceder ao seu querido Mestre e muito Ilustre Amigo Doutor FERNANDO EMYDGIO DA SILVA, mantinha-se o autor deste trabalho hesitante relativamente à publicação de lições, em concordância com o seu próprio entendimento quanto à missão que cabe ao professor universitário, de estudo reflectido, tanto quanto possível monográfico, em vista a um acrescentar constante de conhecimentos, avesso a vulgarizações, a estratificações e a dogmatismos, que melhor poderão ajustar-se ao ensino numa escola superior de administração, destinada a preparar funcionários, cuja falta tanto se faz sentir no nosso país. Aquela hesitação resultava ainda, e talvez sobretudo, do receio de que a publicação de lições contribuísse de algum modo para

---

[149] *Da Personalidade Tributária*, Lisboa, 1953. Existe uma 2.ª edição de 1969.

[150] Designadamente, «Actualidade das Regras Orçamentais», *Jornal do Foro XX (1958)*, pp. 353-363, «Le Financemente du Reármement au Portugal», *Annales de l' Institut International de Finances Publiques*, 1953, «As Finanças Públicas em Portugal», capítulo da edição brasileira da obra de Henry Laufenburger, *Finanças Comparadas*, agora in *Dispersos Económicos,* separata da *Revista da Faculdade de Direito de Lisboa*, 1990, pp. 27 e segs., bem como um conjunto de outros estudos incluídos nessa colectânea e tornados de consulta mais acessível.

[151] Separata dos *Cadernos de Ciência Fiscal*, n.ºs 90, 91 e 96, Lisboa, 1966.

[152] Separata dos *Cadernos de Ciência Fiscal*, n.ºs 99-100, Lisboa, 1967.

[153] Lisboa, AAFDL, 1957.

a renúncia ao esforço de cunho pessoal e ao desenvolvimento da capacidade de análise crítica que importa, numa universidade, exigir dos alunos, geralmente destinados a carreiras que só poderão sobreviver enquanto dominadas por princípios de independência, liberdade e responsabilidade pessoal, em obediência aos quais cumpre e se forma o espírito dos universitários" [154].

A hesitação do autor só se viria a dissipar, ao que nos explica mais adiante, porque "... mercê de circunstâncias várias, que têm impelido as universidades – as quais já nem se distinguem claramente de outras escolas superiores – para preparar, sobretudo ou exclusivamente, técnicos e especialistas, e não homens de cultura e pensamento, a publicação de lições acaba por se apresentar, a quem venha reflectindo nesses problemas, como mal menor..." [155].

O ensino de SOARES MARTINEZ, tal como é testemunhado pelos elementos publicados sob sua responsabilidade, assim como pelos que foram recolhidos por alunos [156], representa, em certos aspectos, uma profunda renovação e modernização dos estudos de finanças públicas na Faculdade de Direito de Lisboa, definindo uma linha que viria a manter-se e a caracterizar a posterior docência de finanças públicas.

A par com a valorização dos aspectos históricos, sempre tão caros ao autor [157], o factor emblemático do ensino de SOARES MARTINEZ é a integração dos aspectos económicos e jurídicos no estudo do fenómeno financeiro, sendo de assinalar a importância da economia financeira – até

---

[154] *Introdução ao Estudo das Finanças*, p. 10.

[155] De facto, SOARES MARTINEZ viria a publicar um conjunto significativo de lições, muitas delas objecto de sucessivas reedições.

[156] AAFDL, Lisboa, 1957.

[157] Que o autor justifica, escrevendo: "As ciências não têm de construir-se ao sabor dos condicionalismos das épocas que se sucedem; mas também não podem desconhecê-los. Daí o relevo que se procurou dar nesta Introdução ao curso evolutivo das instituições financeiras através dos tempos, não esquecendo de modo algum os mais próximos. Sem esse relevo, arriscamo-nos a perder o sentido do valor relativo das soluções presentes, muitas puramente acidentais e, em consequência, mutáveis sem risco para o equilíbrio das sociedades, tornando-se-nos também impossível, pela incapacidade de destrinça entre o essencial e o acessório, estabelecer qualquer ordem hierárquica de matérias e soluções, que tão necessária se está tornando em face da anarquia casuística que vai dominando a vida social, através da renúncia a impor uma disciplina lógica até no plano do pensamento e da ciência pura".

aí bastante subalternizada na Faculdade – como é patente no *Esboço de uma Teoria das Despesas Públicas.*

O *Esboço de uma Teoria das Despesas Públicas* representa um esforço altamente significativo de estudo de uma das áreas menos trabalhadas pelos cultores das finanças públicas, envolvendo uma cuidada arrumação das despesas, a par com uma discussão actualizada da problemática económica e com a utilização de elementos quantitativos que tornam a exposição especialmente interessante.

Também na *Introdução ao Estudo das Finanças* se vai encontrar a mesma clareza na arrumação dos conceitos, seguida por um útil título sobre a evolução geral da doutrina e das organizações financeiras, reveladora dos grandes conhecimentos históricos do autor e pondo em destaque uma vasta bibliografia devidamente identificada.

A arrumação das matérias – a fazer fé nas lições coligidas pelos alunos – revela uma grande originalidade em relação aos programas tradicionais, na medida em que à introdução se segue um capítulo sobre despesas públicas, um segundo sobre receitas públicas (receitas patrimoniais, taxas, impostos e receitas para-fiscais) e um terceiro sobre crédito público, só sendo estudado o Orçamento a encerrar o curso, momento em que os estudantes já teriam um conhecimento aprofundado dos instrumentos financeiros.

Da consulta dos elementos publicados sob a sua responsabilidade e das lições coligidas por alunos, ressalta especialmente o facto, marcante para a época, de SOARES MARTINEZ se ter sempre ocupado dos efeitos económicos não só das despesas, mas também dos impostos e do crédito público, embora nunca tenha procedido a uma autonomização de um capítulo sobre políticas financeiras, assim se inserindo na corrente dominante no ensino das finanças nesse período.

Os elementos disponíveis mostram que os aspectos políticos e, sobretudo, jurídicos foram sempre devidamente ponderados no ensino de SOARES MARTINEZ, que se reveste de características eminentemente interdisciplinares e de uma grande adequação às necessidades de uma Faculdade de Direito.

O ensino de SOARES MARTINEZ caracteriza-se, como ficou assinalado, por uma grande atenção à componente económica do fenómeno financeiro. Porem essa opção não correspondeu à transformação da cadeira numa cadeira de economia financeira.

2.4. Paulo de Pitta e Cunha

A transformação de finanças públicas numa cadeira de economia financeira seria, porventura, o rumo que a disciplina teria, se a sua regência tivesse sido confiada a PAULO DE PITTA E CUNHA [158].

De facto, na sequência da apresentação, no curso complementar de 1960-61, de um trabalho intitulado *Equilíbrio Orçamental e Política Financeira Anticíclica* [159], PITTA E CUNHA viria a proferir, no ano lectivo de 1962-63, no âmbito da cadeira de finanças públicas, uma série de lições sobre política financeira, que se encontram igualmente publicadas [160] e que formam um elemento de estudo da maior importância, constituindo, ainda hoje, uma excelente exposição do pensamento keynesiano, que tanta influência exerceu sobre o autor, como é patente quer na dissertação de doutoramento [161], quer ainda na evocação que recentemente faria dessa mesma corrente dando, aliás, conta das principais correcções e aperfeiçoamentos que a ciência económica viria a introduzir [162].

Deverá, todavia, notar-se que PITTA E CUNHA, reflectindo em 1964 a propósito de um seminário organizado pela OCDE sobre finanças públicas e desenvolvimento, que lhe permitiria já então então o primeiro contacto com vultos com a importância científica de RICHARD MUSGRAVE e ALAN PEACOCK [163], concluía: " e mais se radicou no nosso espírito a convicção de que, nos estudos de finanças públicas, tal como na formulação de política financeira, é uma orientação de tipo eclético que se impõe: já não aquela "visão continental", histórica e institucional, contra a qual reagem, advertidamente, os cultores modernos das finanças públicas; mas uma perspectiva de síntese que, sem enjeitar os contributos da teoria económica moderna para a solução dos problemas financeiros, não se demita

---

[158] Ou, eventualmente, a ALBERTO XAVIER autor de um estudo de forte inspiração keynesiana, *Política Orçamental e Economia do Mercado. A Experiência Orçamental do após Guerra*, separata dos *Cadernos de Ciência e Técnica Fiscal*, Lisboa, 1970.

[159] Publicado nos *Cadernos de Ciência e Técnica Fiscal*, n.º 3, 1962.

[160] «Introdução à Política Financeira», *Cadernos de Ciência e Técnica Fiscal*, 1971.

[161] *Expansão e Estabilidade. Os Dilemas da Política Macro-Económica*, Lisboa, 1972.

[162] «A União Monetária e o Pacto de Estabilidade», in *Estudos em Homenagem ao Professor Lumbrales...*, cit., pp. 955 e segs..

[163] Cujos doutoramentos *honoris causa* pela Faculdade de Direito de Lisboa viria a apadrinhar, nos finais da década de noventa do século passado.

da teorização dos problemas políticos, sociológicos, psicológicos, nem despreze as idiossincrasias do quadro económico real em que actuam os instrumentos orçamentais" [164]

PITTA E CUNHA, que assumiu uma posição especialmente relevante na defesa das disciplinas do grupo de ciências jurídico-económicas, de que passou a ser decano após a jubilação de SOARES MARTINEZ, viria, contudo, e após passagens por direito fiscal e economia política, a concentrar-se no curso de economia no 3.º ano, consagrado ao estudo de moeda e relações económicas internacionais [165] e, mais tarde, no direito comunitário, de cujos estudos foi o grande impulsionador em Portugal.

2.5. Sousa Franco

A regência de finanças públicas passaria, então, no inicio dos anos 70 do século XX, para SOUSA FRANCO, que vai aprofundar as opções metodológicas do anterior regente [166], introduzindo, no entanto, novos e importantes temas no estudo das finanças públicas, até aí objecto de pouca atenção por parte dos financistas portugueses.

À semelhança do que aconteceu em Coimbra, com TEIXEIRA RIBEIRO, também em Lisboa o ensino das finanças públicas vai ser marcado de forma especial por um professor, neste caso SOUSA FRANCO, que se tornou, ainda muito jovem, responsável pela cadeira e tem mantido a sua regência, ou coordenação de regências, ao longo das últimas décadas, trabalhando com uma equipa de assistentes [167] – de que o autor teve o

---

[164] «As Finanças Públicas como Instrumento do Desenvolvimento Económico», *Ciência e Técnica Fiscal*, n.º s 68-69 (1964), p. 216.

[165] Como o próprio recorda em «Introdução a Dois Estudos em Homenagem ao Professor João Lumbrales», in *Estudos...*, cit., p. 932.

[166] Os primeiros elementos escritos de estudo da autoria de SOUSA FRANCO, elaborados ainda enquanto assistente de SOARES MARTINEZ, revestem-se, aliás, da forma de aditamentos às lições, Lisboa, AAFDL, 1970.

[167] Para além do autor do relatório, o próprio SOUSA FRANCO em sucessivas edições recorda MARCELO REBELO DE SOUSA, CARLOS SANTOS FERREIRA, CARLOS SAMPAIO, MANUELA ANTÓNIO, GUILHERME D' OLIVEIRA MARTINS, MÁRIO DONAS, MARIA EDUARDA AZEVEDO, SALDANHA SANCHES, MANUEL PIRES, ANTÓNIO BRAZ TEIXEIRA, ALBUQUERQUE CALHEIROS, LEONOR CUNHA TORRES E SÉRGIO GONÇALVES DO CABO. Mais recentemente, há que registar as colaborações de CARLOS LOBO, OLÍVIO MOTA AMADOR, ANA PAULA

privilégio de fazer parte – que o seguiram sempre de muito perto no ensino teórico e prático, apenas com a introdução de um ou outro novo tema e com a necessária actualização legislativa.

Dentro do pluralismo metodológico que advoga, pode todavia notar-se em SOUSA FRANCO um percurso inverso ao de TEIXEIRA RIBEIRO, em que o direito financeiro vai ganhar uma crescente importância, quer talvez em resultado do seu percurso pessoal e experiência político-profissional, quer em função das revisões feitas noutros países, no sentido do reforço da importância das regras jurídicas.

Se, como já se fez notar, os primeiros elementos de estudo da autoria de SOUSA FRANCO se revestem da forma de aditamentos aos textos de SOARES MARTINEZ, logo no ano lectivo de 1972-73 surgem as primeiras lições, ainda elaboradas por alunos – FERNANDO QUINTAIS LOPES e MANUEL CARRASQUEIRA BAPTISTA [168], mas sob a responsabilidade de SOUSA FRANCO, que permitem uma melhor percepção das novas ambições introduzidas no ensino de finanças. Da mesma época data, ainda, uma vasta colectânea de legislação, reveladora da atenção dada à análise da prática financeira portuguesa.

Apesar das inovações de que se dará de seguida conta, o ensino de SOUSA FRANCO não constituiu uma ruptura com a tradição de Lisboa, antes sendo tributário do dos professores que o antecederam na regência da disciplina.

O primeiro aspecto a sublinhar na renovação introduzida por SOUSA FRANCO é a autonomização das políticas financeiras, com uma exposição, à semelhança da de PAULO PITTA E CUNHA, muito influenciada pelo keynesianismo, separando as políticas conjunturais de pleno emprego e de estabilização, das políticas estruturais de crescimento e desenvolvimento económico.

O interesse de SOUSA FRANCO pelos temas de crescimento e desenvolvimento económico é, nesses anos da sua carreira, muito evidente, espelhando-se em diversos textos importantes, quer ao nível da análise teórica, quer da apreciação da realidade portuguesa, que irão culminar na

---

DOURADO, NAZARÉ COSTA CABRAL, XEREPE SILVÉRIO, RICARDO BORGES, MARCO CAPITÃO FERREIRA, JOÃO GAMA, GUILHERME WALDEMAR D'OLIVEIRA MARTINS e PAULA ROSADO PEREIRA.

[168] Lisboa, AAFDL.

dissertação de doutoramento intitulada *Políticas Financeiras e Formação de Capital* [169].

Esse conjunto de estudos demonstra uma grande actualização científica e uma atenção a todas as correntes económicas importantes, incluindo o marxismo, a par de um conhecimento aprofundado da mais relevante teoria económica do desenvolvimento.

Não só no domínio das políticas financeiras a obra de SOUSA FRANCO iria inovar. Deixando de parte a sua vastíssima obra científica e concentrando-nos, apenas, nos elementos de estudo destinados ao apoio dos estudantes de finanças públicas, não se pode ignorar a importância dada ao estudo do fenómeno financeiro nas suas diferentes perspectivas – jurídica, económica e política – que veio permitir a apreciação de importantes questões de macroeconomia, a par com a discussão das teorias da decisão financeira, que propiciaria o acompanhamento de muitas das questões novas que, a partir do início da década de setenta, vão fazer a sua entrada nos estudos financeiros.

Mas, se nos apontamentos das lições de 1972-73 se encontram já as linhas de força ainda hoje seguidas no ensino daquele professor, é o *Manual de Finanças Públicas e Direito Financeiro* [170] que, ainda que não abrangendo toda a matéria – uma vez que o segundo volume, que incluiria uma teoria das despesas, o estudo dos principais tipos de receitas e as políticas financeiras, não chegou a ser publicado – dá uma mais clara ideia da qualidade e da vastidão dos problemas abordados por SOUSA FRANCO.

O *Manual*, assim como as várias lições que se seguiriam a partir de 1982, foi elaborado na perspectiva de uma disciplina anual e comporta matéria que não pode ser leccionada apenas num semestre, obrigando a opções que sacrificaram sempre algumas das suas partes, depois, por vezes, retomadas em Finanças Públicas II.

Na introdução do *Manual* encontram-se interessantes reflexões e justificações sobre as opções tomadas, em que se identifica a tentativa de "... dosear a imprescindível discussão de temas teóricos com o fornecimento – por vezes sob forma muito minuciosa – de informações de ordem prática", o que corresponde, como sabemos já, a uma opção antiga no ensino das finanças públicas.

---

[169] Lisboa, 1974.
[170] Ob. cit..

Por outro lado, o autor não se furta a uma reflexão sobre as funções da Universidade e dos manuais de ensino, que irá manter e actualizar ao longo das edições seguintes e que encontra, porventura, a sua melhor formalização no prefácio a *Direito Financeiro e Finanças Públicas* de 1981[171], de que se retira o seguinte excerto: " esta obra situa-se num nível universitário intermédio – nem elementar nem avançado – procura ser exigente e exprime um ensino que sempre se buscou rigoroso. Aceitar a necessidade de formar mais universitários; recusar o malthusianismo escolar, não rejeitar **in limine** a universidade de massa, valorizar o ensino prático e o serviço da realidade social na **Nova Universidade** – eis pontos que consideramos inevitáveis. Mas deles não pode extrair-se a facilidade aviltante, a recusa do esforço teórico e da perspectiva histórica, o abandono da integração exigente entre ensino e pesquisa, o rebaixamento da Universidade a uma escola sem nível superior de exigência cultural".

No mesmo prefácio, o autor assume de forma clara aquilo que vinha sendo a sua orientação metodológica, em termos que vale a pena recordar: "esta é uma obra radical e intencionalmente interdisciplinar, que visa situar-se sem ambiguidade na confluência da Economia Pública e do Direito Financeiro. Mantendo ambas claramente distintas – na perspectiva científica, nos princípios, nos métodos e nas leis –, entendemos por igual o jurisdicismo estéril e formal, como o estudo gelado da economia sem sólida base institucional".

Ainda antes da publicação do *Direito Financeiro e Finanças Públicas*, SOUSA FRANCO publicara dois outros elementos de estudo: *Finanças Públicas II. Estruturas e Políticas Financeiras*[172], e *Finanças Públicas e Direito Financeiro (Súmula)* [173], este último com a colaboração do autor do presente relatório, e actualizara a Legislação de Finanças Públicas [174].

A *Súmula*, como o nome indica, apresentava-se como um elemento destinado em particular a facilitar o estudo dos alunos, ao mesmo tempo que actualizava os aspectos jurídicos do fenómeno financeiro, à luz da evolução legislativa entretanto ocorrida e, em especial, da promulgação da Constituição de 1976.

---

[171] Volume I e II, Lisboa, Vega Editora.

[172] AAFDL, Lisboa, 1980-81.

[173] AAFDL, Lisboa, 1980-81.

[174] Em colaboração com CARLOS SANTOS FERREIRA, *Finanças Públicas. Colectânea de Legislação*, AAFDL, 1980.

Nesse período surgiram, ainda, diversos sumários dos vários assistentes que regeram a cadeira [175] e ANTÓNIO BRAZ TEIXEIRA publicaria, respectivamente em 1980 e 1990, *Introdução ao Direito Financeiro* e *Finanças Públicas e Direito Financeiro*, ambos editados pela Associação Académica da Faculdade e revelando uma diversa opção metodológica, assente numa sobrevalorização do elemento jurídico. Em 1984/85, GULHERME D'OLIVEIRA MARTINS publicaria lições sob o título *Constituição Financeira* [176].

A multiplicação das regências, que correspondeu ao aumento do número de turmas e à própria circunstância de SOUSA FRANCO ter, por diversas vezes, sido chamado a funções governativas ou a outros cargos públicos, nunca conduziu à quebra da unidade da matéria, uma vez que até à sua passagem pelo XIII Governo SOUSA FRANCO sempre assegurou a coordenação de regências e que, durante este impedimento, a mesma esteve a cargo do autor do presente relatório, que não alterou o programa que vinha sendo seguido.

Naturalmente que o número de aulas ou as próprias inclinações pessoais dos diversos regentes terão levado a que o tratamento das matérias nem sempre fosse idêntico, ou a que certas matérias fossem mais ou menos valorizadas. Contudo, o que importa acentuar é a continuidade científica e pedagógica registada ao longo de todo este período.

A última edição de *Finanças Públicas e Direito Financeiro* que, a partir de 1987, estaria a cargo da editora Almedina, é de 1992. Nessa edição, o primeiro volume é consagrado a uma longa introdução à realidade financeira, que se conclui com um último capítulo sobre o Orçamento Estadual, antecedido dos seguintes capítulos: O Fenómeno Financeiro. Factos e Normas; a Evolução Histórica das Finanças Portuguesas; Estruturas e Instituições e o Património Público. Num apêndice, foi ainda possível a SOUSA FRANCO abordar a matéria do Tratado da União Europeia.

No segundo volume encontramos capítulos sobre despesa públicas, receitas públicas, os impostos em especial e políticas financeiras. Trata-se, no entanto, da parte do manual que conheceu uma menor actualização, conforme o autor, de resto, adverte, em nota prévia.

Se *Finanças Públicas e Direito Financeiro* continua a ser o elemento de estudo fundamental, até pela sua dimensão teórica que, no

---

[175] Por exemplo, *Direito Financeiro* de CARLOS SANTOS FERREIRA.
[176] Lisboa, AAFDL.

essencial, se mantém actualizada, o programa seguido por SOUSA FRANCO nos últimos anos tem variado muito, como se pode confirmar pelos sumários publicados em 2001/2002 com CARLOS ALMEIDA SAMPAIO, OLÍVIO MOTA AMADOR e CARLOS BAPTISTA LOBO [177].

No escasso número de aulas possibilitado pela organização curricular, para além da introdução, em que é patente a compressão das matérias de economia financeira, optou SOUSA FRANCO por um estudo das "finanças da III República", envolvendo a análise dos vários subsectores – regional, local e empresarial – e das finanças europeias e por um desenvolvimento da matéria do orçamento e controlo orçamental, concluindo-se com rápidas referências à matéria da dívida pública e das receitas tributárias.

O programa de 2003/2004 [178] confirma essa continuidade de programa e essa tendência para uma maior importância dada à componente jurídica.

3. O Ensino de Finanças Públicas noutras Faculdades

3.1. Outras Faculdades de Direito

A proliferação das licenciaturas em Direito, quer no âmbito do ensino público, quer do privado, torna impossível e fastidioso fazer o acompanhamento das opções feitas quanto a finanças públicas na generalidade dessas licenciaturas.

Ainda assim, é claramente possível identificar dois blocos: um primeiro em que é patente a influência das orientações metodológicas da Faculdade de Direito de Lisboa, como sucede com a Faculdade de Direito do Porto (regência do mestre DIOGO FEIO) e com a Universidade Católica de Lisboa – onde, de resto, a disciplina foi leccionada por SOUSA FRANCO, sendo agora da responsabilidade da MESTRE ISABEL MARQUES DA SILVA – com um programa onde é patente essa inspiração, e um segundo em que se assiste à opção de tornar a cadeira de finanças públicas numa cadeira de economia pública, sem qualquer consideração dos aspectos jurídicos, como sucede na Escola de Direito da Universidade do Minho ou na Faculdade de Direito da Universidade Nova de Lisboa.

---

[177] Lisboa, AAFDL, 2001.
[178] Faculdade de Direito de Lisboa, *Guia Pedagógico 2003/2004*.

Ensinar Finanças Públicas numa Faculdade de Direito 61

A Faculdade de Direito da Universidade Nova de Lisboa foi a que mais avançou nesse caminho, ao substituir a disciplina de finanças públicas por uma de economia pública, regida por ANTÓNIO SOARES PINTO BARBOSA, com um programa que corresponde basicamente ao conteúdo do manual de sua autoria intitulado *Economia Pública*[179], com as seguintes matérias: intervenção do Estado numa economia de mercado; bens públicos e externalidades; provisão pública e decisão colectiva; equidade e redistribuição; estabilização e crescimento; a restrição orçamental: despesas públicas, tributação e saldo orçamental; descentralização financeira; formas de intervenção: regras ou poder discricionário e o constitucionalismo económico.

O desaparecimento das finanças públicas é, de alguma forma, contrabalançado pela existência de uma cadeira de direito financeiro, a cargo de JORGE BACELAR GOUVEIA, com um programa que se aproxima muito do tradicionalmente seguido na disciplina de finanças públicas nas faculdades de direito, abrangendo até a matéria de políticas financeiras[180].

Uma posição de alguma forma intermédia era assumida, até à supressão da disciplina, pela Faculdade de Direito da Universidade Católica do Porto (regência do Conselheiro PINTO RIBEIRO), onde uma maior importância da economia financeira não levava ao esquecimento da componente jurídica e institucional, patente nos capítulos sobre orçamento e receitas.

Na Universidade Autónoma de Lisboa e após um período em que o autor deste Relatório regeu a cadeira, o actual regente – conselheiro CARLOS MORENO – atribui uma grande ênfase à matéria de controlo financeiro[181].

3.2. Outras escolas de ensino superior

Importará, ainda, passar brevemente em revista outras licenciaturas não jurídicas que leccionam a matéria de finanças públicas ou economia

---

[179] MACGRAW HILL, 1998.

[180] Vd. *Direito Financeiro. Guia de Estudo*, 2.ª edição, Lisboa, AAFDL, 2003.

[181] Como se pode verificar pelos apontamentos policopiados elaborados em co-autoria com LUÍS CAMEJO e intitulados *Finanças Públicas I*, Lisboa, 1996. Do mesmo autor e editado pela UAL, veja-se, ainda, *Finanças Públicas. Gestão e Controlo dos Dinheiros Públicos*, 2.ª edição, Lisboa, 2000.

pública, para se ter uma ideia dos principais temas que ocupam os seus responsáveis e dos mais significativos elementos de estudo por eles elaborados.

Não se trata, naturalmente, de procurar fazer aqui um roteiro da história do ensino das finanças nas escolas de economia ou gestão e, menos ainda, de analisar o papel destas escolas a partir da sua autonomização, mas tão só de assinalar alguns pontos mais marcantes e de apresentar um breve esboço das actuais tendências.

Se é certo que, em especial nos anos 50, o então ISCEF esteve na origem de algumas das mais relevantes teses de economia keynesiana desse período [182], o interesse científico assim evidenciado não deu origem a manuais com importância significativa na área das finanças públicas, sendo, até há pouco tempo, utilizados sistematicamente no ensino os textos de TEIXEIRA RIBEIRO e SOUSA FRANCO.

Com origem na Universidade Técnica de Lisboa, o *Tratado de Finanças Públicas* de JOSÉ EUGÉNIO DIAS FERREIRA [183] é, porventura, o texto mais trabalhado. Constituindo uma clara manifestação do ensino descritivo das finanças, tem o inegável mérito de veicular muita informação.

Mais tarde e já no âmbito da Universidade Nova de Lisboa e da Universidade Católica, surgiram novas orientações metodológicas, particularmente ligadas às escolas americanas e apareceram os primeiros textos importantes de apoio ao ensino, embora inicialmente virados quase exclusivamente para as políticas financeiras, como é o caso do livro de ANÍBAL

---

[182] Ver, para a descrição do ambiente então vivido, JACINTO NUNES, «Algumas Notas sobre a Introdução do keynesianismo em Portugal», in *Cinquentenário da Publicação da Teoria Geral de Keynes*, Instituto Superior de Economia, Lisboa, 1986, pp. 53 e segs.. Em grande medida terá sido, no entanto, na Faculdade de Direito de Coimbra que surgiram os primeiros e mais importantes textos de inspiração keynesiana e que TEIXEIRA RIBEIRO introduziu a temática no ensino das Finanças Públicas. Entre os textos importantes dessa primeira geração keynesiana, citam-se os de FERNANDO PINTO LOUREIRO, JOSÉ JÚLIO PIZARRO BELEZA, *A Teoria do Juro – A Controvérsia keynesiana*, Coimbra, 1955, TEIXEIRA PINTO, *Alguns Aspectos do Crescimento Económico*, Lisboa, 1956, e MANUEL JACINTO NUNES, *Rendimento Nacional e Equilíbrio Orçamental*, Lisboa, 1956. Sempre na perspectiva do ISEG ver, ainda, CARLOS BASTIEN, «A Revista de Economia e a Introdução do keynesianismo em Portugal», *Estudos de Economia*, volume IV, 1983-84, pp. 163 e segs. e CARLOS BASTIEN e JOSÉ LUÍS CARDOSO, «The Reception of the General Theory in Portugal: the First 20 Years», *Economia*, volume XXII, 1998, pp. 69 e segs..

[183] 1.º Volume, Lisboa, 1949 e 2.º e 3.º Lisboa 1950.

CAVACO SILVA, *Finanças Públicas e Políticas Macro-Económicas* [184], de forte inspiração keynesiana, depois republicado em 1992, em co-autoria com JOÃO CÉSAR DAS NEVES [185] e introduzindo alguns dos temas de revisão do pensamento keynesiano.

Fica-se, no entanto, a dever a ANTÓNIO SOARES PINTO BARBOSA, o primeiro manual de economia pública, elaborado para apoio dos estudantes de uma universidade portuguesa – o já citado *Economia Pública* – , em que o autor introduz temas que lhe são especialmente caros, como o do constitucionalismo económico, sob a influência de JAMES BUCHANAN.

Nos programas actualmente em curso, é evidente o domínio das escolas anglo-saxónicas, ainda que com matizes variadas, que por vezes resultam agravadas pela circunstância de coexistirem cadeiras de finanças públicas com outras de economia pública.

Assim, no ISEG, enquanto que na disciplina de economia e finanças públicas (de frequência obrigatória) o programa abrange três partes – sendo a primeira consagrada às finanças públicas e ao papel do Estado, às despesas públicas e às receitas públicas, a segunda ao sector público em Portugal e a terceira à política orçamental –, em economia pública (cadeira facultativa), para além de uma introdução, estudam-se as externalidades, os bens públicos, a tributação, a despesa pública, a medição da eficiência e a redistribuição.

Uma última referência vai ainda para o ISCTE, onde na licenciatura em Economia encontramos uma disciplina de economia pública, com um programa especialmente consagrado às razões da intervenção do Estado, aos bens públicos, às externalidades, à economia do bem estar e à decisão colectiva.

Na mesma escola, mas a nível de cursos pós graduados, encontramos um mestrado em finanças públicas e gestão orçamental, da responsabilidade do Conselheiro JOSÉ TAVARES, assente basicamente no estudo dos vários subsectores públicos e no controlo orçamental.

---

[184] Universidade Nova de Lisboa, 1982.
[185] Universidade Nova de Lisboa (1992).

II

PROPOSTA DE PROGRAMA

Síntese justificativa

A análise, necessariamente sumária, dos caminhos percorridos entre nós no estudo e leccionação das finanças públicas, constituiu um precedente lógico da apresentação de um programa que, por um lado, é tributário da rica tradição de ensino e, por outro, constitui um esforço pessoal de reflexão sobre os rumos que se considera desejáveis para a disciplina.

Naturalmente que a apresentação de um programa de uma cadeira em que se trabalha há já longos não pode deixar de reflectir a experiência docente e a própria percepção do interesse e da motivação dos alunos em relação aos diferentes capítulos da matéria.

Com esses pressupostos, a elaboração do programa é um momento especialmente adequado a uma reflexão mais aprofundada sobre o sentido do ensino e à introdução das inovações que se foram impondo para corresponder à evolução teórica e às próprias modificações, por vezes profundas, da legislação.

Esta é, também, uma ocasião em que a comparação de experiências e o confronto com outras alternativas que se colocam ao ensino da disciplina se torna especialmente motivador.

No caso de uma disciplina como a de Finanças Públicas, em que existe uma tradição rica de reflexão e ensino, impõe-se honrá-la, ao mesmo tempo que se ensaia a inovação. Essa será a melhor forma de homenagear os que anteriormente abriram caminhos e brilhantemente os trilharam.

No caso presente, o trabalho encontra-se substancialmente dificultado pela circunstância de a responsabilidade pelo ensino de Finanças Públicas na Faculdade de Direito de Lisboa estar há mais de trinta anos a cargo de SOUSA FRANCO, com quem trabalhei longamente, tendo até colaborado na elaboração de elementos escritos de estudo, tudo a atestar uma profunda convergência de pontos de vista, quer sobre a metodologia de ensino, quer sobre o conteúdo da disciplina, sem prejuízo das divergências pontuais que naturalmente se foram registando ao longo desses anos. Divergências que perpassaram as provas de doutoramento do autor do Relatório e que foram especialmente evidentes em matéria de caracterização da dívida pública.

A decisão de apresentar, ainda assim, um programa da cadeira de finanças públicas, para além das razões que foram já recordadas fica, também, a dever-se ao facto de o autor sempre ter encontrado por parte do Professor SOUSA FRANCO o maior estímulo no sentido de prosseguir os seus próprios caminhos de investigação.

Assim, este Relatório estruturando-se embora numa linha de continuidade com o ensino de SOUSA FRANCO e incorporando a experiência dos anos de trabalho em comum, tem a ambição de não constituir uma duplicação cega do brilhante magistério daquele Professor, ao introduzir quer uma abordagem nova de velhos temas, quer o tratamento de um conjunto de questões emergentes no universo das finanças públicas.

Diria, em síntese, que o programa que se apresenta é tributário do ensino de SOUSA FRANCO e dos professores que o antecederam e que esta é – ao que penso – a melhor homenagem que lhes poderia prestar, garantindo o meu empenho em dar continuidade ao sentido do trabalho desenvolvido, adequando-o aos mais recentes desenvolvimentos científicos e práticos.

É, assim, que proponho o seguinte:

PROGRAMA

Introdução

I. Aspectos gerais
1. As Finanças Públicas. Questões de ordem geral
2. Fixação de terminologia (Direito Financeiro, Economia Pública, Economia Financeira, Contabilidade Pública, Políticas Financeiras)
3. A tradição de ensino das Finanças Públicas. Ideias gerais
4. Questões metodológicas
   4.1. As Finanças Públicas na convergência da Economia Pública e do Direito Financeiro
   4.2. As ciências auxiliares
5. Finanças Públicas e Ética Política

II. O Direito Financeiro
1. Noção de Direito Financeiro
2. A autonomia do Direito Financeiro
3. O Direito Financeiro em perspectiva histórica
4. Divisões do Direito Financeiro
5. Relações com outros ramos do direito
6. Direito Financeiro e Direito Fiscal
7. Os novos rumos do Direito Financeiro
8. A Constituição Financeira Portuguesa
   8.1. A Constituição Financeira formal
   8.2. A Constituição Financeira material

III. Introdução à economia pública
1. As origens da expressão economia pública
2. A intervenção do Estado na Economia
   2.1. As razões da intervenção do Estado segundo Musgrave
      2.1.1. A função de afectação
      2.1.2. A função de redistribuição
      2.1.3. A função de estabilização económica
      2.1.4. Desenvolvimentos e aperfeiçoamentos do esquema tripartido de Musgrave
3. Os bens públicos como centro da actividade económica do Estado
   3.1. Características dos bens públicos

3.2. Forma de provisão de bens públicos
3.3. As externalidades
4. A *public choice*
5. A nova macro-economia clássica

IV. As Instituições Financeiras
1. Da noção de instituição financeira
2. Os agentes financeiros
   2.1. O Parlamento
   2.2. O Governo
   2.3. A Administração Pública
   2.4. Outros agentes financeiros
      2.4.1. Primeira aproximação aos vários subsectores
         2.4.1.1. A Administração Autónoma
         2.4.1.2. A Segurança Social
         2.4.1.3. As Regiões Autónomas
         2.4.1.4. As Autarquias Locais
         2.4.1.5. O sector empresarial do Estado
3. Os Tribunais financeiros
4. As instituições de enquadramento
   4.1. O Orçamento do Estado (remissão)
   4.2. O Património do Estado
   4.3. O Tesouro

PARTE I
DA DECISÃO FINANCEIRA EM ESPECIAL

CAPÍTULO I
Aspectos gerais

1. Razões da autonomização
2. Os problemas económicos da decisão financeira
   2.1. Dimensão do Estado, prioridades de actuação. Relacionamento com o sector privado
   2.2. A tentativa de racionalização da decisão financeira
   2.3. A economia do bem-estar
   2.4. As aproximações normativas. De Pareto a Rawls e Nozick
3. A decisão financeira como decisão colectiva

4. A impossibilidade de encontrar uma solução através dos mecanismos de voto
   4.1. Wicksell e a regra da unanimidade
   4.2. A solução de Lindhal
   4.3. O teorema da impossibilidade de Arrow
5. Problemas da decisão financeira: a *public choice*
   5.1. O papel dos políticos
   5.2. O papel dos burocratas
   5.3. Os grupos de interesse
6. O constitucionalismo económico
7. Regras escritas *versus* poder descricionário

CAPÍTULO II
O quadro espacial da decisão financeira

SECÇÃO I
Desconcentração e Descentralização Financeira

1. O Estado agente tradicional da decisão financeira
2. A emergência de novos agentes de decisão financeira
3. A descentralização financeira e o *fiscal federalism*
   3.1. Objectivos, modalidades e instrumentos
   3.2. A experiência portuguesa. Um federalismo financeiro parcial e incompleto
   3.3. Descentralização da despesa
   3.4. Descentralização da receita
4. Os problemas de coordenação dos vários agentes de decisão

SECÇÃO II
Finanças Internacionais e Comunitárias

1. Finanças supra-nacionais
2. Os bens públicos globais
3. As finanças da Comunidade Europeia
4. Finanças comunitárias e finanças estaduais
5. O Tratado de Maastricht e o Pacto de Estabilidade
6. A aplicação do Pacto
7. A margem de manobra financeira dos Estados

CAPÍTULO III
Do Orçamento Estadual em Especial

SECÇÃO I
Noções Introdutórias

1. O Orçamento do Estado
2. Orçamento e figuras afins
3. Aspectos históricos do Orçamento
    3.1. A evolução da instituição orçamental em Portugal
    3.2. A disciplina jurídica do Orçamento e seus desenvolvimentos
4. A nova lei de enquadramento orçamental e, em especial, a articulação do Orçamento do Estado com os restantes orçamentos públicos
5. Natureza jurídica do Orçamento

SECÇÃO II
Das Regras Orçamentais em Especial

1. As regras orçamentais clássicas
2. Regras orçamentais clássicas e finanças neutras
3. A actualidade das regras orçamentais
4. Da regra da plenitude em especial
    4.1. Plenitude *versus* desorçamentação
    4.2. As consequências financeiras da desorçamentação
    4.3. O regresso à plenitude orçamental
    4.4. Orçamento do Estado e orçamentos autónomos
    4.5. Breve referência aos vários subsectores públicos
5. Da regra do equilíbrio orçamental em especial
    5.1. Equilíbrio orçamental, equilíbrio financeiro e equilíbrio económico
    5.2. A evolução dos critérios de equilíbrio orçamental
    5.3. O equilíbrio orçamental numa perspectiva histórica
    5.4. Os efeitos do défice orçamental
    5.5. Défice orçamental e compromissos externos
6. As novas regras de estabilidade orçamental

Ensinar Finanças Públicas numa Faculdade de Direito

SECÇÃO III
Conteúdo do Orçamento

1. A estrutura formal do Orçamento
   1.1. O articulado
   1.2. Os mapas
2. Problemas do articulado
   2.1. Em especial os "cavaleiros orçamentais" e as autorizações ao Governo
   2.2. As medidas de política fiscal

SECÇÃO IV
Preparação e Aprovação do Orçamento

1. A competência para a preparação do Orçamento
2. Critérios de preparação orçamental
3. A integração entre Orçamento e planificação
4. O papel do Ministério das Finanças
5. A informação ao Parlamento
6. A votação do Orçamento
7. Poderes da Assembleia da República e procedimentos de votação
8. O atraso na aprovação do Orçamento
9. As vinculações externas do Orçamento
10. A Lei de Estabilidade Orçamental

SECÇÃO V
Execução Orçamental

1. Aspectos gerais
2. O regime da contabilidade pública
3. Princípios de execução do orçamento de despesas
4. Princípios de execução do orçamento de receitas
5. As alterações orçamentais
6. A fiscalização da execução orçamental. Remissão

CAPÍTULO IV
Controlo e Responsabilização Financeira

SECÇÃO I
Controlo Interno e Controlo Externo

1. Razões da autonomização do capítulo
2. O controlo financeiro como desenvolvimento da tradicional fiscalização financeira
3. As tentativas de integrar o controlo financeiro numa função autónoma do Estado, ou de autonomizar a função de controlo financeiro
4. Sentido e extensão do controlo financeiro
5. A importância das experiências estrangeiras
6. O sistema nacional de controlo financeiro
   6.1. Controlo interno. Critérios e órgãos
   6.2. O Conselho Coordenador do Sistema de Controlo Interno
   6.3. O controlo externo
7. Do controlo externo em especial
   7.1. Sistemas de controlo externo

SECÇÃO II
Do Tribunal de Contas em Especial

1. O Tribunal de Contas. Aspectos gerais
2. Breve resenha histórica
3. O Tribunal de Contas, a Constituição de 1976 e a legislação subsequente
4. A fiscalização prévia
5. A fiscalização concomitante
6. A fiscalização sucessiva
7. O parecer sobre a Conta Geral do Estado em especial
8. Responsabilidade financeira
   8.1. Importância e problemas
   8.2. Modalidades de responsabilidade financeira
9. Outras formas de responsabilização
10. A criminalização das irregularidades financeiras e a problemática da corrupção

PARTE II
DAS DESPESAS E RECEITAS PÚBLICAS EM ESPECIAL

CAPÍTULO I
Despesas Públicas

1. Noção de despesa pública
2. Classificação e tipologia das despesas públicas
3. Aspectos políticos da despesa pública
4. Aspectos económicos da despesa pública. Remissão
5. Aspectos jurídicos da despesa pública. Remissão
6. Tendências históricas da despesa pública
   6.1. A lei de Wagner
   6.2. A contestação da lei de Wagner
   6.3. Aumento real e aumento aparente da despesa
7. A Despesa Pública em Portugal
   7.1. A estrutura da despesa
   7.2. Comparações internacionais

CAPÍTULO II
Receitas Tributárias

SECÇÃO I
Impostos e Demais Figuras Tributárias

1. O Estado Fiscal
2. As receitas tributárias e a sua importância no financiamento público
3. Modalidades de receitas tributárias
   3.1. Os impostos
   3.2. As taxas
   3.3. As contribuições especiais
   3.4. Dificuldades da construção de um regime jurídico unificado dos tributos
4. A problemática actual das taxas
5. A influência comunitária na caracterização da taxa
6. Classificações de impostos

SECÇÃO II

Sistemas Fiscais

1. A noção de Sistema Fiscal e suas diversas acepções
2. Tipologia dos sistemas fiscais
3. A ideia de Sistema Fiscal Ideal
   3.1. Princípios inspiradores do sistema fiscal
   3.2. Breve excurso histórico
       3.2.1. Justiça
       3.2.2. Eficiência
       3.2.3. Transparência
4. Do princípio da justiça em especial
   4.1. Diferentes concepções de justiça
   4.2. O princípio do benefício e o da capacidade contributiva
   4.3. A tributação do rendimento
   4.4. A tributação do consumo
   4.5. A tributação do património
   4.6. A generalidade e igualdade
   4.7. As dificuldades de concretização
5. Do princípio da eficiência
   5.1. Eficiência na óptica da receita
   5.2. Eficiência na óptica económica
   5.3. A curva de Laffer
6. Eficiência na óptica social
7. O Sistema Fiscal Português. Breve análise e remissão

SECÇÃO III

A Constituição Fiscal

1. A Constituição Fiscal
2. Constituição Fiscal na teoria e na prática
3. A Constituição formal
   3.1. O princípio da legalidade
   3.2. Concepção inicial
   3.3. Evoluções posteriores
4. Princípio da legalidade e erosão da soberania fiscal. Primeiras noções
5. Os contratos fiscais

6. A irretroactividade fiscal
7. A anualidade
8. Constituição material. Aspectos essenciais
9. Do princípio da igualdade em especial
   9.1. Igualdade horizontal e igualdade vertical
   9.2. Os benefícios fiscais
   9.3. O princípio da justiça
   9.4. O princípio da eficiência
10. A tributação do rendimento
11. A tributação do consumo
12. A tributação do património
13. A fiscalidade infra-estadual
14. A fiscalidade local
15. A fiscalidade regional
16. A Constituição Fiscal e a Constituição Fiscal Comunitária
   16.1. Harmonização comunitária
   16.2. Concorrência fiscal prejudicial
17. Outras condicionantes da Constituição Fiscal
18. Aspectos internacionais da fiscalidade

CAPÍTULO III
Dívida Pública

1. Fixação terminológica e opção pelo conceito de dívida pública
2. Os grandes problemas da dívida pública
3. Efeitos económicos, políticos e sociais da dívida pública
4. A questão do ónus intergeracional em especial
5. Dívida Pública e redistribuição de riqueza
6. Dívida Pública e ilusão financeira
7. Breve referência histórica
8. A dívida pública na Constituição de 1976
   8.1. Os poderes da Assembleia, do Governo e do Instituto de Gestão do Crédito Público
   8.2. A dívida pública na prática
9. O novo regime jurídico da dívida pública
10. Natureza jurídica do contrato de empréstimo público
11. A gestão da dívida pública

11.1. Órgãos
11.2. Princípios
11.3. Do Instituto de Gestão do Crédito Público em especial
12. Modalidades de empréstimos públicos
13. Empréstimos públicos e valores mobiliários
14. A evolução da dívida pública e a União Económica e Monetária
15. O regime de concessão de garantias pessoais pelo Estado

CAPÍTULO IV
Receitas Patrimoniais e outras

1. Breves noções sobre o património do Estado
2. O património do Estado numa perspectiva administrativista e numa financeira
3. O património do Estado e a satisfação de necessidades públicas
4. As receitas patrimoniais. Breve descrição
5. Das receitas das privatizações em especial
   5.1. Regime jurídico
   5.2. Efeitos
   5.3. Modalidades
   5.4. Balanço do processo de privatizações
6. Outras receitas
7. Das transferências em especial
   7.1. Transferências internas
   7.2. Transferências da União Europeia

PARTE III
OS NOVOS DESAFIOS DAS FINANÇAS PÚBLICAS

CAPÍTULO I
Neo-liberalismo e Finanças Públicas

1. Finanças Públicas num ambiente neo-liberal
2. Regulação *versus* produção de bens públicos
3. As formas de aproximação público/privado
4. A empresarialização dos serviços públicos

5. Das parcerias público-privadas em especial
6. O debate sobre o financiamento dos serviços públicos
    6.1. Em especial os serviços de saúde e de ensino
7. A Segurança Social

CAPÍTULO II
A Fiscalidade em busca de novos caminhos

1. As novas questões fiscais
2. O mal estar fiscal e a hipótese de regras fixas
3. O novo contexto das reformas fiscais
    3.1. A globalização e a liberdade de circulação dos factores de produção
    3.2. Fiscalidade e inovação tecnológica
4. A fiscalidade ecológica

III

CONTEÚDOS

Considerações de ordem geral

Uma primeira análise do programa proposto poderá levar a concluir por uma ambição excessiva, espelhada na vastidão das matérias abrangidas, ou a colocar interrogações sobre a sua adequação a uma licenciatura em Direito.

À primeira dessas hipotizadas críticas impõe-se antecipar, em resposta, a nossa convicção de que o objectivo de formar os estudantes exige que, a par das matérias necessárias ao domínio dos instrumentos básicos, se abordem questões que têm estado na origem dos mais interessantes debates dos últimos anos, que não serão seguidos em profundidade, mas tão só referenciadas nos seus aspectos essenciais, com o intuito e esperança de motivar alunos para, mais tarde, prosseguirem investigações sobre matérias que não podem ser suficientemente desenvolvidas, como tem sucedido com grande brilho nesta Faculdade[186].

A ambição do projecto é, de resto, um fruto quase necessário do entusiasmo de quem se entrega à tarefa de construir um programa, que não se pretende que seja a mera acomodação aos já existentes, ou até àqueles que o próprio autor já elaborou em momento anterior mas, antes,

---

[186] Como sucedeu com as dissertações de mestrado de JORGE COSTA SANTOS, *Bem Estar Social e Decisão Financeira*, Almedina, Coimbra, 1993, e CARLOS PINTO CORREIA, *A Teoria da Escolha Pública. Sentido, Limites e Implicações*, separata do *Boletim de Ciências Económicas*, Coimbra, 1998.

represente uma plena assunção de riscos, com o enveredar por caminhos de inovação que se crê necessários.

À segunda objecção perspectivada, o autor responde reafirmando a sua convicção de que os licenciados em Direito devem dispor de conhecimentos que os habilitem a perceber as grandes opções que se colocam ao legislador financeiro, ao intérprete e a quem tem de aplicar a lei. Haverá, por outro lado, que recordar a profunda componente jurídica do programa apresentado, dentro da perspectiva interdisciplinar que ficou anteriormente defendida.

Muito de quanto aqui fica dito será, aliás, representado aos alunos, aquando da apresentação do programa na primeira aula, num debate que se pretende fomentar, quer a propósito do plano, quer das questões metodológicas da disciplina, como forma de começar a definir os trilhos a percorrer em conjunto.

Como teremos ocasião de explicitar com maior pormenor, a propósito dos métodos de ensino, é nosso entendimento que a leccionação de uma disciplina é uma aventura a partilhar com os alunos e que a motivação destes tem de ser conseguida através de um permanente diálogo formal ou informal.

Naturalmente que a apresentação dos conteúdos não corresponde, como é unanimemente aceite, à redacção de lições, mas tão só à identificação dos pontos que se julga serem os mais relevantes ou controversos no programa, em relação aos quais se procurará explicitar, de forma mais cuidada, algumas das orientações a seguir.

Trata-se, assim, de uma espécie de diário de bordo da viagem que decorrerá ao longo do tempo disponível para as aulas, assinalando-se os pontos de maior interesse ou intranquilidade dessa viagem.

Coerentemente com a tradição que se vai formando na Escola quanto às provas de agregação, encontrar-se-á, aqui e além, lugar nesse diário de bordo para algumas exposições mais pormenorizadas, destinadas a dar a conhecer melhor o pensamento do autor.

Com esse enquadramento, saliente-se desde já que, em tempos em que simultaneamente se assiste a um acentuado cepticismo quanto às motivações dos decisores financeiros e ao recurso a formas de manipulação, postas em evidência em estudos com a importância do de ANTHONY DOWNS [187], impõe-se reafirmar a importância da consideração das finan-

---

[187] *An Economic Theory of Democracy*, cit..

ças públicas à luz de uma perspectiva ética [188]. Trata-se, aliás, de generalizar a toda a matéria das finanças públicas aquilo que tentámos já a propósito da dívida pública na dissertação de doutoramento.

Não se pode deixar de assinalar que, no grande debate sobre a dimensão e funções do Estado, que atravessou de forma intensa as últimas décadas e está longe de se encontrar concluído, se passou claramente das tentativas de encontrar uma justificação económica para aquilo que o Estado faz e não faz, para a apreciação dessas mesmas opções à luz da ideia da "boa sociedade", e isto quer do lado dos que pretendem manter, ou até alargar, a presença do Estado, quer do daqueles que pretendem devolver ao sector privado a generalidade das funções públicas.

As finanças públicas adquiriram um sentido normativo que não pode ser ignorado e que foi afirmado pela economia do bem-estar, com uma especial expressão a partir de PIGOU [189].

É convicção firme do autor que as finanças públicas não podem ser geridas à luz de um mero taticismo político, ou consideradas como instrumento de acção política de um partido ou grupo social, mas antes devem obedecer a uma concepção finalista, que deverá procurar o maior consenso possível na sociedade, ainda que se não ignore a impossibilidade de atingir unanimismos ou a falsidade daqueles que vão sendo proclamados.

Essencial é, nesse domínio, a questão da transparência financeira e das escolhas e decisões, tornadas seguramente mais difíceis pela crescente complexidade da manobra financeira, mas constituindo um objectivo que faz, hoje, o mesmo sentido que tinha aquando da sua afirmação com as revoluções liberais.

A orientação de fundo dada ao ensino da disciplina de finanças públicas é, pois, o de habilitar os estudantes com os instrumentos adequados a uma correcta compreensão das decisões financeiras, alertando-os,

---

[188] Nesse sentido, SAINZ DE BUJANDA considerava a dimensão ética a dimensão essencial do Direito Financeiro, escrevendo, que "... cuando se estudia cualquiera de los Institutos Financieros, su manejo, su desarrollo, su limpieza, se percibe que el jurista que se mueve en este campo tiene una misión altísima que cumplir al servicio de la Comunidad. Esa función altísima convino precisamente en el reforzamiento, en la pulcritud, en la nitidez, con el que los ideales morales han de iluminar la trayectoria de las instituciones financieras", «El Desarrollo Actual del Derecho Financiero en España» (1996), agora in *Fernando Sainz de Bujanda. Fundador de los Estudios de Derecho Financiero y Tributario*, Madrid, Universidad Complutense, 2003, p. 85.

[189] Vd. Infra.

quer contra os excessos ideológicos que vieram perturbar o estudo e análise da disciplina, quer para a existência de factores de ilusão financeira[190], que importa afastar, para poder valorar devidamente os comportamentos e decisões dos principais actores financeiros.

1. Introdução

1.1. Questões prévias

A concepção da Introdução é necessariamente tributária de quanto ficou já dito quanto às opções de fundo sobre o ensino das finanças e reflecte as opções metodológicas sumariamente expostas.

Com a Introdução visa-se habilitar os alunos com conceitos básicos fundamentais que lhes permitirão um mais fácil acompanhamento das matérias desenvolvidas nos diferentes capítulos, para além de lhes fornecer uma primeira panorâmica dos problemas metodológicos que se colocam à disciplina e das grandes questões a que as finanças públicas devem responder.

Concluída a Introdução, espera-se que os alunos tenham uma antevisão genérica dos problemas com que irão ser confrontados ao longo do curso e estejam em condições de começar a procurar as suas próprias respostas para alguns dos grandes desafios subjacentes ao programa.

É certo que se poderia e desejaria ir mais longe, mas tem-se consciência do constrangimento resultante do escasso número de aulas disponível para leccionar uma disciplina que, como anteriormente se defendeu, deveria ter duração anual.

Sabe-se, todavia, que poucos serão os regentes de disciplinas não anuais que não pensem que a sua matéria justificaria um ano de leccionação e, por isso, mais do que quedar-se por esse lamento, o autor procurou uma arrumação formal que permitisse abranger o mais vasto conjunto de matérias no tempo disponível.

---

[190] Brilhantemente analisados de forma percursora por AMILCARE PUVIANI, *Teoria della Ilusione Finanziaria* (1903), reedição de 1973, a cargo de FRANCO VOLPI, Milano, ISED.

Claro que a opção é feita com plena consciência de que a escassez do número de aulas teóricas disponíveis para a exposição da matéria não permite o aprofundamento desejável de alguns aspectos neste capítulo introdutório e justifica a opção assumida, por exemplo, por SOUSA FRANCO, ao indicar matérias de estudo facultativo [191].

Tem-se noção de que foram sacrificadas diversas matérias que muito poderiam contribuir para uma mais sólida formação dos estudantes. É este o caso, desde logo, dos aspectos de índole histórica, cuja importância não se minimiza[192].

Procurar-se-á minorar esta falta com o recurso às aulas práticas e com indicação de bibliografia mais desenvolvida sobre este aspecto, que tem sido objecto de vasto e qualificado tratamento [193].

O autor tenta ainda conformar-se reafirmando a sua convicção da importância dos aspectos históricos mas, também, a sua percepção de que as múltiplas hipóteses que se abrem neste domínio exigiriam realmente o espaço de vários cursos, uma vez que, a par com a história das institui-ções financeiras, importaria reter a história do pensamento financeiro e do próprio pensamento económico.

A ausência de um tratamento expresso destas matérias terá, por outro lado, contrapartida no cuidado que se colocará, ao introduzir qual-quer matéria, em situá-la e enquadrá-la numa perspectiva de continuidade ou de ruptura. Por exemplo, a propósito dos estudos da *public choice*, que viriam a ganhar uma tão grande importância no último quartel do século XX, não deixarão de ser assinaladas as suas origens no pensamento de WICKSELL e da escola política italiana do final do século XIX e inícios do século XX, expressamente admitidos, com honestidade exemplar, por JAMES BUCHANAN, o ícone dessa corrente de pensamento [194].

Uma excepção nítida ao escasso espaço atribuído à análise histórica do pensamento financeiro prende-se, justamente com a *tradição italiana*

---

[191] SOUSA FRANCO, OLÍVIO MOTA AMADOR, CARLOS SAMPAIO, *Programa de Direito Financeiro e Direito Fiscal 2002/2003*, Lisboa, AAFDL.

[192] *Introdução ao Estudo das Finanças...*, cit., p. 14.

[193] Vd. SOARES MARTINEZ, *Introdução ao Estudo das Finanças...*, cit., e SOUSA FRANCO, *Manual de Finanças Públicas*, cit..

[194] «"La Scienza delle Finanze": The Italian Tradition in Fiscal Theory», in *Fiscal Theory and Political Economy. Selected Essays*, The University of North Caroline Press, 1960.

84 Eduardo Manuel Hintze da Paz Ferreira

de Scienza delle Finanze, para recorrer à designação de BUCHANAN [195]. Não se trata de um fascínio italiano que o autor, aliás, não enjeita, mas antes da adesão ao reconhecimento unânime da originalidade e importância dos financeiros italianos, que influenciaram, ainda que de modo um pouco tardio e, sobretudo, através de TEIXEIRA RIBEIRO, a doutrina portuguesa e que, a terem sido levados em consideração mais cedo, seguramente teriam evitado uma certa debilidade teórica das primeiras aproximações às finanças ensaiadas entre nós e muito marcadas pela escola francesa de direito público.

1.2. Aspectos gerais

À semelhança do que sucede em qualquer outra disciplina, a primeira preocupação do docente será a de explicitar o objecto da cadeira e a realidade que vai ser estudada ao longo do curso.

Definido o que se entende por finanças públicas e feitas as necessárias precisões terminológicas numa área em que as fronteiras nem sempre são muito claras, será assinalada a vastidão da matéria abrangida e chamada a atenção para a pluralidade das opções que se colocam ao estudo do fenómeno financeiro público.

Uma vez enunciadas as diversas formas de abordagem da actividade financeira pública que se foram autonomizando do tradicional estudo das finanças públicas, explicitar-se-á claramente a decisão metodológica de proceder ao estudo simultâneo dos aspectos económicos, jurídicos e até políticos dos fenómenos financeiros, opção que está longe de ser incontroversa.

De facto, nos últimos anos, tem-se assistido a uma separação entre os estudos jurídicos e económicos das finanças públicas, fenómeno que se verificou até em países com uma tradição forte de estudo pluridisciplinar, como a Itália [196]. Essa separação é normalmente feita com sacrifício do

---

[195] Idem.

[196] Para uma crítica sintética dessa orientação, vd. GRIZIOTTI, «Sull'Insegnamento delle Finanze Pubbliche nelle Facoltà di Economia e Comercio in Italia», *Economia Internazionale*, 1955, pp. 354 e segs., sustentando o carácter gnoseológico e instrumental da ciência das finanças que exigiria a integração dos estudos económicos e jurídicos. Do mesmo autor, ver ainda o conjunto de estudos incluídos em *Saggi sul Rinnovamento dello*

Ensinar Finanças Públicas numa Faculdade de Direito

direito financeiro, reduzido praticamente aos estudos de direito fiscal ou de contabilidade pública.

Uma primeira aproximação à justifição da nossa opção passa pela valorização da tradição da escola de Lisboa. SOUSA FRANCO, por exemplo, não hesita em assumir que o seu Manual é "uma obra radical e intencionalmente interdisciplinar" [197], enquanto que SOARES MARTINEZ, depois de dar conta das dúvidas que o assaltavam nesta matéria, concluiu que a separação dos estudos de direito financeiro e de economia financeira só se justifica em fases avançadas de especialização [198].

Não se pense que se trata de uma recusa continuada e isolada dos docentes da Faculdade de Direito de Lisboa em seguir uma corrente metodológica universalmente aceite. Vários são os países e as faculdades de direito que conservam esta tradição. Cito, a título de exemplo, a França, a Espanha e o Brasil, alguns dos países que se furtaram à hegemonia cultural anglo-saxónica, que foi decisiva nessa reorientação dos estudos da nossa disciplina [199].

Mas, a eventuais críticas que se pode antever, não pretende o autor responder apenas com argumentos de autoridade, acolhendo-se à sombra protectora de personalidades ou escolas ilustres, mas também com a sua própria convicção de que o curso de direito resulta necessariamente enriquecido se se fornecerem aos estudantes não apenas instrumentos jurídicos, mas também alguns elementos de base de análise económica, que

---

Studio della Scienza delle Finanze e del Diritto Finanziario, Milano, Giuffrè, 1953, em especial, «Sul Rinnovamento degli Studi di Scienza delle Finanze e Diritto Finanziario», (1908-1953), pp. 1-105.

[197] *Direito Financeiro e Finanças Públicas*, volume I, cit., p. 13.

[198] *Introdução...*, cit., pp. 13-14.

[199] Recorde-se, a este propósito, quanto escreveu JACINTO NUNES, «Para uma Reforma da Universidade. O Ensino das Ciências Económicas», cit., pp. 276-7, que depois de recordar as relações entre o direito e a economia na maioria dos países da Europa Continental, afirma: "... a explicação assenta principalmente na concepção continental do direito, que faz dele uma das grandes ciências humanas cujo estudo asseguraria uma extensa cultura geral e em grande parte filosófica. O Direito é assim considerado uma das principais ciências sociais no sentido mais lato do termo", para, de seguida, recordar que "nos países anglo-saxões, pelo contrário, a formação jurídica é concebida de uma forma muito mais limitada, como preparação ao exercício de uma profissão jurídica; os aspectos filosóficos não são desprezados, mas ocupam um papel secundário. Nestes países, a economia política não é combinada com o direito na formação do jurista, nem o direito se combina com a economia política na formação do economista".

lhes permitirão uma compreensão muito mais adequada da actividade financeira do Estado, nos múltiplos aspectos em que se desdobra.

Seria seguramente redutor que, no final do ensino da cadeira de finanças públicas, o aluno conhecesse todos os procedimentos relativos à elaboração e aprovação do Orçamento e à sua execução, mas não estivesse em condições de compreender a intima ligação do Orçamento à essência da democracia representativa, ou os seus efeitos potenciais e reais na economia nacional.

Daí a importância que se empresta a um ensino que, levando em consideração a anterior preparação económica dos estudantes, os procure motivar para uma percepção mais vasta do que a que resultaria de uma simples análise de direito financeiro.

Resulta, no entanto, claramente do programa proposto que essa opção não conduz ao abandono do direito financeiro, sacrificado a uma cadeira de pura análise económica, para que a generalidade dos alunos não está vocacionada, nem dispõe dos instrumentos necessários.

O programa apresentado reconhece a complexidade e heterogeneidade das finanças públicas e a volatilidade associada aos seus estudos, ora dominados por um ângulo jurídico, ora subordinados imperialmente às ciências económicas. Por isso, tenta ir de encontro aos apelos dos autores [200] que propugnam por um reexame da forma de apreciação dos fenómenos financeiros, abandonando as posições unilaterais e assumindo plenamente as finanças públicas "science carrefour" [201], ponto de encontro onde se cruzam especialmente o direito público, a ciência económica e a ciência política.

Trata-se, no fundo, de corresponder ao apelo de MICHEL BOUVIER no sentido de renovar o compromisso não só com as visões amplificantes (políticas, económicas e jurídicas) dos fundadores da ciência das finanças, mas com o próprio projecto político e jurídico inicial, que visava a instauração de um Estado liberal e democrático.

Naturalmente que essa opção não se traduz em ignorar as grandes contribuições entretanto trazidas para o terreno das finanças públicas a

---

[200] MICHEL BOUVIER, «Tradition et Modernité de la Science des Finances Publiques», *Revue Française de Finances Publiques*, n.º 43, cit., pp. 253 e segs..

[201] Na expressão feliz usada muitas vezes na doutrina francesa. Vd., por exemplo, PAUL GAUDEMET e JOEL MOLINIER, *Finances Publiques*, Tomo I, Paris, Montchréstien, 1992, p. 8.

Ensinar Finanças Públicas numa Faculdade de Direito   87

partir de diferentes perspectivas, mas antes em integrá-las numa análise menos unilateral.

Afigura-se-nos, aliás, que só esse tipo de abordagem permitirá ultrapassar a tendência a que se assistiu nos últimos anos, para reduzir a vida financeira dos Estados a uma mera questão técnica, objecto de uma perspectiva de pura gestão.

A frieza das análises puramente macro-económicas dos grandes agregados das finanças públicas, a que temos vindo a assistir, é um dado seriamente perturbador e, a esse propósito, não deixará de se recordar, com JEAN PIERRE LASSALE [202], que "toda a técnica tem uma dimensão política e ideológica".

No entanto, certo é que o movimento de constitucionalismo económico[203] e as crescentes tentativas de garantir uma auto-regulação das finanças públicas, tendem a atribuir um papel cada vez mais importante a puras opções técnicas, que afastariam qualquer valoração política nas escolhas financeiras, o que se não poderia deixar de considerar como contrário aos fundamentos das nossas sociedades políticas [204].

É ainda dentro dessa preocupação que se insistirá no carácter aberto da ciência das finanças, pronta a receber os contributos de inúmeras ciências auxiliares, sejam elas a sociologia, a ciência política ou a própria psicologia [205].

Um aspecto final a ser abordado neste primeiro ponto da introdução relaciona-se com as ligações entre as Finanças Públicas e a Ética Pública.

Temos assistido a um movimento crescente no sentido de fazer com que a filosofia política se oriente no sentido de definir critérios para uma valoração moral das regras, instituições e escolhas colectivas, movimento que teve, porventura, o seu auge na obra de JOHN RAWLS [206].

---

[202] «Finances Publiques et Sciences Sociales», *Revue Française de Finances Publiques*, n.º 41, 1993, p. 233.

[203] Cfr. Infra.

[204] Vd. as observações de MICHEL BOUVIER, «Mutation des Finances Publiques et Crise du Pouvoir Politique?», *Revue Française de Finances Publiques*, n.º 79 (2002), pp. 241-258.

[205] «Finances Publiques et Sciences Sociales», cit..

[206] Em especial em *The Theory of Justice*, Harvard University Press, 1971. Existe uma tradução portuguesa de CARLOS PINTO CORREIA, *Uma Teoria da Justiça*, Lisboa, Presença, 1993.

Ora é esse esforço que nos parece necessário levar em conta, a propósito da actividade financeira pública e que é tanto mais importante quanto a questão essencial da ética pública é a da definição de uma sociedade justa [207], problema que tem, naturalmente, um especial relevo em relação a uma área da actividade do Estado da qual resultam directamente decisões que se traduzem no favorecimento, ou desfavorecimento, de grupos sociais ou de regiões.

1.3. O Direito Financeiro

Concluída a primeira parte da Introdução, basicamente consagrada, como era inevitável, a questões terminológicas e metodológicas, destinadas a colocar os estudantes, na grelha de partida, com o equipamento necessário ao percurso que os espera e a alertá-los para algumas das grandes questões a analisar ao longo do curso, seguir-se-á o estudo dos aspectos fundamentais do direito financeiro.

Nesse ponto, começará por se acentuar as dificuldades na definição do direito financeiro, resultantes da sua variedade e heterogeneidade, bem como a fluidez das suas fronteiras e das suas relações com outras disciplinas, problema que está, aliás, longe de ser específico do direito financeiro, antes se colocando em relação aos mais variados ramos do direito [208].

Será recordado o modo como se assistiu a uma tentativa de definição do direito financeiro como correspondendo ao conjunto de normas que regulam a actividade financeira pública, mas que, com razão, SOARES MARTINEZ pôde criticar essa construção, salientando que ela colocava o direito financeiro na dependência de conceitos que não são jurídicos e, possivelmente até, na dependência de constantes mutações de critérios políticos [209].

A partir daqui aquele autor pôde construir uma noção mais rigorosa de direito financeiro, como sendo "a definição jurídica dos poderes do

---

[207] Vd. SALVATORE VECA, *Etica e Política*, Milano, Garzanti, p. 23.

[208] Para uma demonstração pormenorizada deste ponto de vista e aprofundamento das questões do direito financeiro, remete-se para EUGÉNIO SIMON ACOSTA, *El Derecho Financiero y la Ciência Jurídica*, Bolonia, 1985.

[209] *Da Personalidade Tributária*, Lisboa, 1953, p. 106.

Estado na obtenção e emprego dos meios patrimoniais destinados à realização dos seus fins próprios"[210].

É nessa senda que entendemos e explicitaremos ser o direito financeiro o conjunto de normas que regula as relações entre o Estado e os cidadãos e a actividade da própria administração financeira na gestão dos recursos públicos, normas que são dominadas por preocupações de garantia dos direitos dos privados ou de afirmação do interesse público, justificativas da introdução de soluções diversas daquelas que caracterizam o direito privado.

Afigura-se-nos, de facto, que a obtenção e aplicação dos meios necessários à realização dos fins do Estado continua a ser regulada por um conjunto de normas específicas que atendem, hoje em dia, a dois valores fundamentais: o da protecção dos direitos individuais e o da tutela do interesse colectivo, um e outro justificando o aparecimento de soluções específicas.

Naturalmente que se não nega a existência, neste conjunto heterogéneo, de normas de direito privado, mas pensa-se que elas acabam por perder o seu sentido próprio, dissolvendo-se num conjunto normativo mais vasto, o que faz com que se não atribua grande importância a uma hipotética distinção entre direito financeiro público e privado.

Trata-se de matéria em que um rápido excurso histórico se torna necessário à compreensão de como na génese do direito financeiro, se encontra a ideia de garantia dos particulares contra os abusos do poder político.

Será particularmente posta em relevo a profunda ligação entre os princípios de base do direito financeiro e os princípios estruturantes dos Estados liberais, resultantes das revoluções dos séculos XVIII e XIX, especialmente pela sua instrumentalização aos valores da propriedade privada e da defesa da esfera de autonomia privada, em face do Estado.

A apreensão da importância do direito financeiro passará pela evocação das figuras fundadoras de MYRBACH-RHEINEFELD [211] ou LABAND[212] e das grandes questões então discutidas.

---

[210] Idem.

[211] *Précis de Droit Financier*, tradução francesa, Paris, 1910.

[212] *El Derecho Pressupuestario*, tradução espanhola, Madrid, Instituto de Estudios Fiscales, 1973.

Ver-se-á, de seguida, como o direito financeiro sofreu uma primeira crise com a passagem a formas de intervencionismo estatal, caracterizadas pela grande importância atribuída aos direitos sociais e por uma certa relativização dos direitos individuais de raiz oitocentista.

O aparecimento da noção de constituição financeira que, à semelhança da constituição económica, correspondeu à plena aceitação de objectivos finalistas na gestão dos instrumentos financeiros, subalternizados a objectivos de natureza social ou política, representa um passo significativo desse processo.

A subsistência dos grandes princípios clássicos do direito financeiro ao longo desse período será, todavia, ilustrada com o recurso à própria Constituição de 1976, muito marcada, quanto a este aspecto, pelo tradicional direito financeiro português.

Naturalmente que uma maior atenção será dada ao que podemos considerar ser a mais recente crise do direito financeiro, objecto de ataques provenientes de diversas frentes e que vão desde a própria perda de importância das finanças públicas, em face dos movimentos neo-liberais, até à opção pelo abandono das técnicas financeiras tradicionais em benefício de outras, importadas do direito privado, passando naturalmente pela sujeição do direito financeiro nacional aos ditames da integração europeia [213].

A essa pretensa crise ou desaparecimento do direito financeiro, responder-se-á sublinhando a actualidade dos valores que o enformam e acentuando como certas formas de "privatização" das técnicas financeiras são compatíveis com o reforço do controlo da legalidade e economicidade da gestão dos dinheiros públicos, na linha do que procurámos demonstrar na nossa dissertação de doutoramento, a propósito da dívida pública.

Trata-se, afinal, de procurar um novo equilíbrio entre os interesses em presença, fazendo desaparecer normas que atribuem ao Estado poderes exorbitantes, que perderam a sua justificação, ao mesmo tempo que se fortalecem as soluções essenciais à tutela do interesse público.

A este propósito, sublinhar-se-á a plena actualidade das regras que disciplinam a formação da vontade financeira por parte dos Estados, bem como o desenvolvimento e sofisticação dos sistemas de controlo e de res-

---

[213] Vd. JEAN CLAUDE MARTINEZ, Préface a JEAN CLAUDE MARTINEZ- PIERRE DI MALTA, *Droit Budgétaire*, 3.ª edição, Paris, Litec, 199, pp.VII-XXIV.

Ensinar Finanças Públicas numa Faculdade de Direito   91

ponsabilização financeira e criminal dos autores de violações às regras financeiras.

A ideia de garantia, que inicialmente se reportava apenas à defesa da esfera patrimonial privada passa, assim, a englobar também a garantia da regularidade da afectação dos dinheiros públicos, com um consequente alargamento do campo do direito financeiro. A instituição orçamental deixa de ser encarada apenas como um limite aos poderes de imposição do Estado, mas passa a ser vista, também, como uma garantia da adequação das despesas públicas às suas finalidades.

Nessa apreciação da evolução do direito financeiro, não se esquecerá a perspectiva de autores como ROBERT HERZOG, para quem o direito financeiro tende a tornar-se cada vez mais importante (a caminho de um Estado de direito financeiro), ao mesmo tempo que se torna um ramo do direito mais denso e mais duro e objecto crescentemente de normas constitucionais ou comunitárias [214].

Afirmada a autonomia do direito financeiro e analisada a sua evolução, passar-se-á ao estudo das suas relações com outros ramos de direito e, em especial, com o direito fiscal, que deixou de ser considerado como um subramo do direito financeiro, para se autonomizar ao menos no plano pedagógico, tendendo até a ganhar um vigor superior ao do direito financeiro.

Será, todavia, assinalada a forma como a doutrina financeira espanhola se manteve fiel a uma concepção unitária do direito financeiro, na esteira de SAINZ DE BUJANDA [215], com contribuições, entre outros, de FERRERO LAPATZA [216] CAZORLA PRIETO [217] e PÉREZ ROYO [218].

---

[214] «La Mutation des Finances Publiques: Manifeste pour une Discipline Rajeunie», *Revue Française de Finances Publiques*, n.º 79 (2002), pp. 264 e segs..

[215] Autor de uma extensa obra de que se recordam os artigos «Concepto y Contenido del Derecho Financiero» (1948) e «El Desarollo Actual del Derecho Financiero en España» (1996), agora in *Fernando Sainz de Bujanda*, cit., pp. 13-28 e 63-74 e os livros *Lecciones de Derecho* Financiero, 10.ª edição, Madrid, Universidad Complutense, 1993, *Hacienda e Derecho*, 6 tomos, publicados entre 1955 e 1975, *Notas de Derecho Financiero*, 2.ª edição, 1975. Sobre a importância de SAINZ DE BUJANDA, vd. o conjunto de contributos inseridos em *Fernando Sainz de Bujanda. Fundador de los Estudios de Derecho Financiero Tributario*, cit..

[216] *Curso de Derecho Financiero Español*, 23.ª edição, Madrid, Marcial Pons, volumes I e III, 2003 e II, 2004.

[217] *Derecho Financiero y Tributario*, 4.ª edição, Navarra, Thomson, Aranzadi, 2003.

[218] *El Derecho Financiero y Tributario en la Ciencia Jurídica*, Navarra, Arandazi, 2002 e *Derecho Financiero y Tributario*, 13.ª edição, Madrid, Thomson, Civitas, 2003.

Por outro lado, observar-se-á que, em França, foi o direito orçamental a tender para uma autonomização pedagógica e científica [219], que provavelmente será, aliás, reforçada com as alterações no ordenamento orçamental naquele país, com a lei orgânica de finanças de 2001 – Lei Orgânica n.º 2001-692, de 1 de Agosto [220].

Nessa tentativa de definição de fronteiras é, porventura, o direito administrativo a zona de mais difícil separação, uma vez que o direito administrativo e o direito financeiro, como reconhece a melhor doutrina [221], estão longe de constituir realidades independentes e que se possam ignorar reciprocamente.

As concepções estatutárias do direito administrativo, que o reconduzem a todas as normas que disciplinam a actividade financeira do Estado poderiam, aliás, levar à recondução do direito financeiro ao direito administrativo.

Afigura-se-nos, no entanto, que a génese e funções do direito financeiro justificam plenamente a manutenção da sua autonomia que, de resto, está claramente afirmada.

Porém, essa autonomia, se extremada, pode contribuir para uma situação em que o direito administrativo viva estranhamente separado das finanças públicas [222].

Dir-se-á, que têm razão PAUL MARIE GAUDEMET e JOEL MOLINIER, ao sustentarem que " *si, à bien d'égards, le droit des administrations financières et des opérations financières relève du droit administratif, l'agencement des opérations financières influe largement sur le fonctionnement de l'Administration*" [223].

A apreciação das mais recentes evoluções em matéria de Administração Pública leva, todavia, à verificação de que são preocupações de regularidade na gestão dos dinheiros públicos que vão influenciar decisivamente as opções do legislador, como notava já em 1970 CHARLES DEB-

---

[219] Vd. o citado tratado de MARTINEZ- DI MALTA.

[220] In *Journal Officiel*, n.º 177, de 2 de Agosto de 2001. A este propósito, ver o amplo conjunto de estudos publicados no n.º 76 (Novembro de 2001) da *Revue Française de Finances Publiques*.

[221] SOARES MARTINEZ, ob. e loc. cit., SOUSA FRANCO, *Finanças Públicas...*, cit., pp. 99 e segs. e BRAZ TEIXEIRA, *Finanças Públicas...*, cit., pp. 20 e segs..

[222] Vd., a este propósito, CHARLES DEBBASCH, «Finances Publiques et Droit Administratif», in *Mélanges Offertes à Louis Trotabas*, cit., pp. 111 e segs..

[223] *Finances Publiques*, cit., p. 10.

BASCH, num texto precursor de movimentos que ganhariam uma expressão mais forte em anos posteriores [224].

Dir-se-á, em síntese final, que se as origens históricas e fundamentos de uma e outra disciplina são bastante diversas, nem por isso se poderá desconhecer que a actuação da Administração Pública não pode ignorar vinculações que lhe sejam impostas por normas de direito financeiro, da mesma forma que as normas de direito financeiro se não podem sobrepor às normas de direito administrativo, em termos de forçar diferentes soluções.

Serão também assinaladas as grandes subdivisões que se podem estabelecer dentro do direito financeiro, destacando uma institucional, que separa o direito financeiro estadual, do direito financeiro regional e autárquico e, com menor nitidez, do direito financeiro europeu.

A par desta divisão de sub-ramos de direito financeiro será apontada outra que separa o direito financeiro das receitas, das despesas e da administração financeira, ainda que sublinhando o carácter expansivo de alguns destes ramos e a crescente importância do direito orçamental.

Algumas noções preliminares sobre a evolução do direito financeiro com que os estudantes serão, mais tarde e com maior pormenor, confrontados de novo, serão introduzidas logo neste ponto, chamando-se particularmente a atenção para as questões resultantes da necessidade do reforço das formas de programação financeira plurianual e para os efeitos da globalização e da integração económica europeia sobre o direito financeiro.

Num balanço final da evolução do direito financeiro português, será assinalado como, após um período de um certo declínio, a reanimação parece ser confirmada pela já aludida modificação terminológica ocorrida no plano de estudos da Faculdade de Direito da Universidade de Lisboa e pela criação de uma cadeira de direito financeiro na licenciatura em direito na Universidade Nova, em linha com a pujança que os mesmos estudos continuam a manter em França e Espanha.

A concluir a matéria respeitante ao direito financeiro, o estudo centrar-se-á na constituição financeira portuguesa, quer na sua componente material, quer na formal, como via de aproximação aos principais instrumentos financeiros.

---

[224] Vd., por exemplo, YVES WEBER, «Finances Publiques et Contrats de l'Administration», in *Études de Finances Publiques. Mélanges en l'Honneur de Monsieur le Professeur Paul Marie Gaudemet*, Economica, Paris, 1984, pp. 375 e segs..

Será, em primeiro lugar, chamada a atenção para as profundas ligações entre a constituição financeira e as constituições económica, social e política, coerentemente com o projecto inicial dos constituintes de 1976 consistente em ordenar e modificar a sociedade [225], mas que não permite a sua unificação, como já tivemos ocasião de sustentar [226].

Da constituição financeira formal ter-se-á dito já o quanto é, ainda, tributária da disciplina jurídica fundamental do liberalismo económico, pelo que se registará aqui alguma desatenção em relação a áreas fundamentais, como a do património do Estado.

Importará, então, recordar alguns traços especialmente marcantes da constituição financeira material, que comporta orientações fundamentais quanto à utilização dos instrumentos financeiros, a que o legislador constitucional quis vincular quer o legislador ordinário, quer os futuros responsáveis pela gestão financeira.

De todo o modo, será sublinhado como as diversas revisões constitucionais foram procedendo a uma normalização da constituição financeira, desvalorizando designadamente a ligação entre o Orçamento e o Plano, que nunca teve, aliás, tradução prática [227].

Tal neutralização resulta, por outro lado, muito especialmente, da emergência de uma constituição financeira europeia, que não deixa um espaço significativo para uma ordenação nacional autónoma da actividade financeira.

1.4. A Economia Pública

Terminado o estudo do direito financeiro e em consonância com a orientação enunciada, entrar-se-á na apreciação das questões de economia pública, sublinhando o carácter recente dos estudos autónomos de econo-

---

[225] Que levou, aliás, GOMES CANOTILHO a falar em "constituição dirigente" *Constituição Dirigente e Vinculação do Legislador*, Coimbra, Coimbra Editora, 1998. Numa segunda edição da mesma obra, Coimbra, Coimbra Editora, 2001, o autor viria a moderar significativamente a posição inicial.

[226] *Direito da Economia*, cit..

[227] Vd. MARCELO REBELO DE SOUSA, «10 Questões sobre a Constituição, o Orçamento e o Plano», in JORGE MIRANDA (org.) *Nos Dez Anos da Constituição*, Lisboa, INCM, 1986, pp. 115-141.

Ensinar Finanças Públicas numa Faculdade de Direito 95

mia pública e a forma como tendem a tornar-se dominantes no ambiente científico anglo-saxónico.

Na base dos estudos de economia pública [228] está a contraposição com a tradicional economia política, que se ocuparia essencialmente dos mercados e da economia privada.

Dever-se-á assinalar que na doutrina anglo-saxónica, bem como na dos países por ela mais directamente influenciados, é relativamente recente a tentativa de encontrar uma explicação global para a existência da economia pública, bem como para determinar a sua dimensão e as relações com a economia privada.

Essa tentativa assumiu, num primeiro momento, um "aspecto arqueológico", para utilizar uma expressão de FRANCO VOLPI [229], na medida em que partiu do trabalho de investigação, divulgação e tradução em inglês das mais importantes obras italianas, alemãs, austríacas e escandinavas, até aí pouco conhecidas, mas trazidas para o primeiro plano pelos trabalhos de RICHARD MUSGRAVE e ALAN PEACOKC [230] e JAMES BUCHANAN[231].

Ora, como assinalam MUSGRAVE e PEACOCK [232], esse atraso viria a ter consequências negativas sobre o desenvolvimento dos estudos financeiros no mundo anglosaxónico, no qual, todavia, viriam a surgir estudos fundamentais para a apreciação económica da actividade do Estado.

Entendida como disciplina autónoma, a economia pública visa essencialmente responder à questão de saber se é necessária uma actividade económica pública, quais os factores que a justificam ou determinam e que papel deve ser reservado para o sector público.

Dentro da economia pública é, no entanto, possível distinguir dois modelos distintos: um primeiro, que corresponde a uma pura descrição das opções do sector público e das suas consequências económicas e que pode ser designado por economia positiva, e um segundo, que se preocupa com a avaliação das políticas alternativas e com a sua aferição em

---

[228] Para uma visão sintética desta problemática, vd. GIUSEPPE CAMPA, *Appunti di Economia del Benessere*, ano lectivo 2003-2004, Roma, Aracne, pp. 10 e segs..

[229] «Elementi per una Critica della Teoria Economica della Finanza», introdução a *Teorie della Finanza Pubblica*, Milano, Franco Angeli, 1974, p. 9.

[230] *Classics in the Theory of Public Finance*, London, MacMillan, 1958.

[231] «"La Scienza delle Finanze": The Italian Tradition in Fiscal Theory», cit..

[232] Prefácio à obra citada.

termos de custos sociais e que corresponde à perspectiva normativa, cuja expressão mais clara se encontra no que tradicionalmente é designado por economia do bem-estar [233].

Trata-se aqui de valorar a desejabilidade de alguns comportamentos económicos individuais ou colectivos e das suas alternativas teóricas ou concretas, à luz de critérios éticos explícitos.

No fundo, trata-se de apresentar diversos "estados do mundo" – entendidos como o conjunto de características de uma possível situação do sistema económico – pondo-os em ordem, classificando-os como melhores, piores ou indiferentes.

Na base da economia pública encontramos uma tentativa de discutir os fenómenos financeiros numa base estritamente económica, o que pressupõe que se abdique totalmente de considerações de natureza política, que se pressupõem imutáveis.

Na busca de uma solução que fundamente a actividade económica do Estado exclusivamente em factores de racionalidade económica, será dada uma especial atenção às escolas italiana e escandinava, que, nos finais do século XIX e inícios do século XX, desenvolveram análises de uma grande originalidade, de que se procurará fazer uma síntese.

Aquilo que pode ser designado pela escola económica das finanças públicas resulta de uma tentativa de generalização das análises marginalistas, aplicando os seus teoremas fundamentais também à actividade económica do Estado.

Uma especial atenção será dada à escola da economia financeira italiana, que desde sempre integrou a actividade económica do Estado no contexto geral da actividade económica, fazendo-a corresponder à gestão da parcela dos recursos que os privados estariam dispostos a sacrificar, ou à quantidade de necessidades que desejariam ver satisfeitas por forma pública, ao mesmo tempo que se ocupava, com grande originalidade, da determinação dos mecanismos que permitiriam a revelação das preferências dos cidadãos em matéria de gasto público [234].

---

[233] Para uma análise sintética CAMPA, *Appunti...*, cit..

[234] Especialmente desenvolvidos por PANTALEONI, «Contributo alla Teoria del Riparto delle Spese Publiche», *La Rassegna Italiana*, 1883, DE VITI DE MARCO *Il Carattere Teórico dell' Economia Finanziaria*, Roma, 1888 e EINAUDI, *Principi di Scienza delle Finanze*, Torino, 1911. Sínteses desses debates podem ser vistas em FRANCO VOLPI (org.) *Teorie della Finanza Pubblica...*, cit. e ALLESSANDRO PETRETTO, *Le Funzioni, la Struttura*

Significa isto que a apreciação do fenómeno financeiro deixa de levar em consideração a existência de um poder político, ou dos aspectos específicos das suas relações com os privados, para passar a considerar a despesa pública apenas sob o ângulo da produção de bens destinados a satisfazer necessidades colectivas.

Subjacente a essa orientação encontrava-se, todavia, a necessidade de caracterização dos bens públicos e da sua distinção dos privados, o que levou a que os financeiros dos finais do século XIX encetassem um trabalho que, mais tarde, viria a ser formalizado e explicitado com especial rigor por PAUL SAMUELSON, no sentido da individualização daqueles bens.

De formas mais ou menos rigorosas surgem, então, as ideias de indivisibilidade, de ausência de procura específica ou de atribuição de benefícios indiscriminados a todos os cidadãos, pertencendo, porventura, a MAZZOLA uma das melhores caracterizações, acentuando a impossibilidade de excluir qualquer cidadão do seu gozo e, ao mesmo tempo, de definir o grau de satisfação retirado de cada um, facto que inviabiliza a sua produção através de mecanismos de mercado[235].

Fixadas as características dos bens públicos, surge a necessidade de responder à questão de saber como se vai determinar a quantidade e qualidade desses bens e a forma de repartir os custos entre os cidadãos, aqui considerados como puros consumidores, uma vez que não existem mecanismos de procura explícita, nem valorações políticas quanto à distribuição dos encargos.

A resposta mais interessante é dada por PANTALEONI, para quem os deputados representariam a inteligência média dos consumidores e, como tal, a sua escolha reflectiria uma solução de igualdade entre o grau de satisfação resultante da despesa pública e o sacrifício de consumos privados daí resultante [236].

A indagação marginalista rapidamente é, no entanto, conduzida a uma aproximação do tipo da preconizada pela economia do bem-estar, sobretudo através dos trabalhos fundamentais de PARETO, que definiu aquilo que normalmente se designa pelo *óptimo de Pareto*, ou seja, uma

---

e gli Effetti del Sistema Tributário Secondo la Tradizione Italiana di Scienza delle Finanze, Università degli Studi di Firenze, 1985.

[235] *I Datti Scientifici della Finanza Pubblica,* agora in FRANCO VOLPI, ob. cit., p. 105.

[236] «Contributo alla Teoria del Riparto delle Spese...», cit..

solução de equilíbrio na afectação dos recursos, caracterizada pelo reconhecimento de que ninguém pode melhorar a sua situação sem piorar a de outra pessoa.

Será, de seguida, analisada a contribuição de PIGOU para a definição das condições de optimização da afectação e repartição de recursos, que seria alcançada quando se verificassem simultaneamente duas condições: a maximização do rendimento nacional e a maximização dos recursos afectos aos mais desfavorecidos [237].

Na impossibilidade de seguir todos os passos de evolução da teoria económica, será referenciada a contribuição dada por PIGOU e, noutro plano, por SAMUELSON, qualquer delas decisiva para a justificação da actividade económica pública.

Fundamental na obra de PIGOU é a criação, logo num texto de 1920, do conceito de externalidades positivas e negativas com que o mercado se revela incapaz de lidar e que, como tal, determinariam a necessidade de intervenção pública [238].

A SAMUELSON será creditado o mérito de, em dois curtos artigos de 1954 [239] e de 1955 [240], ter lançado a moderna teoria dos bens públicos, desviando o debate para uma perspectiva normativa, assinalando com peculiar clareza os traços distintivos de bens consumidos colectivamente e em relação aos quais não existe qualquer competição nem possibilidade de eliminar outros consumidores, ao mesmo tempo que definia qual a afectação de recursos que conduziria a uma adequada produção destes bens e ao desenho de um sistema fiscal justo.

Não se deixará, todavia, de assinalar a debilidade das teorias económicas das finanças públicas, ao assentarem num pressuposto de que seria possível uma análise que ignorasse a intervenção dos fenómenos políticos sobre aquilo que seria a pura racionalidade económica, bem como o excesso cometido por quantos identificam totalmente os mecanismos da economia pública com os da economia privada.

---

[237] *The Economics of Welfare*,(1920), reimpressão de 1950, London, Macmillan.

[238] Idem.

[239] «The Pure Theory of Public Expenditure», *Review of Economics and Statistics*, n.º 36, Novembro de 1954, pp. 387-89.

[240] «Diagrammatic Exposition of a Theory of Public Expenditure», *Review of Economics and Statistics*, n.º 37, Novembro de 1955, pp. 350-56.

Com frequência, aliás, mesmo os melhores autores da escola foram levados a posições extremadas, no sentido de considerar a intervenção política na decisão financeira como um puro fenómeno de perversão, que não deveria ser levado em consideração.

É o tipo de posição expressa com radical clareza por DE VITI DI MARCO, que escreve em carta dirigida a GRIZIOTTI: "para mim a *política* não é mais do que a luta de interesses antagónicos entre indivíduos ou grupos de indivíduos que se apoderam da força coerciva do Estado e a utilizam em defesa dos seus interesses particulares que apelidam (com a ajuda de economistas e juristas) como *fins do Estado* e interesses da colectividade"[241].

Nesse período fundador da ciência das finanças não deixaram, por outro lado, de surgir concepções sociológicas e políticas das finanças públicas, que procuraram afastar a hipótese de existência de qualquer racionalidade económica nas escolhas, reduzindo a actividade financeira a um exercício, através do qual as classes dominantes repercutem o custo da actividade do Estado sobre as classes dominadas.

Trata-se de um conjunto de posições que comporta diversas sensibilidades, ainda que se possa ver uma influência significativa das correntes marxistas e que, se tem a importância de contribuir para o afastamento de alguns aspectos particularmente inadequados da escola económica, não deixa de representar uma radicalização inaceitável de posições, tanto mais quanto a ponderação de aspectos políticos na decisão financeira aparece como essencial, no quadro de um Estado Democrático.

As finanças públicas correspondem a uma das mais importantes chaves para decifrar uma sociedade [242], permitindo um retrato bastante fiel da forma como se organiza o poder e como se relaciona com a sociedade civil.

No que se refere à actividade económica do Estado, a melhor síntese parece ter sido a conseguida por RICHARD MUSGRAVE, cuja qualificação tripartida das funções financeiras do Estado se mantém como ponto

---

[241] Publicada em «Vecchi e Nuovi Indirizzi nella Scienza delle Finanze», agora in *Saggi sull Rinovamento dello Studio della Scienza delle Finanze e del Diritto Finanziario*, cit., p. 158.

[242] JEAN PIERRE LASSALE, «Finances Publiques et Sciences Sociales», cit., p. 234.

de referência obrigatório [243], apesar de ter sido objecto de refinamento e aprofundamento.

Nos últimos tempos, por exemplo, tem-se verificado uma acentuada tendência para aferir a intervenção do Estado em função de dois objectivos: eficiência e equidade [244], classificação que não diverge no essencial da de Musgrave, na medida em que os objectivos de afectação e estabilização se reconduzem à ideia de eficiência e os de distribuição à de equidade.

Da distinção da actividade económica do Estado em três ramos – estabilização, afectação de recursos e distribuição – resultaria uma separação clara entre a primeira, cujo estudo seria do domínio da macro-economia, e as restantes, objecto da economia pública, solução que tem vindo a ser questionada, dada a impossibilidade de separação radical das diferentes funções do Estado.

Também não poderá ser esquecida a contribuição que o pensamento de RAWLS veio dar, pelo menos em relação às duas últimas funções musgravianas, fornecendo uma clara justificação teórica para a assunção pelo Estado dessas tarefas e a definição de condições ideais para uma sociedade justa.

A posição central que MUSGRAVE ocupou ao longo de décadas nos estudos de finanças públicas levará a procurar explicitar, de uma forma tão pormenorizada quanto possível, as suas principais preocupações e as contribuições que deu para o estudo da ciência.

A recente exposição que o próprio fez sobre as raízes do seu pensamento [245] será um elemento da maior utilidade nesse trabalho, recordando-se a sua conclusão, que aqui se transcreve, e que será transmitida aos alunos, como uma das inspirações fundamentais das finanças públicas, em aberto contraste com outras mais adiante referidas.

---

[243] Tal como foi exposta, pela primeira vez, em *The Theory of Public Finance*, New York, MacGraw Hill, 1958 e tem vindo ser sucessivamente trabalhada em RICHARD MUSGRAVE e PEGGY MUSGRAVE, *Public Finance in Theory and Pratice*, por último, na 5.ª edição de 1987.

[244] Vd., por exemplo, STIGLITZ, *Economics of the Public Sector*, 3.ª edição, New York-London, 1999, pp. 92 e segs..

[245] «The Nature of the Fiscal State: The Roots of My Thinking», in JAMES BUCHANAN-RICHARD MUSGRAVE, *Public Finance and Public Choice. Two Contrasting Visions of the State*, 2.ª edição, The MIT Press, 2000, pp. 29 e segs..

Diz-nos, então, MUSGRAVE, aos 87 anos: "as these various dimensions of the fiscal system are combined, my primary concern has been with constructing a normative model of what a well-behaved public sector should look like. Along with this, I have been concerned with how such a model could be made to function, as a matter of empirical interest and because a balance of private and public concerns is needed to make society work. This necessity, as I see it, is not an unfortunate failure of creation. On the contrary, the existence of externalities and the need to confront issues of distribution enrich social life, the challenge of freedom and with it the human status of its members. The public sector as the instrument by which to address these concerns therefore constitutes a vital social capital, complementary and not rival, equal and not inferior to the market" [246].

O pensamento de MUSGRAVE, fortemente dominado por aquilo que se pode designar por activismo estatal, insere-se na corrente de pensamento que arranca da revolução keynesiana [247] e que põe a ênfase no estudo de como os instrumentos financeiros podem ser usados ao serviço de políticas económicas.

Naturalmente que se não poderá compreender a revolução keynesiana se não se fizer uma breve referência à forma como anteriormente eram concebidas as finanças públicas e aos factores que determinaram a passagem de umas finanças neutras para umas finanças activas.

As finanças neutras, assentes no pensamento clássico de ADAM SMITH, STUART MILL e DAVID HUME, entre outros, limitavam o papel do Estado aos sectores que não interessavam aos particulares ou àqueles que, por definição, eles não poderiam assegurar, dada a existência daquilo que mais tarde viria a ser classificado como externalidades.

A esta concepção viria a opor-se a das finanças funcionais, desenvolvida sob a égide tutelar de JOHN MAYNARD KEYNES, que veio introduzir a perspectiva macroeconómica nos estudos das finanças públicas, preocupando-se sobretudo com a utilização dos instrumentos financeiros para a prossecução de políticas financeiras, conceito novo que surge

---

[246] Idem, p. 49.

[247] Como é expressamente admitido por MUSGRAVE. Vd. «The Nature of the Fiscal State: The Roots of My Thinking», cit., pp. 29 e segs., ainda que sem deixar de recordar a sua formação intelectual europeia que o motivara para debates longamente negligenciados nos Estados Unidos.

ligado à ideia de que o mercado não dispõe de instrumentos para assegurar o combate à depressão, que só pode ser garantido através de um aumento da procura induzido pela despesa pública.

Essa perspectiva viria a dominar o panorama científico durante largas décadas e a ser objecto de progressivos aperfeiçoamentos, no sentido de integrar também a preocupação com a inflação, patente em especial em HICKS e na sua construção da curva IS-LM, mas mais tarde viria a originar ataques fortes, baseados na ideia de que tinha motivado um acréscimo brutal da despesa pública e dos défices, minimizando a possibilidade de exploração de outras vias, como a das reduções fiscais, para influenciar positivamente a procura privada, para a obtenção dos mesmos objectivos.

O pensamento de KEYNES teve uma importância ímpar na segunda metade do século XX, tendo gerado amores e ódios, porventura, sem paralelo na história económica e justificando que se procure dar uma ideia tão completa quanto possível dos seus principais pressupostos, tarefa facilitada, aliás, pela existência, na bibliografia portuguesa, de excelentes elementos de consulta [248], incluindo os produzidos na Faculdade de Direito de Lisboa por PAULO PITTA E CUNHA [249].

Naturalmente que se seguirá a apreciação dos movimentos que se vieram opor a KEYNES e que partem da ideia de que é necessário limitar o sector público. Nessa corrente neo-liberal, em que sobreleva o nome de JAMES BUCHANAN, nota-se a preocupação de destruir todos os fundamentos das finanças públicas keynesianas.

É certo que em textos mais recentes, BUCHANAN procura, de alguma forma, minimizar o carácter militante e ferozmente empenhado dos seus primeiros escritos, como é especialmente patente no debate com MUSGRAVE, ao tentar resumir as suas divergências com o autor de *A Theory of Public Finance*, pretendendo que embora ambos pensem que o Estado pode realizar muito de bom e de mau pela sociedade, divergem na ponderação do bom e do mau, já que, na sua perspectiva, a possibilidade do mau ser concretizado é maior do que a do bem, pelo que se torna necessário criar amarras ao poder de decisão livre dos políticos.

---

[248] Vd., para indicações precisas, JACINTO NUNES, «Algumas Notas sobre a Introdução do Keynesianismo em Portugal», cit..

[249] *Equilíbrio Orçamental e Política Financeira Anticíclica*, Lisboa, cit. e *Introdução à Política Financeira*, cit..

Ensinar Finanças Públicas numa Faculdade de Direito 103

Trata-se de uma afirmação que não pode levar a esquecer como BUCHANAN sempre opôs ao activismo estatal de MUSGRAVE a preocupação omnipresente de travar o Estado-Leviatã, mas que assinala, de modo correcto, que também BUCHANAN adopta uma perspectiva normativa em relação à economia pública [250].

Ultrapassados os exageros ideológicos de alguns adeptos da escola da *public choice* [251], é patente que ela tem vindo a ganhar uma respeitabilidade científica, que durante muitos anos lhe foi negada e a que não terá sido alheia a atribuição do prémio Nobel da Economia a JAMES BUCHANAN, que fica patenteada em manuais como o de CULLIS e JONES [252].

Essa respeitabilidade reforça, aliás, a necessidade de apreciar os pressupostos fundamentais da escola e os seus desenvolvimentos mais recentes.

A maior crise da economia pública resulta da posição assumida pelos expoentes da nova macroeconomia clássica, para quem uma política de estabilização orçamental, pressuposta nas aproximações de KEYNES e MUSGRAVE, seria totalmente inaceitável, assim como o seria uma política de estabilização de base monetarista, havendo que ter em conta a natural instabilidade do sector público e a ineficácia das políticas económicas, sempre antecipadas e neutralizadas pelos privados [253].

A nova macroeconomia clássica parte da absolutização de uma hipótese interpretativa: a da racionalidade total dos cidadãos contribuintes, que está longe de ter a comprovação empírica necessária e tem sido objecto de vivas críticas [254].

---

[250] Como escreveu PAULO TRIGO PEREIRA, «A Teoria da Escola Pública (*Public Choice*): uma Abordagem Neoliberal», *Análise Social*, volume XXXII, n.º 141 (1997), p. 438, "na perspectiva da teoria da escolha pública, trata-se de comparar os fracassos do governo" com os "fracassos do mercado", ou seja perceber que, quer o mercado, quer o sector público, são *instituições* imperfeitas de afectar os recursos e, como tal, o objectivo da análise é desenvolver uma análise institucional comparada".

[251] De que é exemplar o discurso de JOSÉ MANUEL MOREIRA no doutoramento *honoris causa* de JAMES BUCHANAN pela Faculdade de Economia da Universidade do Porto, in ANTÓNIO AZEVEDO ALVES e JOSÉ MANUEL MOREIRA, *O Que é a Escolha Pública? Para uma Análise Económica da Política*, Cascais, Principia, 2004, pp. 133 e segs..

[252] *Public Finance and Public Choice*, 2.ª edição, Oxford University Press, 1998.

[253] Para uma análise comparativa dessa corrente de pensamento e dos neo-keynesianos, vd. JACQUES SPINDLER, «Macro-Économie et Finances Publiques», *Revue Française de Finances Publiques*, n.º 55, 1996, pp. 13 e segs..

[254] Vd. RODNEY MADDOCK e MICHAEL CARTER, «A Child´s Guide to Rational

Com esta corrente ultra-liberal, muito em voga entre os mais jovens economistas norte-americanos e caracterizada muitas vezes por uma grande sobranceria, quebrou-se o consenso que, entretanto, se vinha estabelecendo entre monetaristas e keynesianos, atingindo-se, como assinala ANÍBAL ALMEIDA [255], o grau zero da política económica.

Naturalmente que estaria fora de causa, neste texto introdutório, seguir todas as evoluções que se foram registando no pensamento económico ao longo das últimas décadas, não se podendo, todavia, deixar de assinalar que elas foram marcadas pela expansão e triunfo das correntes conservadoras e daquilo que a certa altura foi designado por "reaganomics", sem cuidar, por agora, de saber se há uma verdadeira lógica, economicamente motivada, num conjunto de propostas de muito diversa natureza, como sustentam entre outros PAUL SAMUELSON [256] e ROBERT SOLOW[257].

1.5. Instituições Financeiras

A introdução será concluída com um ponto consagrado às instituições financeiras que, na senda de SOUSA FRANCO, serão entendidas como "modos de racionalizar e controlar o processo de exercício da actividade financeira e expressão principal da componente cultural das finanças públicas" [258].

Trata-se, neste ponto de fronteiras relativamente indefinidas, de habilitar os alunos com conhecimentos preliminares que lhes permitam o acompanhamento da matéria com maior facilidade.

Naturalmente que, das muitas instituições financeiras que se poderiam isolar, em face do conceito amplo aqui utilizado, apenas se seleccio-

---

Expectations», *Journal of Economic Literature*, volume XX (Março de 1982, pp. 39 e segs. e WILLEM BUITTER, «The Macroeconomics of Dr. Pangloss: a Critical Survey of the New Classic Macroecomics», *Economic Journal*, Março de 1980, pp. 34 e segs..

[255] «Cuidado com as Curvas», cit..

[256] «Evaluation of Reaganeconomics as Scientific Macroeconomics», *Economia*, volume VIII, n.º 3 (1984), pp. 453 e segs..

[257] Intervenção na mesa redonda promovida pela *Economic Policy*, 1987, pp. 182-183. Ver, ainda, o conjunto de artigos incluídos no mesmo número da revista.

[258] Ob. cit., p. 241.

Ensinar Finanças Públicas numa Faculdade de Direito   105

narão algumas, com relevo para os decisores financeiros, os tribunais financeiros, o património do Estado, o Tesouro do Estado e o Orçamento.

Num primeiro momento, estarão em palco os três actores principais da actividade financeira: Parlamento, Governo e Administração Pública.

Foi já visto que, historicamente, os Parlamentos foram chamados à boca da cena, no desenvolvimento de um longo processo histórico de reivindicação popular orientada no sentido de exigir que os impostos fossem objecto de aprovação pelos representantes do povo, numa solução de auto-limitação patrimonial.

Veremos, no entanto, como essa evolução não foi linear e como a forte concentração de poderes nas assembleias veio a ser fortemente criticada pelos movimentos de raiz anti-parlamentarista, com clara expressão entre nós, que vêm nas assembleias parlamentares as causas de todos os excessos de gastos públicos, e recordaremos, designadamente, a obra emblemática de ARMINDO MONTEIRO [259].

Essa orientação viria depois a ser aprofundada, especialmente pelas escolas da *public choice* e do *economic constitucionalism*, sublinhando a distância entre os decisores financeiros parlamentares e aqueles que vão suportar as consequências dessa decisão, o que facilitaria o aumento da despesa pública, associado à impossibilidade de uma responsabilização directa por parte dos eleitores.

Outra fonte de quebra dos poderes parlamentares resulta naturalmente da argumentação tecnocrática, que leva à tentativa de concentrar nos governos ou até em órgãos da administração, a decisão financeira, com a invocação da sua grande complexidade e das suas implicações macro-económicas.

Se é certo que a crescente tecnicidade da gestão financeira e sua integração com a actividade económica geral conduzem no sentido da desparlamentarização da decisão financeira, menos certo não é que, sob pena de se correr o risco de pôr em causa os fundamentos da democracia representativa, é necessário encontrar o ponto de equilíbrio, que assegure uma adequada função de decisão e controlo por parte do Parlamento.

Nada disso implica, porém, que não possam ser repensadas as condições de exercício dos poderes financeiros por parte dos parlamentos, estando especialmente em causa a chamada lei-travão, contexto em que serão analisados os vários sistemas de aprovação orçamental.

---

[259] *Do Orçamento Português*, cit..

Em qualquer caso, não se poderá ignorar que, na actual fase, as vinculações externas do Orçamento – que serão analisadas mais adiante – são de tal forma expressivas que a capacidade de decisão parlamentar se encontra já substancialmente reduzida.

No que respeita à posição do Governo, começará por se sublinhar que o Orçamento representa o seu programa financeiro de actividade, pelo que aquele órgão desempenha um papel absolutamente decisivo na sua preparação e execução, constituindo a proposta de Orçamento uma escolha fundamental das prioridades financeiras, condicionada não só pelos aspectos económicos, mas pelas opções políticas e ideológicas da cada Executivo.

Será, a este propósito, assinalado o papel especialmente relevante do Ministério das Finanças e apreciados os sistemas que atribuem mais força ao Conselho de Ministros, em paralelo com aqueles que assentam numa decisão primacialmente do Ministério das Finanças.

Também será referida a existência de modelos assentes numa separação entre os Ministérios das Finanças e da Economia e de outros que, pelo contrário, se baseiam numa unificação num só Ministério.

Qualquer que seja o modelo prevalente, nunca poderá ignorar-se a importância do papel deste Ministério, que ocupa sempre um lugar à parte no conjunto dos departamentos governamentais, justificando uma especial atenção dos estudiosos [260].

O Ministério raramente pode ser encarado como um mero agente da preparação técnica do orçamento, antes surgindo como um Ministério com poderes especiais, que permitem ao seu titular condicionar as opções dos restantes membros do Governo, aspecto a que se voltará no desenvolvimento da matéria.

BLOCH-LAINÉ falou, a este propósito, com felicidade, de "une puissance certaine toujours discutée" [261], numa ideia que se adequa à tradição governamental francesa, mas não parece menos ajustada à portuguesa.

---

[260] Veja-se, por exemplo o número da revista *Pouvoirs* intitulado *Le Ministère des Finances*, 1990. Para o estudo histórico do Ministério das Finanças Português, ver GUILHERME D'OLIVEIRA MARTINS, *O Ministério das Finanças – Subsídios para a sua História no Bicentenário da Criação da Secretaria de Estado dos Negócios da Fazenda*, Lisboa, Ministério das Finanças, 1988.

[261] «L'Affirmation d'une Puissance», *Pouvoirs*, n.° 53, 1990.

Esse poder, que decorre antes do mais das suas atribuições no quadro da orgânica governamental, resulta normalmente reforçado pela existência de um corpo de funcionários técnicos especialmente qualificados e pelo desenvolvimento de uma "cultura do poder".

Naturalmente que essa análise só poderá beneficiar com uma referência à evolução da situação portuguesa, que implicará a necessidade de uma referência à orgânica do Ministério das Finanças e de alguns institutos por ele tutelados, ou de serviços com a tradição e importância da Inspecção-Geral de Finanças.

A apreciação do caso português não deixará de ser eloquente, uma vez que as tentativas de equilíbrio das finanças públicas – em situação ditatorial, como num quadro democrático – têm passado sempre por um reforço dos poderes do Ministério das Finanças.

No que respeita à actividade financeira da Administração Pública, serão introduzidas breves referências à execução orçamental e às regras de contabilidade pública, remetendo-se para as aulas de sub-turma uma análise mais pormenorizada.

Evitando a repetição de matéria estudada em direito administrativo, mas procurando aproveitar os conhecimentos já adquiridos pelos alunos, será chamada a atenção para a diversidade de situações entre os serviços simples, integrados na Administração do Estado, e os serviços com autonomia.

A esse propósito, será sublinhado como, depois de anos em que a evolução se orientou para uma grande diversificação dos regimes financeiros dos institutos públicos e da sua aproximação ao direito privado, a recente lei-quadro dos institutos públicos (Lei n.º 3/2004, de 15 de Janeiro) veio inverter radicalmente essa tendência, apontando no sentido de uma grande uniformização de regimes financeiros e de uma apertada sujeição à tutela governamental.

Ficarão para discussão as vantagens e desvantagens deste modelo, que facilita a consolidação orçamental e o controlo das finanças públicas no seu conjunto, mas impede uma diversificação e flexibilização de regimes, que asseguraria, porventura, uma maior eficácia na actuação de muitos desses institutos.

Será, de qualquer forma, recordada a circunstância de a própria lei-quadro dos institutos públicos admitir regimes excepcionais, identificando as entidades às quais tais regimes podem ser outorgados e as razões que fundamentam essa opção.

Uma primeira chamada de atenção será feita para a Segurança Social que, apesar da integração orçamental determinada pelo texto constitucional de 1976, coerentemente com a concepção universalista que aí prevaleceu, constitui um subsector financeiro da maior importância e que coloca, também, alguns dos mais interessantes problemas actuais das finanças públicas.

Nesse contexto, serão referenciados os aspectos organizativos e a principal legislação reguladora e apresentados elementos quantitativos, que espelharão a importância desse subsector.

Uma breve referência será, do mesmo modo, feita ao sector empresarial do Estado, remetendo-se o estudo do seu regime para a cadeira de direito da economia, sem deixar, no entanto, de assinalar a importância dos fluxos financeiros entre o Orçamento do Estado e as empresas públicas.

Nesta descrição preliminar do papel dos diferentes agentes financeiros será introduzida uma primeira referência à descentralização financeira, que se consubstancia nas autonomias regionais e locais.

A importância dessas autonomias, no plano financeiro, será enquadrada no relevo que a Constituição de 1976 confere à descentralização, circunstância que levou BAPTISTA MACHADO a falar de um paradigma descentralizador no texto constitucional [262].

Será assinalada a especificidade das Regiões Autónomas dos Açores e da Madeira e a circunstância de corresponderem a um modelo de descentralização político-administrativa que tem vindo a ser reforçado em sucessivas revisões constitucionais, e que não encontraria paralelo nas regiões administrativas previstas para o restante território nacional, mas que não chegaram a conhecer concretização.

Da mesma forma, será chamada a atenção para a intensidade da autonomia financeira – independência orçamental na terminologia de SOUSA FRANCO [263] – bem patente na aprovação do Orçamento por assembleias políticas oriundas de um sufrágio universal e na disponibilidade de poderes orçamentais, ainda que limitados, que serão mais tarde caracterizados de modo mais preciso.

Também será feita uma primeira alusão à autonomia financeira das autarquias locais, reconduzível igualmente à ideia de independência financeira, identificando os seus principais instrumentos.

---

[262] *Participação e Descentralização. Democratização e Neutralidade na Constituição de 1976*, Coimbra, Almedina, 1982.

[263] *Finanças Públicas e Direito Financeiro*, cit., p. 155.

Ensinar Finanças Públicas numa Faculdade de Direito 109

No que respeita aos tribunais com jurisdição financeira, uma primeira menção será feita ao Tribunal de Contas e ao seu papel central nesta matéria, posteriormente objecto de apreciação pormenorizada.

Do mesmo modo, serão referenciados os Tribunais Fiscais e o Supremo Tribunal Administrativo, cuja jurisprudência se revela importante para a compreensão do sistema fiscal português.

Uma atenção especial será igualmente dada ao Tribunal Constitucional, chamado com alguma frequência a pronunciar-se sobre matérias financeiras e fiscais, procurando-se detectar linhas de força na sua jurisprudência e remetendo para as aulas de sub-turma a análise da mais significativa jurisprudência com expressão financeira [264].

Uma parte final será consagrada às instituições financeiras de enquadramento, deixando de parte o Orçamento, objecto de análise autónoma e privilegiando o Tesouro e o Património, que dificilmente encontrarão espaço para exposição noutras passagens do programa.

Será assinalada a importância dessas instituições e os principais problemas que se lhes colocam e identificada a legislação básica que, na medida em que o tempo o permita, será apreciada nas aulas de sub-turma.

---

[264] Veja-se a colectânea de OLÍVIO MOTA AMADOR e FERNANDO XEREPE SILVEIRO, *Jurisprudência Orçamental*, Lisboa, AAFDL, 2003 e ISABEL SEIXAS DE ALMEIDA, *Princípios e Regras Orçamentais na Jurisprudência do Tribunal Constitucional*, dissertação de mestrado inédita apresentada na Faculdade de Direito da Universidade de Lisboa, 1997.

PARTE I

Da Decisão Financeira em Especial

CAPÍTULO I

Aspectos Gerais

Ficou salientado na Introdução que as finanças públicas têm vivido ao sabor de visões contrastantes, resultando de profundas divergências de pensamento entre os autores que se ocupam do papel do Estado na economia e da avaliação da forma como são utilizados os principais instrumentos financeiros. Sublinhou-se, ao mesmo tempo, os desafios que são colocados à disciplina pela nova macroeconomia clássica.

Ficou, também, patente que o autor do presente Relatório perfilha o entendimento de que existe um vasto espaço para o estudo da decisão financeira e dos problemas com que a mesma se confronta.

Em coerência com esse entendimento, opta por fazer anteceder o estudo das diferentes instituições financeiras e, em particular, do Orçamento, de um capítulo em que é autonomizada a análise da decisão financeira, e no qual se tenta uma abordagem conjunta das principais dificuldades dos decisores financeiros.

O ponto de partida deste capítulo é o de que a decisão financeira – pese embora os aspectos políticos e sociológicos que a podem condicionar – é essencialmente uma decisão económica, semelhante a qualquer outra. Uma decisão que lida com a problemática de como proceder à afectação de recursos escassos [265].

Importa, então, isolar, no processo de formação da decisão financeira, algumas questões relevantes, que correspondem, por um lado, a problemas desde sempre discutidos e, por outro, a abordagens introduzidas por aquilo que designamos por **nova agenda das finanças públicas**.

---

[265] Como recorda CARLOS PINTO CORREIA, *A Teoria da Escolha Pública: Sentido, Limites e Implicações*, cit., p. 4, os estudos sobre decisão financeira partem essencialmente do paralelo entre a decisão no mercado e a decisão do poder político.

Procurar-se-á isolar três grandes grupos de questões, que permitirão passar em revista o essencial desta matéria, sem ignorar que os seus reflexos se sentirão ao longo de todo o curso.

O primeiro, prende-se com a própria justificação da existência de actividade económica pública e com as subsequentes questões da dimensão ideal dos recursos afectos à acção pública e das áreas a privilegiar; o segundo, visa averiguar que mecanismos se podem opor a uma escolha racional e o terceiro, discutir se a decisão financeira deve ser feita por forma absolutamente livre, pelos decisores financeiros, ou se a acção discricionária deve ser substituída por regras escritas.

A primeira destas questões foi já, de alguma forma, abordada na Introdução, onde ficaram referenciadas algumas das principais respostas que têm sido ensaiadas, mas tentar-se-á ir um pouco mais longe na análise a efectuar neste capítulo.

Será chamada a atenção dos alunos para como, ao longo da vida e, porventura, até na morte, são confrontados com os resultados das decisões financeiras (nos hospitais onde nascem, nas escolas que frequentam, nos hospitais a que recorrem, nas estradas que percorrem, nos tribunais e demais serviços da área da justiça que utilizam, nos cemitérios onde são enterrados) e como o padrão que lhes é oferecido pode variar no arco das suas vidas e é seguramente diverso daquele que existe noutros países, mesmo com sistemas económicos e sociais semelhantes ao nosso.

Procurará, assim, demonstrar-se que dos benefícios que os cidadãos retiram da actividade pública, em vários dos sectores referenciados, resulta uma primeira justificação para a actuação económica do Estado, mas que a variedade da oferta pública mostra que não há um padrão único de despesa pública.

Uma melhor ponderação do problema levará os alunos à interrogação, hoje em dia tão frequente, sobre se não será preferível que a produção de alguns desses bens seja entregue ao sector privado, com a consequência de ser exigido um menor esforço financeiro ao Estado.

Chegamos, então, ao núcleo das questões levantadas pela actividade económica do Estado, tal como sintetizadas por STIGLITZ [266]: porque é que o Governo se empenha em determinadas actividades e não noutras? Porque é que o objectivo dessas actividades se alterou nos últimos cem anos e porque é que varia de país para país? O Governo faz demasiado?

---

[266] *Economics of the Public Sector*, 3.ª edição, cit..

O Governo tenta fazer bem aquilo que faz? Poderia o Governo desempenhar o seu papel económico com maior eficiência?

Tendo-se plena consciência da impossibilidade de prosseguir numa linha em que cada uma dessas questões seja escalpelizada até ao limite e revistas todas as posições sobre ela assumidas, o que, aliás, corresponderia a um programa de economia pública – hipótese já rejeitada – procurar-se-á passar em revista alguns dos pontos mais importantes.

Será chamada a atenção para o facto de o papel do Estado na economia não poder ser apreciado sem uma análise breve das várias respostas que foram sendo formuladas ao longo da história económica e para a influência decisiva da tradição cultural de cada país, assim como das suas próprias condicionantes constitucionais.

Por outro lado, será sublinhado como após o colapso das economias colectivistas, encontramos hoje apenas economias mistas, em que se conjuga sector público e privado e como o processo de privatizações, que se desenvolveu generalizadamente, rompeu o equilíbrio a favor do sector público que caracterizava determinadas economias de forte tradição de intervencionismo estatal, em especial na Europa.

No quadro das economias mistas, pode-se tentar traçar uma primeira grande fronteira, explicitando que o Estado é chamado sobretudo a actuar nas áreas onde se verificam falhas de mercado, mas não se pode esquecer que, na sequência da afirmação das correntes conservadoras, especialmente preocupadas com a limitação dos poderes de intervenção do Estado, se tem vindo a acentuar especialmente aquilo que vem sendo designado por falhas da intervenção pública.

As falhas da intervenção pública ficam a dever-se a diversos factores, abundantemente teorizados, tais como a limitação da informação, a possibilidade de os privados não reagirem aos estímulos governamentais como pretendido, as dificuldades do processo político e a acção dos burocratas e têm como consequência que os recursos empregues ficam abaixo daquilo que se poderia esperar, em termos de eficiência.

Naturalmente que as falhas de mercado são especialmente visíveis se apenas considerarmos a função de afectação de recursos e não levarmos em consideração a função redistributiva, que se revela de compatibilização difícil com essa nova noção, cuja utilização será, assim, preferencialmente feita pelos autores que não integram a distribuição entre os objectivos da intervenção pública.

Será sublinhada a dificuldade em encontrar uma resposta satisfatória quanto à escolha das actividades que o Estado pode desempenhar e aquelas de que se deve abster. Uma tentativa de apreciar este problema, aliviando-o da tremenda carga ideológica a que tem estado sujeito, corresponderia a afirmar que só deveria ser produzido publicamente aquilo que o pudesse ser em condições de eficiência e que a escolha entre as várias alternativas possíveis deveria produzir os melhores resultados para a sociedade.

Não se poderá, no entanto, escamotear a questão de a eficiência na produção de bens não ser a única condicionante com que o decisor público se confronta, chamando a atenção para os aspectos de equidade, que estão presentes, uma vez que, na orientação da despesa pública, assim como no estabelecimento da carga fiscal, não é neutra a escolha de quem paga e de quem é beneficiado.

Este último aspecto conduzir-nos-á, inevitavelmente, à afirmação da especificidade da escolha pública, consistente na circunstância de ser uma escolha colectiva, que envolve os interesses de todos os membros da sociedade, mas uma escolha mediada através de agentes políticos, a quem a Constituição defere tal competência.

Daqui se partirá para a falibilidade das respostas tradicionalmente encetadas, no sentido de que o critério de orientação dessas escolhas colectivas teria de ser necessariamente o do interesse colectivo ou o do bem estar social, o que levará a deslocar o ângulo de apreciação da escolha colectiva para o da *public choice*, que parte de pressupostos muito diversos[267].

De facto, chamada a atenção para que qualquer forma de escolha colectiva, mesmo na pequena dimensão familiar, é susceptível de criar inúmeras dificuldades e implica sempre o sacrifício de algumas preferências, estamos em condições de compreender a muito maior complexidade de uma escolha que envolve toda uma sociedade, complexidade que naturalmente aumenta com a sua dimensão geográfica, com a sua diversidade étnica e cultural e com muitos outros factores.

A resposta tradicional é dada pelo recurso ao mecanismo de voto. A decisão por um, ou outro partido, em eleições, determinaria automaticamente a escolha do padrão de receita ou despesa pública. Só que a circunstância de o voto se exercer, por regra, por maioria simples vem mos-

---

[267] Como é assinalado por CARLOS PINTO CORREIA, ob. cit., pp. 7 e segs..

trar que o número de preferências que podem ser sacrificadas pode ser vastíssimo, sobretudo em caso de vitórias eleitorais estreitas.

Uma tentativa para dar resposta mais satisfatória a estas questões pode encontrar-se na passagem da economia positiva para a economia normativa, que procura avaliar as consequências de cada opção, valorando-as positiva ou negativamente.

A partir daí, ficariam abertos os caminhos para definir grandes traves mestras da actuação económica pública, umas de raiz mais individualista e outras mais colectivistas.

No primeiro grupo inclui-se a concepção paretiana, orientada pelo bem estar individual, enquanto que, no segundo, sobreleva a resposta de JOHN RAWLS, para quem a sociedade se constrói na base de um acordo social, que permite a diferenciação, desde que essa diferenciação jogue exclusivamente a favor dos mais desfavorecidos.

Para RWALS, qualquer indivíduo, colocado atrás de um véu de ignorância que não lhe permita saber em que período irá viver, a que classe social pertencerá e quais serão os meios de riqueza, optará sempre por uma sociedade que não abandona totalmente aqueles que estão numa situação mais débil.

Mas, se a ideia de contrato social de RAWLS tem implícita uma forte preferência por formas de activismo estatal, ela está longe de ser a única tentativa feita, no plano filosófico, para definir as condições de uma sociedade justa.

Numa perspectiva radicalmente oposta, pode, por exemplo, citar-se a posição de NOZICK e a sua defesa do Estado minimalista, que assenta na ideia de que o Estado se deve limitar a permitir a vida pacífica em sociedade, assegurando a protecção contra a violência interna ou externa, e a garantir um sistema judicial que assegure o direito de propriedade, o respeito dos contratos e a possibilidade de conseguir a sua execução.

Daqui resultaria que todas as outras acções, levadas a cabo pelo Estado, constituiriam violações dos direitos individuais, que não recolheriam o consenso dos cidadãos.

Subjacente a esta teoria está a ideia de que todas as desigualdades existentes numa sociedade se ficaram a dever a diferentes escolhas individuais, que partiram da opção por um consumo imediato ou pela efectivação de poupanças, sendo injusto que o Estado intervenha no sentido de corrigir efeitos de escolhas livremente feitas pelos cidadãos.

Se a opção por um ou outro quadro de referência, como ideal de uma sociedade justa, permite, porventura, um julgamento dos membros da comunidade sobre aquilo que o Estado produz, nem por isso resolve o problema da insatisfação que alguns membros da sociedade poderão sentir relativamente a essas opções.

Recordar-se-á como este problema, clássico nas finanças públicas, foi enfrentado na escola financeira italiana e especialmente por WICK-SELL[268], que veio defender que as decisões sociais deveriam ser tomadas por unanimidade ou, pelo menos, por maiorias especialmente qualificadas, como forma de reflectirem o maior número possível de preferências individuais.

A concepção de WICKSELL seria retomada e desenvolvida no quadro dos estudos da *public choice* e do *economic constitutionalism* e tem conduzido a alguns resultados concretos, que serão referenciados.

Haverá, todavia, que sublinhar que uma solução deste tipo poderá, em muitos casos, ser paralisante, contribuindo para um equilíbrio pela abstenção, que não corresponde necessariamente ao somatório das preferências individuais.

Uma resposta consistentemente procurada pelos decisores políticos [269] passa pela tentativa de identificação do **eleitor médio**, fazendo as suas propostas corresponder ao máximo às expectativas daquele, o que se, por um lado, lhe traz uma maximização dos seus ganhos eleitorais [270], por outro, implica o sacrifício de um menor número de preferência individuais.

Também a solução de LINDHAL [271], assente na total equivalência entre o mercado de procura e oferta de bens e serviços públicos e priva-

---

[268] *In Torno ad un Nuovo Principio di Giusta Tassazione*, tradução italiana, Torino, 1934.

[269] Conforme demonstrou Anthony Downs, *Na Economic Theory...*, cit. Tal efeito poderá, no entanto, ser corrigido por uma série de outros factores, como a personalidade, a capacidade de liderança, ou o predomínio de factores ideológicos. Vd. Harvey Rosen, *Public Finance*, 7.ª edição, McGraw-Hill, 2005. pp. 123 e segs.

[270] Uma análise empírica, especialmente evidente nos Estados Unidos, mostra como candidatos que se afastam significativamente desse objectivo, como MCGOVERN ou GOLDWATER, são severamente penalizados. Vd. HARVEY ROSEN, *Public Finance*, cit., p. 123.

[271] Ver o texto «Just Taxation – A Positive Solution», traduzido e publicado em MUSGRAVE e PEACOCK, *Classics on Public Finance*, cit., pp. 168 e segs..

dos, definindo-se um ponto em que o encontro das duas curvas asseguraria uma solução eficiente, não parece mais susceptível de gerar uma solução ideal.

De facto, um dos grandes problemas que têm sido assinalados a esta construção resulta do facto de os indivíduos não terem estímulo para dizerem a verdade, na medida em que a revelação de preferência pela produção pública de bens implicaria um aumento de impostos.

Pode razoavelmente concluir-se que não existe um processo de decisão ideal, que assegure a justiça das decisões em matéria económica nas sociedades democráticas mas que, em qualquer caso, os procedimentos que estas observam representam sempre uma solução mais adequada do que a fornecida pelos regimes ditatoriais, assentes na interpretação individual, ou de um grupo, sobre o interesse público.

Salientar-se-á como o problema da falta de estímulo para cada pessoa revelar realmente as preferências foi especialmente trabalhado por ARROW [272], que veio demonstrar a inexistência de qualquer regra que permitisse ultrapassar essa dificuldade, formulando aquilo que ficou conhecido pelo **teorema da impossibilidade de ARROW** [273].

Naturalmente que não se omitirá que o trabalho da ARROW se insere na corrente dos que apenas pretendem resolver o problema da satisfação individual de preferências, ignorando quaisquer ponderações de justiça, a que uma sociedade não pode deixar de ser sensível [274].

Mas se é certo que o teorema de ARROW vem já questionar seriamente a possibilidade de uma decisão financeira racional, a questão vai ser substancialmente complicada por toda uma série de estudos, que têm vindo a questionar o interesse dos políticos em conseguir o melhor resultado económico.

A tendência natural para considerar o Governo como uma entidade autónoma, detentora de uma vontade própria distinta das diferentes pessoas que o compõem é, de facto, simplificadora e por isso será assinalada a importância metodológica da escola da *public choice*.

---

[272] *Social Choice and Individual Values*, 2.ª edição, New York, Wiley, 1963.

[273] Sobre algumas das tentativas de encontrar resposta para o teorema de ARROW ou, pelo menos, minimizar algumas das suas consequências, vd. STIGLITZ, ob. cit, pp. 164 e segs..

[274] Nesse sentido, ver as interessantes críticas de SALVATORE VECA, *Etica e Politica*, cit., pp. 123 e segs..

No cerne do pensamento da escola da *public choice* encontra-se uma perspectiva individualista, na tradição dos financeiros italianos, que leva a valorizar os interesses individuais de cada político e a afastar ideias como a de interesse público, ou interesse geral, defendendo que os políticos actuam, à semelhança dos agentes económicos, apenas na perspectiva de conseguirem a maximização dos seus lucros, aqui entendida como a eleição ou a perpetuação no poder.

Para além dos exageros que algumas dessas análises comportam e que passam, em especial, por uma excessiva identificação entre os mecanismos políticos e económicos, que se apresenta como redutora e não incorpora os aspectos específicos do fenómeno político, não se pode ignorar a necessidade de levar em conta esse tipo de crítica e de procurar esbater os seus efeitos negativos, através de reformas políticas destinadas a assegurar uma maior transparência e proximidade do eleitor e dos eleitos, assim como de regras mais rigorosas de limitação de mandatos.

Também a problemática da actuação dos burocratas e da sua aversão ao risco será objecto de atenção, referenciando-se os estudos que sustentam estarem, também eles, apostados em maximizar os seus ganhos, através da manutenção de situações que lhes são favoráveis, efeito que se impõe contrariar através de reformas na Administração Pública.

Um último aspecto seleccionado tem a ver com os grupos de interesses, que obtêm resultados completamente desproporcionados ao seu peso real na sociedade, ou à sua dimensão, como sucede com certas áreas de actividade económica, ou classes profissionais.

Será, a este propósito, recordado o intenso debate norte-americano, particularmente desencadeado pelos trabalhos de GARRY BEKER [275], que procurou demonstrar como estes grupos actuam através de processos de corrupção e que, quanto menor for o grupo, mais fácil lhe será obter os meios necessários.

A evolução do estudo levar-nos-á, então, ao desenvolvimento do constitucionalismo económico, que vem pugnando pela introdução de regras escritas, que limitem os efeitos especialmente perversos da actuação dos agentes económicos. Tais regras estender-se-iam a domínios tão diversos como o da própria dimensão do sector público, o nível e o tipo

---

[275] *Human Capital: A Theoretical and Empirical Analysis with Special References to Education*, Columbia University Press, 2.ª edição, 1975.

Ensinar Finanças Públicas numa Faculdade de Direito 121

de impostos e o défice público, representando, na imagem dos seus defensores, uma forma de defender os políticos das tentações, impondo-lhe amarras semelhantes às de Ulisses para resistir às sereias [276].

A expressão constitucionalismo económico é utilizada num sentido económico e não jurídico, visando fixar determinados comportamentos, destinados a produzir efeitos a longo prazo.

A defesa de regras rígidas, que caracterizava já o pensamento monetarista, com a exigência de crescimento fixo da massa monetária, viria a ser teorizada de forma especial por JAMES BUCHANAN, como forma de prevenir os erros dos políticos em matéria económica [277].

As regras escritas surgem como uma alternativa de enquadramento da intervenção do Estado, excluindo o poder discricionário e sujeitando-a ao uso de procedimentos rigorosamente definidos, com vista a alcançar determinados objectivos.

É o tipo de argumento que vem ganhando cada vez mais defensores, de entre os quais se recordará, em Portugal, ANTÓNIO PINTO BARBOSA [278], e que começa a estar patente em mecanismos como o Pacto de Estabilidade.

Explicitaremos o entendimento de que, para além de aspectos muito genéricos, é duvidoso que haja vantagem em se avançar neste domínio de fixação de regras, que se substituiriam à acção discricionária, a qual tem, para além do mais, a vantagem de uma muito maior flexibilidade em lidar com alterações de situação, insusceptíveis de ser integralmente previstas e contempladas nas regras rígidas.

ANTÓNIO PINTO BARBOSA tenta defender essa solução, sustentando que ela "... só se justificará onde se reconhecer que os benefícios obtidos por seu intermédio superam os custos decorrentes da perda de flexibilidade, isto é, da mais limitada capacidade para reagir a nova informação", mas tal raciocínio não elimina a dificuldade de definir aprioristicamente essas situações.

---

[276] Para usar expressão de FRANCO ROMANI, «Regole Costituzionali e Politica Economica: Il Principio del Pareggio del Bilancio», agora in FRANCO ROMANI, *La Società Leggera. Liberalismo, Mercato, Istituzioni*, Veneza, Marsilio, 1995, pp. 140-160, num texto que constitui uma das mais inteligentes e sedutoras defesas das regras fixas em matéria de finanças públicas.

[277] Vd. «The Constitution of Economic Policy», *The American Economic Review...*, cit., e, mais recentemente, «Constraints on Political Action», in *Public Finance and Public Choice..*, cit., pp. 107 e segs..

[278] *Economia Pública*, cit,,

Sublinhar-se-á como, vindo de quadrantes ideológicos radicalmente diversos, essas regras se aproximam da crença daqueles que fizeram inscrever na Constituição Portuguesa de 1976 princípios e normas que não poderiam ser questionados pelas maiorias que se viessem a formar no futuro.

Porventura, no campo económico, a melhor resposta a estas propostas vem de um texto profundamente sereno de RICHARD MUSGRAVE [279], ao acentuar que se trata de transformar o estado inicial das coisas num valor perene, que não levaria em conta que novos desenvolvimentos podem surgir difíceis de enquadrar nas provisões constitucionais.

Também não serão ignoradas as dificuldades práticas, resultantes de um eventual incumprimento dessas regras por um parlamento, situação que levantaria o problema da possibilidade de tornar efectiva qualquer forma de sanção, para além de envolver uma transferência da apreciação de aspectos de política económica para os tribunais.

---

[279] «Leviathan Commeth – Or Does He?», agora in *Public Finance in a Democratic Society, Collected Papers of Richard Musgrave*, volume II, Sussex, Wheatsheaf Books, 1986, pp. 200 e segs..

CAPÍTULO II

O Quadro Espacial da Decisão Financeira

Considerações de ordem geral

O segundo capítulo desta primeira parte é consagrado ao quadro espacial da decisão financeira, tema durante muito tempo minimizado ou inexistente no estudo das finanças públicas, mas que tem vindo a ganhar uma importância decisiva, abrindo caminho a uma verdadeira renovação da disciplina [280].

A longa secundarização desta questão ficou a dever-se a uma concepção do Estado como agente por excelência da decisão financeira, responsável por todas as decisões relativas a receitas e pelo essencial das relativas às despesas, sendo muito raros, até há vinte ou trinta anos, os manuais que se ocupavam da vida financeira de outras entidades.

Dentro dessa lógica, o estudo do Orçamento do Estado assumia um carácter absolutamente central, permitindo compreender o essencial da actividade financeira pública.

A situação anteriormente descrita veio a conhecer uma profunda alteração, uma vez que as finanças públicas do Estado foram confrontadas com a emergência de novos centros de decisão financeira, de nível infra-estadual, por um lado, e supra-estadual, pelo outro.

Ao mesmo tempo, tornava-se evidente que o Estado passava a estar vinculado por um conjunto de disposições externas que limitavam significativamente a liberdade de decisão financeira, enquanto que o fenómeno de globalização condicionava drasticamente a sua margem de actuação, designadamente em matéria tributária.

---

[280] HERZOG, «Manifeste pour une Discipline Rajeuni», cit..

1. Desconcentração e Descentralização Financeira

Num primeiro momento, a questão do espaço de decisão financeira colocou-se em relação a certas entidades infra-estaduais, às quais, por razões técnicas, administrativas, económicas ou políticas, foram outorgados (ou devolvidos) significativos poderes financeiros.

A Secção I deste capítulo tenta lidar com este fenómeno, fornecendo aos alunos elementos de informação, motivando-os para o debate e estimulando a crítica de alguns aspectos nela focados.

Procurar-se-á, desde logo, fazer um pequeno excurso sobre o modo como esta realidade se manifestou, registando que, pelas razões acima aduzidas, se autonomizaram, no seio da administração financeira estatal, entidades dotadas de meios próprios e de um regime económico-financeiro distinto daquele por que se regia o Estado.

Esse fenómeno, que poderemos designar por *desconcentração financeira*, traduziu-se essencialmente na criação de empresas públicas, que abandonaram totalmente o âmbito das finanças públicas, para passarem a integrar-se no domínio da actividade económica gerida pelo direito privado, e de institutos públicos, que se mantiveram na esfera das finanças públicas.

Em relação às empresas públicas não se justificará, pois, um estudo "ex professo" do respectivo regime, que nos afastaria muito do campo das finanças públicas.

Diversamente se colocam as coisas em relação aos institutos públicos que, ainda que muitas vezes tenham sido dotados de um regime híbrido, se mantêm, no essencial, no domínio das finanças públicas.

Trata-se de figuras às quais, por um lado, foi cometida a prossecução de necessidades públicas – algumas com o relevo do ensino superior – e, por outro, assegurada a possibilidade de disporem de receitas próprias que, em muitos casos, se revestem da natureza de taxas e que assim se tornaram relevantes para a determinação do nível de receita e despesa pública, bem como do de endividamento.

Após um período em que estas figuras constituíram um terreno por excelência da desorçamentação, o reforço da disciplina financeira, em larga medida induzido pela necessidade de cumprimento do Pacto de Estabilidade, veio a determinar um esforço progressivo para o seu controlo, de harmonia com o Sistema Europeu de Contas.

Esse esforço tem um particular reflexo na Lei de Enquadramento do Orçamento do Estado que, a partir da última revisão, passou a ocupar-se mais extensamente da matéria – o que teremos ocasião de desenvolver no capítulo consagrado ao Orçamento –, assim como na lei-quadro dos institutos públicos.

Paralelamente, a Segurança Social assumiu um relevo significativo na decisão financeira, na sequência da Constituição de 1976 e da opção pela criação de um regime de segurança social público, financiado no essencial por receitas de natureza tributária – apenas diferindo das restantes por força da sua consignação – e ainda por transferências do Orçamento.

Não se trata naturalmente de analisar os vários regimes de segurança social, nem de apreciar a sua organização administrativa, mas de fazer um levantamento da sua problemática essencial, que depois será completado a propósito dos novos desafios das finanças públicas.

Mas, é em relação às autarquias locais e às regiões autónomas que se assiste a um verdadeiro fenómeno de *descentralização financeira*, especialmente avançado no quadro das Regiões Autónomas.

A este propósito, serão analisadas as principais vantagens e inconvenientes que, em teoria, o processo de descentralização financeira oferece, na linha traçada no meu artigo *Problemas de Descentralização Financeira* [281].

Será especialmente referida a importância que a competição fiscal pode ter, num quadro de descentralização financeira, a par com a maior facilidade na revelação das preferências dos cidadãos eleitores, com a proximidade da decisão e com a possibilidade de uma maior inovação e experimentação, em matéria de gestão de dinheiros públicos.

Não serão ignoradas as principais dificuldades deste processo, com destaque para a definição da área geográfica ideal, para a previsibilidade de existência de externalidades e de verificação de situações de congestionamento, a partir das quais a eficiência diminuirá de forma sensível [282].

O estudo desta matéria tem estado tradicionalmente reservado, na especialidade, para a disciplina de Finanças Públicas II, mas a circunstância desta constituir uma cadeira de opção, só frequentada por uma parte dos alunos, associada à importância da perspectiva consolidada das finan-

---

[281] *Revista da Faculdade de Direito da Universidade de Lisboa*, volume XXXVIII (1997), n.º 1, pp. 121 e segs..

[282] Vd. ANTÓNIO PINTO BARBOSA, *Economia Pública*, cit., pp. 161 e segs..

ças públicas, tem levado a que se avance, já em Finanças Públicas I, com alguns aspectos do regime, orientação que nos propomos manter.

Entre os pontos para que será chamada a atenção, figurará a caracterização da descentralização financeira como uma descentralização incompleta, na medida em que, sendo as autarquias locais e as regiões autónomas agentes de definição do volume e do tipo de despesa a efectuar, não o são, em termos gerais, quanto às receitas públicas.

Será devidamente diferenciada a situação das autarquias locais, que obedecem a um princípio da tipicidade nas suas funções – logo na própria despesa pública – e que praticamente não dispõem de autonomia tributária, apenas podendo decidir em matéria de derramas e dentro de apertados limites e em matéria de taxas, o que faz com que a generalidade das receitas provenha da participação nas receitas do Estado.

Será sustentada a inadequação desta forma de financiamento, que tende a gerar aquilo que por vezes se qualifica de *finanças parasitárias*, acentuando a circunstância de, a ausência de ligação entre as despesas e as receitas, colocar os decisores locais numa situação de não serem responsabilizados pelo nível de tributação necessário ao grau de satisfação das necessidades públicas por que optaram.

A ausência de poderes tributários significativos inviabiliza, por outro lado, a possibilidade de funcionamento de uma verdadeira competição financeira entre diferentes circunscrições fiscais, a qual constitui uma das mais sedutoras projecções da multiplicação de jurisdições financeiras.

Também se assinalará a potencial perversidade do sistema de receitas próprias, muito ligado à construção e ao loteamento, que proporcionam uma parcela significativa dos recursos, factor que pode estimular a redução dos níveis de exigência em matéria de protecção ambiental ou de património cultural.

Será, ainda, assinalada a concentração dos meios financeiros a nível municipal, ao mesmo tempo que se criticará a inexistência de regiões administrativas, que permitiriam, em muitos casos, evitar externalidades ou realizar significativas economias de escala.

As regiões autónomas merecerão uma chamada de atenção especial, pela circunstância de substituírem tendencialmente o Estado em quase todas as suas atribuições no espaço regional, o que envolve a necessidade de um financiamento muito mais significativo, a par com a criação de uma máquina administrativa que comporta, designadamente, a existência de secretarias regionais das finanças, com um peso no seio da Administração Regional, que se pode assemelhar ao do Ministério das Finanças a nível estadual.

O nível de despesa resultante da assunção da generalidade das funções do Estado é agravado pelo facto de se tratar de regiões ultraperiféricas, com problemas especiais de desenvolvimento, o que leva a que uma parcela das receitas resulte da transferência de verbas do Orçamento do Estado, ao abrigo de um dever de solidariedade constitucionalmente consagrado.

O problema do financiamento por transferências não consignadas será objecto de discussão, visando apreciá-lo à luz dos valores da equidade e da eficácia.

Será, por outro lado, esclarecido que, para além de as receitas tributárias cobradas no território regional, ou com ele relacionadas, serem propriedade das Regiões, estas dispõem de um poder tributário, o qual, contudo, só pode ser exercido nos limites fixados pela Lei de Finanças das Regiões Autónomas.

Uma breve apreciação da prática financeira desenvolvida ao abrigo dessa lei permitirá a percepção de que tais poderes de adaptação apenas foram exercidos no sentido da redução de taxas, opção que gerou, no caso dos Açores, algumas dificuldades com a Comissão Europeia, que considerou insustentáveis tais reduções genéricas, quando aplicadas às empresas, por violarem o princípio da proibição de auxílios por parte do Estado.

Serão, também, brevemente analisados os processos de aprovação dos orçamentos regionais e as suas vinculações externas, significativamente agravadas pela Lei de Estabilidade Orçamental, que será apreciada neste ponto, bem como a questão da sua eventual inconstitucionalidade, por violação das disposições constitucionais relativas à autonomia financeira e ilegalidade, por violação dos Estatutos de Autonomia Político-Administrativa.

Será, ainda, feita uma referência ao regime da Zona Franca da Madeira que, tendo começado por corresponder ao das tradicionais zonas francas industriais, evoluiu para a forma de Centro de Negócios Internacional, o que permite às empresas nela sedeadas beneficiarem de um regime fiscal de excepção, procurando-se, por esta via, compensar algumas das desvantagens competitivas de um espaço insular.

Também aqui será referenciada a conflitualidade que tem surgido com a Comissão Europeia e que levou à reformulação do regime, no sentido de exigir uma mais efectiva presença das empresas no território regional.

A análise das formas de descentralização financeira portuguesa levará a uma apreciação da problemática normalmente designada por *fiscal federalism* que, surgida nos Estados Unidos, tem revelado uma forte capacidade expansiva, tendendo a tornar-se dominante também nos estudos europeus e a ser exportado como modelo desejável para os países em desenvolvimento, ou em transição para economias de mercado [283].

O *fiscal federalism* nasceu como um ramo das finanças destinado a lidar com os aspectos económicos resultantes da existência de estados com estrutura federal, mas o quadro teórico traçado foi rapidamente utilizado para a análise de casos de descentralização financeira, que não correspondem ao federalismo político.

O conjunto de questões abrangidas nestes estudos é muito vasto, passando pela indagação dos fundamentos de uma situação deste tipo, das tarefas que devem ser deixadas a cada nível de governo, das consequências sobre a mobilidade pessoal, do papel das transferências intergovernamentais e do tipo de sistema fiscal desejável.

A emergência desses estudos ficou a dever-se a um movimento de reforço dos poderes das entidades infra-estaduais, resultante do desejo de, através delas, se atingir a satisfação de objectivos de natureza diversa, tais como o de revitalizar a democracia representativa, assegurando formas mais efectivas de participação, garantir um mais apertado controlo e responsabilidade dos eleitos pelos seus eleitores e permitir uma mais efectiva revelação das preferências dos cidadãos, admitida a maior homogeneidade dessas preferências num quadro espacial menos extenso.

A tendência para associar a descentralização a um processo susceptível de gerar melhores níveis de bem estar foi pela primeira vez teorizada por TIEBOUT, cujos principais estudos serão recordados [284], assim como os de RICHARD MUSGRAVE [285] e OATES [286].

---

[283] Vd., a este propósito, o conjunto de estudos incluídos em TERESA TER-MINASSIAN (org.), *Fiscal Federalism in Theory and Pratice*, Washington, IMF, 1996.

[284] «A Pure Theory of Local Expenditure», *The Journal of Political Economy*, 1956 e «An Economic Theory of Fiscal Decentralization» in *Public Finance: Needs, Sources and Utilization*, Princeton, New Jersey, Princeton University Press, 1961.

[285] «Theories of Fiscal Federalism», *Public Finance*, volume 24, n.º 4, (1969) pp. 521-32.

[286] *Fiscal Federalism*, Harcourt, New York, 1982.

Não será omitida a importância que os autores da escola da *public choice* emprestaram ao tema, perspectivando-o, sobretudo, sob o ângulo da redução da despesa pública, vendo na descentralização a hipótese de introdução de mais um travão ao crescimento do *Estado Leviatã*[287].

Como ficou bem patente no já referenciado debate entre MUSGRAVE e BUCHANAN é, de facto, possível defender o *fiscal federalism* a partir de perspectivas completamente antagónicas, acentuando, uma delas, a sua possível contribuição para um melhor grau de satisfação das necessidades públicas e defendendo, outra, a responsabilização crescente dos decisores, como forma de travar o aumento dos impostos e da despesa pública.

BUCHANAN sintetiza, aliás, as suas divergências com RICHARD MUSGRAVE nesta matéria, evocando a diferente forma de aproximação, resultante da predominância da respectiva formação de base: MUSGRAVE procedendo como um economista financeiro e ele partindo do ponto de vista da filosofia política [288].

Pela sua importância e interesse, procurar-se-á fomentar a leitura pelos alunos do debate entre MUSGRAVE e BUCHANAN, que representa uma síntese de especial qualidade dos argumentos desenvolvidos.

A concluir a exposição, será assinalado o carácter fortemente abstracto destes estudos e a necessidade de os confrontar com as realidades sociais, políticas, históricas e geográficas de cada país, bem como a possibilidade de fraquezas das administrações infra-estaduais determinarem uma alteração dos pressupostos em que se baseava o *fiscal federalism*.

Também não deixará de ser registado o efeito negativo que a descentralização pode ter sobre as funções de estabilização e distribuição do rendimento, que mais eficientemente serão desempenhadas a nível central.

2. Finanças Internacionais e Comunitárias

A autonomização de um capítulo consagrado ao quadro espacial da decisão financeira não pode ignorar que, nos últimos anos, se tem assistido a um movimento no sentido da emergência de finanças supra-estaduais, aspecto especialmente considerado nesta Secção.

---

[287] BRENNAN-BUCHANAN, *The Power to Tax. Analitical Foundations of a Fiscal Constitution*, Cambridge University Press, 1980.

[288] Ob. cit., p. 177.

O movimento de liberalização da circulação de capitais, como mais genericamente a globalização, nas suas diferentes modalidades, veio trazer para a primeira linha das atenções a possibilidade de uma regulação fiscal a nível mundial, ou, pelo menos, a necessidade de desenvolvimento de formas intensas de cooperação entre as diferentes administrações fiscais, fenómenos que, todavia, serão objecto de análise noutros capítulos.

Ao mesmo tempo, vai-se afirmando a tentativa de construção de uma teoria de bens públicos globais [289], que representariam o reconhecimento de interesses da comunidade internacional, como um todo. Naturalmente que são muitas as dificuldades que surgem a este propósito, com relevo para o sistema de revelação de preferências, que se apresenta como especialmente complexo.

Uma área que constitui, por definição, uma expressão de relações financeiras internacionais é a da ajuda ao desenvolvimento que, no entanto, tarda a ser consagrada como uma obrigação jurídica que recai sobre os países mais desenvolvidos[290].

Nem por isso RICHARD e PEGGY MUSGRAVE deixam de considerar este problema como uma questão de finanças públicas, especialmente relacionada com a função de distribuição, acentuando que as considerações que validam tal objectivo a nível interno são igualmente importantes a nível internacional, apenas se confrontando, nesse caso, com dificuldades resultantes das desigualdades serem ainda muito maiores e de não existir um governo central[291].

A par dessa problemática surge, no entanto, a das finanças comunitárias que, apesar dos escassos progressos registados no âmbito do federalismo orçamental, no seu sentido clássico, conheceu, nos últimos tempos desenvolvimentos que tornam indissociável a decisão financeira dos Estados membros da decisão financeira comunitária.

Este é, assim, um capítulo que lida de uma forma preliminar – sem esquecer a circunstância desta matéria ser normalmente versada em

---

[289] Vd., a este propósito, INGE KAUL, ISABELLE GRUNBERG e MARC STERN, *Global Public Goods. International Cooperation in the 21st Century*, UNDP- Oxford University Press, 1999.

[290] Para uma primeira aproximação a estes aspectos, ver Eduardo PAZ FERREIRA, *Valores e Interesses Desenvolvimento Económico e Política Comunitária de Cooperação*, Coimbra, Almedina, 2004.

[291] *Public Finance in Theory and Practice*, 5.ª edição, cit., p. 607.

Finanças II - com o fenómeno do esbatimento do Estado em matéria financeira, confrontado não só com o movimento da descentralização, como também com o da transferência das competências financeiras para o nível supranacional [292].

Naturalmente que a abordagem desta matéria será feita tendo em consideração os conhecimentos que os alunos já terão adquirido em direito comunitário e não passará por desenvolvimentos extensos da matéria de União Económica e Monetária.

Será, em qualquer caso, recordado que a forma como o processo de integração europeia tem evoluído levou a que, no plano económico, se abrisse uma distinção entre a política monetária, objecto de uma federalização técnica, com a entrega da sua condução ao Banco Central Europeu, enquanto que as políticas económicas se mantiveram no domínio da inter-governamentalidade.

Daqui resulta, muitas vezes, um raciocínio que minimiza as consequências do Tratado de Maastricht sobre as finanças públicas, sustentando que esta área estaria imune ao fenómeno da transferência de soberania, que apenas atingiria a esfera monetária, em relação à qual os Estados membros teriam aberto totalmente mão dos seus poderes.

Diversa seria a situação no domínio das finanças públicas, com os Estados a conservarem a totalidade dos seus poderes e com o orçamento europeu reduzido a valores pouco significativos, que têm motivado, aliás, não poucas críticas.

Não faltou mesmo quem quisesse ver, no princípio da subsidiariedade, uma garantia firme contra a possibilidade de invasão dos poderes orçamentais nacionais pelas instâncias comunitárias [293].

Os últimos anos vieram, no entanto, demonstrar a insustentabilidade desse raciocínio, em face dos poderes que a Comunidade vem crescente-

---

[292] Movimentos que, em alguns casos, como o da Bélgica, se fazem sentir simultaneamente com igual vigor. Vd., FRANÇOISE THYS-CLÉMENT e FABIENNE ILZKOVITZ, «La Contrainte Fiscale d'une Petite Économie Ouverte Soumise à Double Transformation Institutionnelle: Décentralisation et Internationalisation», *Revue Française de Finances Publiques*, n.º 41, 1993, pp. 208 e segs..

[293] DOMINIQUE PLIHON, «L'Autonomie de la Politique Budgétaire dans un Espace Économique Intégré: Le cas Européen», *Revue Française de Finances Publiques*, n.º 55 (1996), pp. 35-48.

mente exercitando e que resultaram numa compressão sensível dos poderes orçamentais nacionais.

Essa situação levou já um autor francês[294] a concluir que, em matéria de política orçamental, o princípio da subsidiariedade não existe, na medida em que os seus principais elementos estão sob controlo europeu, apenas restando ao Estado a escolha da repartição das despesas e das regras jurídicas que as disciplinam, mas já não do seu montante, nem modo de financiamento.

Serão aqui assinalados, em primeiro lugar, os critérios definidos para a transição para a terceira fase da UEM [295] e, designadamente, os relacionados com o défice e o montante da dívida acumulada, cuja crítica está largamente feita [296], passando-se, depois, à apreciação dos mecanismos criados pelo Pacto de Estabilidade imposto pela Alemanha – depois uma das primeiras vítimas dos mecanismos que criou – que veio estabelecer um verdadeiro colete de forças aos Estados membros.

Ainda que seja compreensível a preocupação com a sustentabilidade das finanças públicas no longo prazo, o Pacto não deixa de levantar questões complexas que se procurará referenciar.

Em primeiro lugar, a própria natureza do Pacto que, em nossa opinião, operou uma verdadeira revisão do Tratado por meios não previstos e, conexamente, a matéria de articulação entre os poderes da Comissão e do Conselho, questão actualmente sujeita a apreciação do Tribunal de Justiça das Comunidades, depois de queixa da Comissão, contra a decisão do Conselho de não accionar os processos por incumprimento das exigências do Pacto.

Em segundo lugar, será questionado o excesso de rigor do Pacto, que leva a que em muitos países se encare seriamente a necessidade da sua revisão, enquanto que outros sectores apelam para uma interpretação aligeirada

---

[294] BENOÎT CHEVAUCHEZ, «Les Effets de la Construction Européenne sur notre Système de Finances Publiques. Une Mise à l'Épreuve, un Espoir de Renouveau», *Revue Française de Finances Publiques*, n.º 68 (1999) pp. 40-48.

[295] Sobre esta matéria, vd. JOEL MOLINIER, «L'Union Européenne et la Souveraineté Budgétaire des États», *Revue Française de Finances Publiques*, n.º 41 (1993) e, mais recentemente, os diversos estudos no número consagrado à União Europeia e às Finanças Públicas Nacionais, n.º 68, Dezembro de 1999.

[296] Para uma síntese, EDUARDO PAZ FERREIRA, *União Económica e Monetária – Um Guia de Estudo*, cit, pp. 100 e segs..

dos seus dispositivos e outros, finalmente, recorrem a toda a forma de receitas extraordinárias para poderem cumprir os limites fixados.

De seguida, será discutida a bondade de uma solução que sujeita as decisões financeiras dos representantes populares livremente eleitos ao escrutínio e às exigências e critérios de instâncias não legitimadas politicamente, recordando, a esse propósito, quanto se aprendeu sobre o constitucionalismo económico.

Finalmente, será chamada a atenção para a falta de lógica económica inerente à exigência dos mesmos níveis de défice em todos os Estados, quando é absolutamente clara a diferença abissal entre um défice superior a 3% do PIB na Alemanha, ou de igual défice em Portugal ou Bélgica, por exemplo.

A contenção do défice em valores ainda mais apertados do que os constantes do Tratado, que aparece como um forte condicionamento da margem de decisão autónoma dos Estados, é ainda reforçada pela obrigação de sujeitar a aprovação, pelo Conselho, de planos de estabilidade que consubstanciam as opções de política económica dos respectivos poderes políticos.

As exigências de contenção do défice conjugam-se, aliás, com os limites à manipulação dos instrumentos fiscais, resultantes quer da harmonização de impostos indirectos, quer do processo de harmonização dos directos e, em especial, do Código de Conduta e da repressão da chamada concorrência fiscal prejudicial, que serão analisados mais tarde.

Mas, independentemente da apreciação da margem de compressão da liberdade orçamental dos Estados, importará dar uma primeira ideia das relações financeiras entre os Estados e o orçamento comunitário e proceder a uma análise sumária deste.

O ponto forte dessa apreciação prende-se com o escasso peso do Orçamento europeu que, como tem sido assinalado, se não revela apto a combater qualquer choque assimétrico e com a prática ausência de receitas próprias.

Numa contribuição recente, RICHARD MUSGRAVE, na sequência do que defendera já, em conferência proferida em Portugal, aquando do seu doutoramento *honoris causa* pela Universidade de Lisboa, veio levantar interrogações sobre o sentido em que deverá evoluir a relação entre os Estados e a Comunidade, admitindo a necessidade de uma maior centralização e um maior activismo do orçamento central, com os países mais pobres a pressionarem no sentido igualizador.

Ao mesmo tempo, MUSGRAVE coloca dúvidas quanto à possibilidade de a política de estabilização ficar apenas a cargo das autoridades monetárias e apontar para a importância da experiência em curso para além das fronteiras europeias [297].

Essa ideia tem vindo a ganhar peso crescente, mesmo entre adeptos da bondade do Pacto de Estabilidade, como ALLESSANDRO PETRETTO, que vêm defender a possibilidade de uma política financeira discricionária a nível federal, para fazer face a choques assimétricos [298].

Será assinalado que, de um certo modo, teria sido preferível e lógico que o confisco dos poderes orçamentais dos Estados membros tivesse tido a contrapartida no desenvolvimento autónomo de poderes da União, o que não sucedeu, por clara falta de condições políticas.

Os próximos anos irão, todavia, permitir ver mais claramente se este equilíbrio, feito de interditos e abstenções, se poderá manter, ou se será necessário repensar a matéria, num pano de fundo a que não é obviamente neutro o recente alargamento.

A discussão das perspectivas financeiras da Comunidade constituirá um exercício seguramente bastante ilustrativo quanto às dificuldades de manter o Orçamento nos valores actuais, em face das expectativas dos novos membros e daqueles que mais beneficiaram dos fundos comunitários nos últimos anos.

O projecto de tratado de Constituição Europeia será, entretanto, analisado a finalizar, para sublinhar a falta de novidade, ou de ambição, nesta matéria, em contraste com outras.

De todo o modo, o capítulo será concluído com a reafirmação de que se assiste a uma fase de redefinição dos poderes orçamentais dos Estados, até há pouco entendidos como absolutos e que passam realmente a ser exercidos sob reserva do respeito pelas competências transferidas para a União Económica e Monetária [299].

Tal conclusão revela-se especialmente importante para a exposição de alguns aspectos do capítulo seguinte.

---

[297] «Fiscal Federalism», in MUSGRAVE – BUCHANAN, ob. cit., pp. 174 e seg..

[298] *Economia Pubblica e Unione Europea*, Bologna, Il Mulino, 2002, pp. 42 e seg..

[299] Para seguir uma fórmula muito próxima da de FLORIAN LINDITCH, «La Souveraineté Budgétaire et l'Europe», *Revue du Droit Public*, 1993, n.º 6, pp. 1671-1709.

CAPÍTULO III

Do Orçamento do Estado

Aspectos Gerais

Ao iniciar o capítulo relativo ao Orçamento convirá recordar a tradição do ensino das finanças públicas, que durante muito tempo concedeu uma importância fundamental ao estudo da instituição orçamental [300], método que permitia uma abordagem de toda a actividade financeira estadual, em especial no período em que era possível encontrar no Orçamento todas as receitas e despesas do Estado, em decorrência do princípio da plenitude.

Nesse período, o Orçamento constituía um instrumento de controlo dos cidadãos sobre a gestão financeira pública, assegurando que a tributação não excederia o valor que aqueles estavam dispostos a pagar pelos bens públicos e que as escolhas de despesa reflectiam as suas preferências.

A essa perspectiva garantística veio a juntar-se uma outra, particularmente apelativa do ponto de vista da ciência política, coincidente com a percepção de que o Orçamento funcionava como espelho da sociedade, permitindo saber quem pagava a despesa pública e quem com ela essencialmente beneficiava[301].

Acompanhando a evolução das concepções económicas, o Orçamento veio a fornecer um quadro essencial para a concepção e execução das políticas financeiras, aspecto que se tornou especialmente relevante a partir da afirmação das finanças funcionais, de inspiração keynesiana.

---

[300] Ver supra.

[301] Nesse sentido pôde, aliás, o Orçamento servir igualmente de quadro de análise crítica sobre o estado das finanças do país, ponto de vista de que é paradigmática a obra de ARMINDO MONTEIRO, *Do Orçamento..*, cit..

A crescente complexidade da gestão financeira, a par com a multiplicação dos centros de decisão, que se foram autonomizando, veio fazer com que o Orçamento perdesse uma parte significativa das suas funções e, consequentemente, o seu estudo muita da importância que lhe era tradicionalmente atribuída.

JEAN PIERRE MARTINEZ [302], um dos autores franceses que mais se tem distinguido pelo trabalho desenvolvido nesta área, traz-nos uma visão particularmente impressiva dessa evolução, recordando os tempos de arranque da *Revue Française de Science et Législation Francaise* e confrontando-os com as tendências "privatizantes" do actual direito orçamental.

A evolução mais recente parece, no entanto, vir a reforçar de novo a importância dos estudos do Orçamento, em especial na sua componente jurídica, retomando-se a tradição de um direito orçamental pujante e com tendência a autonomizar-se do direito financeiro.

O sentido dessa evolução fica a dever-se, essencialmente, ao consenso gerado em torno da necessidade de equilibrar as contas públicas e de reduzir o peso do sector público no Produto Interno Bruto, que conduziu à opção por uma disciplina orçamental reforçada.

Essa problemática conheceu um desenvolvimento particular em virtude da necessidade de consolidação orçamental, resultante das disposições financeiras do Tratado de Maastricht e, em especial, do Pacto de Estabilidade e teve uma projecção especial na Lei de Enquadramento Orçamental em termos que, mais adiante, conhecerão maior desenvolvimento.

Sublinhe-se, preliminarmente, que se trata de uma evolução que opera um profundo corte com o rumo que anteriormente o direito financeiro vinha tomando, marcado por uma forte tendência para a "desorçamentação", matéria que merecerá, também, uma atenção especial.

Assinale-se, por outro lado, que a reanimação do interesse pelo direito orçamental se fica a dever largamente à influência das correntes económicas anglo-saxónicas, anteriormente estudadas, que vieram sublinhar a importância de regras fixas, facto um tanto paradoxal, na medida em que o direito financeiro nunca foi objecto de estudo autónomo nesses ordenamentos.

A autonomização da matéria orçamental não pode deixar de ser acompanhada da advertência que, se não trata de utilizar aqui exclusiva-

---

[302] Prefácio a JEAN CLAUDE MARTINEZ - PIERRE DI MALTA, *Droit Budgétaire*, cit..

mente uma aproximação de carácter jurídico, importando precisar-se que se está em presença de um capítulo que convoca, por excelência, a perspectiva interdisciplinar que acompanha toda a disciplina.

O renascimento dos estudos de direito orçamental deu-se – como terá já ficado clarificado – sob a égide de orientações de política económica que voltaram a colocar no centro das preocupações de ordem macro-económica o orçamento, perspectivado agora não já como instrumento de políticas financeiras, mas como meio ideal para garantir a contenção da despesa pública.

Daqui passou-se para uma concepção radical, assente na crença cega na bondade de medidas susceptíveis de determinar automaticamente contenções e cortes de despesa, operando com independência de qualquer vontade política, ideia que tem ganho crescente expressão em Portugal.

Um claro exemplo dessa evolução encontra-se no Relatório da ECORDEP[303] que, independentemente dos muitos reparos que justifica, representou a primeira tentativa para sistematizar um conjunto de medidas tendo em vista a consolidação orçamental.

Sobre esse tipo medidas recordar-se-á a crítica firme da Comissão presidida por SOUSA FRANCO [304], advertindo que "… a possibilidade de controlo por via estritamente financeira ou jurídico-financeira da despesa existe mas é muito limitada. Por outras palavras, é possível, além das medidas que se propõe, melhorar o grau de correcção de decisões políticas tomadas, a qualidade da gestão administrativa e o rigor e a eficiência do controlo. Mas não se acredita que os ganhos daí resultantes sejam, em abstracto, decididamente significativos. Por um lado, o que está em causa não é um corte cego, vago, simétrico ou uniforme de despesa, mas determinar quais as áreas em que ele deverá ter particular incidência".

De facto, a possibilidade de redução da despesa parece recair, como se sustenta no Relatório SOUSA FRANCO, essencialmente no domínio da execução orçamental, com a adopção de medidas tendentes a assegurar que não seja pervertida a decisão financeira de contenção da despesa.

Essa hipótese pode ter maiores desenvolvimentos através do mecanismo designado por "regulação orçamental", que permite a possibilidade

---

[303] *Relatório da Estrutura de Coordenação para a Reforma da Despesa Pública*, Setembro de 2001, consultado na Internet.

[304] Relatório Inédito, Março de 2002.

138   *Eduardo Manuel Hintze da Paz Ferreira*

de, ao longo do ano, se ir controlando a evolução da despesa pública [305], aspecto que tem ainda uma reduzida expressão entre nós.

1. Noções introdutórias

Coerentemente com as orientações metodológicas definidas para a disciplina, o estudo iniciar-se-á com algumas precisões terminológicas e com a distinção das figuras afins do Orçamento, passando depois por uma apreciação histórica da instituição, que permitirá sublinhar a forma como nela se casaram ideias de justiça e legalidade, que constituem valores estruturantes das democracias parlamentares.

Evocar-se-á a tradição das reivindicações populares contra os abusos financeiros, que vêm dos tempos medievais, dando-se maior relevo à situação portuguesa, assinalando-se a pertinente bibliografia aos alunos.

Essa evocação histórica ganhará, no entanto, em não se limitar à componente nacional, antes envolvendo a evolução noutros países, designadamente, em Inglaterra – verdadeira pátria de origem da instituição orçamental – bem como a institucionalização dessas reivindicações, formalizadas de um modo especialmente feliz na sequência da Revolução Francesa, em particular na Declaração dos Direitos do Homem e do Cidadão, que veio consagrar inequivocamente a igualdade de todos perante os encargos públicos, o controlo popular da arrecadação e gasto de dinheiros públicos e a responsabilidade financeira dos agentes de gestão.

No decurso da exposição da matéria, a ligação entre as revoluções liberais portuguesas e a instituição orçamental será devidamente posta em relevo, num contexto em que se não deixará de ter presente a importância atribuída pelos políticos e ideólogos liberais portugueses aos temas de finanças públicas [306].

A análise da evolução histórica do Orçamento em Portugal será, de resto, acompanhada pela apreciação das disposições pertinentes nos

---

[305] Vd. M Connan, «La Régulation Budgétaire en Quête de Légitimité», *Revue Française de Finances Publiques*, n.º 48 (1994) e, mais recentemente, GILBERT ORSONI, «Les Pratiques de Régulation Budgétaire», idem, n.º 68 (1999).

[306] Vd., MAGDA PINHEIRO, *Os Portugueses e as Finanças Públicas no Dealbar do Liberalismo*, Lisboa, João Sá da Costa, 1992 e, mais recentemente NUNO VALÉRIO (organizador), *As Finanças Públicas no Parlamento Português. Estudos Preliminares*, Lisboa, Assembleia da República, Afrontamento, 2001.

diversos textos constitucionais, para os quais será chamada a atenção dos alunos.

Esse estudo permitirá isolar o tratamento dado à matéria na Constituição de 1933, que, coerentemente com os seus pressupostos autoritários, e anti-parlamentares, rompeu com a tradição constitucional portuguesa, concentrando os poderes orçamentais e, de uma forma mais geral, os poderes financeiros no Governo, teoricamente limitado por uma Lei de Meios que, no entanto, nenhuma importância real tinha no processo de decisão financeira.

Será, a este propósito, recordada a literatura produzida em Portugal durante os anos 20 do século passado, com destaque para a obra de ARMINDO MONTEIRO e de OLIVEIRA SALAZAR, que vieram acentuar o papel do Parlamento na desordem financeira e criar a base teórica para as restrições dos poderes parlamentares.

Será assinalado como o esquema orçamental dualista – lei de meios e lei do orçamento em sentido restrito – se manteve após a aprovação da Constituição de 1976, mas apenas até à primeira revisão constitucional, que marcaria o reencontro pleno com a tradição constitucional democrática em matéria orçamental.

Naturalmente que se não levará longe de mais o paralelo formal entre a Constituição de 1933 e a versão originária da Constituição de 1976, na medida em que a Lei do Orçamento prevista na segunda, permitia um controlo muito mais efectivo da Assembleia da República sobre as grandes opções financeiras e isto sem esquecer, sequer, a diferente natureza do regime e do Parlamento.

Sinalizar-se-á, aliás, como mesmo em face da versão originária da Constituição, a melhor doutrina defendia já que a distribuição dos poderes orçamentais entre o Governo e a Assembleia se tinha tornado muito diferente do que era na Constituição de 1933 [307].

No estudo do direito orçamental português será, naturalmente passada em revista a sucessão das leis de enquadramento orçamental, que a partir da Lei n.º 64/77, de 26 de Agosto [308], procuraram, com diferentes

---

[307] Cfr. TEIXEIRA RIBEIRO, «Evolução do Direito Financeiro...», cit., p. 3.

[308] Alterada pela Lei n.º 18/78, de 10 de Abril, e revogada pela Lei n.º 40/83, de 13 de Dezembro, por sua vez revogada pela Lei n.º 6/91, de 20 de Fevereiro, à qual finalmente viria a substituir-se a Lei n.º 91 /2001, de 20 de Agosto, já alterada pela Lei de Estabilidade Orçamental e agora objecto de novas tentativas de revisão.

méritos, enquadrar juridicamente o tema, reflectindo a preocupação da Constituição com esta matéria [309].

Uma apreciação das sucessivas leis de enquadramento mostra que a matéria começou por ser tratada de forma um tanto aligeirada – em coerência com a pouca atenção emprestada às finanças públicas nos primeiros anos que se seguiram à revolução do 25 de Abril – para vir a ganhar progressivamente densidade.

Será devidamente sublinhado o facto de a Lei n.º 91/2001, de 20 de Agosto, introduzir um corte profundo com o quadro legislativo anterior, patente logo na epígrafe – Lei de Enquadramento Orçamental – que define um objecto que vai muito para além da simples disciplina do Orçamento do Estado, ao estabelecer, "as disposições gerais e comuns de enquadramento dos orçamentos e contas de todo o sector público administrativo" (artigo 1.º, alínea a)).

É certo que, desde a primeira revisão constitucional, a matéria de enquadramento orçamental das regiões autónomas e das autarquias locais tinha sido reservada para a Assembleia da República (artigo 168.º, n.º 1, alínea p)), mas essa reserva não implicava uma uniformidade no tratamento do enquadramento dos diversos orçamentos [310].

Será mencionado o profundo trabalho de preparação da nova legislação, só muito parcialmente vertido na nova lei, e a fundamentação do então Ministro das Finanças, SOUSA FRANCO, para a reforma orçamental, filiando-a em razões: de ordem constitucional, ou decorrentes da integração europeia, do princípio da unidade do sistema jurídico, das experiências estrangeiras, da tradição jurídica e financeira portuguesa, dos princípios fundamentais da democracia financeira e, finalmente, do próprio programa do XIII Governo [311].

Uma avaliação genérica da lei e, mais ainda, da sua revisão por forma a incorporar os objectivos da Lei de Estabilidade Orçamental tem,

---

[309] LUÍS CABRAL DE MONCADA, *Perspectivas do Novo Direito Orçamental Português*, Coimbra, Coimbra Editora, 1984, p. 13.

[310] Ainda que o Tribunal Constitucional numa decisão que critiquei em «Aspectos Recentes da Evolução da Autonomia Financeira», in *Estudos de Direito Financeiro Regional*, Ponta Delgada, Jornal de Cultura, 1995, p. 77 tenha considerado, no Acórdão n.º 206/87, in *D.R.*, 1.ª Série, de 10 de Julho de 1987, que a Lei de Enquadramento Orçamental então vigente era aplicável ao orçamento regional por integração sistemática.

[311] «Nota de Abertura» a *Reforma da Lei do Enquadramento Orçamental, Trabalhos Preparatórios e Anteprojecto*, Lisboa, Ministério das Finanças, 1998

Ensinar Finanças Públicas numa Faculdade de Direito 141

todavia, o efeito de tornar evidente o peso das razões europeias, que sobrelevam em relação a todas as restantes.

Haverá, pois, que sublinhar as alterações que a Lei de Estabilidade Orçamental (aprovada pela Lei Orgânica n.° 2/2002, de 28 de Agosto) veio introduzir à Lei de Enquadramento Orçamental e às leis de finanças das regiões autónomas e das autarquias locais, justificadas na exposição de motivos da proposta de lei n.° 16/IX, que esteve na sua origem, "...pela necessidade de assegurar a estabilidade orçamental, traduzida numa situação de equilíbrio ou excedente como condição essencial para cumprir os objectivos do Pacto de Estabilidade e Crescimento e realizar plenamente a União Económica e Monetária".

Serão, indicadas aos alunos e fornecidas nas aulas de sub-turma, para análise, as correspondentes leis francesa – *Loi Organique n.° 2001--692, du 1.er Aout 2001 relative aus lois des finances* – e espanhola – *Ley 47/2003*, de 26 de Novembro – marcando-se a semelhança das soluções consagradas.

Numa apreciação preliminar, destacar-se-á a consagração de um conjunto de disposições legais que abrem caminho a uma forte ingerência do Governo em matéria de política orçamental e na autonomia financeira da administração regional e local, numa opção legislativa de duvidosa constitucionalidade, em face das normas do texto constitucional destinadas a garantir as autonomias financeiras.

Sem prejuízo da necessidade de regresso a esta matéria, serão referenciados, desde logo, os princípios contidos no novo Título V, a que passou a subordinar-se a aprovação e execução dos orçamentos de todo o sector público administrativo.

Destaque merecerá, ainda, o significativo reforço de poderes do Ministro das Finanças, ao qual se confere não só o poder de exigir de todos os organismos que integram o SPA *"uma informação pormenorizada e justificada da observância das medidas e procedimentos de estabilidade que têm de cumprir nos termos da presente lei"*, mas também a faculdade de *"solicitar ao Banco de Portugal e a todas as instituições de crédito e sociedades financeiras toda a informação que recaia sobre qualquer organismo do sector público administrativo e que considere pertinente para a verificação do cumprimento da presente lei"*.

Será, igualmente, discutida a competência do Tribunal de Contas, uma vez que a Lei do Orçamento passou a prever a comunicação ao Tribunal do incumprimento das normas de garantia da estabilidade orçamental (artigo 89.º, n.º 2) e que a lógica de profunda subordinação das opções orçamentais aos compromissos comunitários parece envolver necessariamente que, pelo menos em sede de apreciação da Conta do Estado, o Tribunal se pronuncie sobre a matéria.

Não se irá, no entanto, prolongar o estudo das Leis de Enquadramento e de Estabilidade Orçamental, que serão objecto de análise sistemática nas aulas de sub-turma, ainda que a elas se torne necessário voltar, em diversos pontos de exposição da matéria.

Será, entretanto, referenciado o movimento de revisão da Lei de Enquadramento do Orçamento, desencadeado no momento da elaboração deste Relatório e que deu origem ao projecto de lei n.º 416/IX, apresentado pelo Grupo Parlamentar do Partido Socialista [312] e ao projecto de lei n.º 440/IX de deputados do Partido Social Democrata e do Partido Popular [313], num processo que parece pouco conforme à estabilidade que pareceria desejável neste domínio.

Em jeito de balanço final deste primeiro encontro com a nova legislação de enquadramento, será, no entanto, defendido que, num momento em que se torna evidente que muitas das escolhas fundamentais passam à margem dos parlamentos e em que se parece apenas pensar o problema financeiro em termos técnicos, se torna necessário sublinhar que, em democracia, o orçamento é um acto essencial e que, quaisquer que sejam os objectivos económicos, não podem ser postos em causa os valores orçamentais, tal como sempre foram entendidos, impondo-se a busca de soluções que dêem resposta satisfatória às novas preocupações económicas, sem desvirtuar a instituição orçamental.

Nada disto significa que se não deva reconhecer que estamos numa fase de transição no plano orçamental, em que os parlamentos são confrontados com uma situação diferente e que põem em causa as práticas seguidas. Ou, como escrevem JEAN MARIE COTTERET e CLAUDE EMMERI [314], "... o Orçamento do Estado encontra-se numa fase de transição entre uma concepção liberal e democrática que lhe deu o seu significado simbólico e um futuro funcional mas incerto, que implica da parte de governantes e governados um esforço de imaginação e de reflexão".

---

[312] In *DAR*, II Série, n.º 32, de 6 de Março de 2004.
[313] In *DAR*, II Série, n.º 58, de 8 de Maio de 2004.
[314] *Le Budget de L'Etat*, 7.ª edição, Paris, colecção Que Sais-Je?, PUF, 1994, p.11.

Depois deste percurso pelas leis de enquadramento do Orçamento, que nos levou à ultima revisão e aos seus aspectos mais controversos, esta primeira Secção concluir-se-á com a abordagem de um tema clássico na teoria do orçamento – a natureza jurídica da Lei do Orçamento – que tem, no entanto, vindo a perder importância e que, entre nós, tem um interesse especialmente reduzido, uma vez que não há consagração constitucional da diferenciação entre lei em sentido material e em sentido formal [315].

2. Das Regras Orçamentais

As regras orçamentais clássicas, respeitantes à forma e ao conteúdo do Orçamento, serão o último ponto a abordar, sendo naturalmente de sublinhar a diversidade de contextos de aplicação dessas regras no período das finanças liberais, em que foram teorizadas, e nos nossos dias.

Dar-se-á a conhecer aos alunos como as regras orçamentais clássicas foram concebidas como procedimentos aptos a garantir que os valores prosseguidos pela instituição orçamental não eram frustrados na prática, ligando-se, consequentemente, a uma concepção clássica das finanças públicas.

Registar-se-á, paralelamente, a sobrevivência dessas regras, mesmo durante o período do intervencionismo estatal, quando seria de esperar que fossem subalternizadas ou abandonadas. A Constituição Portuguesa de 1976 será utilizada para atestar a sua perenidade, já que, sendo um texto que, em muitos aspectos, se encontra nas antípodas das finanças liberais, não deixou de as acolher e consagrar, reflectindo a influência do classicismo financeiro no direito constitucional orçamental português [316].

Embora certas regras tenham vindo a ser questionadas ou aplicadas de forma muito parcelar, não se deixará de sublinhar que em relação às principais – equilíbrio orçamental e plenitude – se assiste a uma defesa

---

[315] Sobre esta matéria, vd. Na bibliografia portuguesa, GOMES CANOTILHO, «A Lei do Orçamento na Teoria da Lei», cit., MARCELO REBELO DE SOUSA, «Dez Questões..», cit. e ANTÓNIO LOBO XAVIER, *O Orçamento como Lei. Contributo para a Compreensão de Algumas Especificidades do Direito Orçamental Português*, Coimbra, separata do *BCE*, 1990.

[316] Vd. EDUARDO PAZ FERREIRA, «Em Torno das Constituições Financeira e Fiscal e dos Novos desafios na Área das Finanças Públicas», separata de *Nos 25 Anos da Constituição da República Portuguesa de 1976*, Lisboa, AAFDL, 2001, pp. 11 e segs..

com renovado vigor, o que permite retomar a ideia, cara a SOARES MARTI-NEZ, da actualidade das regras orçamentais, porventura ainda mais evidente hoje do que quando aquele Professor escreveu o artigo assim intitulado [317].

Trata-se, aliás, de um tema que revela bem o carácter pendular do pensamento económico e financeiro, em que, depois de períodos de intensa apologia do abandono das regras orçamentais e do défice, se recuperaram as antigas virtudes que normalmente lhes eram associadas.

A questão do défice orçamental merecerá naturalmente uma especial atenção, quer pela importância que tem na história das finanças públicas portuguesas, quer pela sua flagrante actualidade, em face dos compromissos externos assumidos, ainda que estes sejam objecto de um estudo autónomo.

Para além de se estudar a evolução do pensamento financeiro nesta matéria e a evidente reabilitação do equilíbrio orçamental a que vimos assistindo, serão passados em revista os diversos critérios de equilíbrio que se foram sucedendo historicamente e apresentado aquele que é actualmente seguido entre nós e que está longe de ser isento de críticas.

Será, aliás, mais correcto falar em critérios de equilíbrio orçamental, considerando a nova disciplina imposta pela Lei n.º 91/2001, que consagra a regra de forma distinta, em relação a cada um dos três sub-orçamentos que integram o Orçamento do Estado: orçamentos dos serviços integrados (artigo 20.º); orçamentos dos serviços e fundos autónomos (artigo 22.º) e orçamento da segurança social (artigo 25.º).

Esta opção do legislador permitiu eliminar algumas dúvidas que se colocaram no âmbito da anterior lei de enquadramento e que se reconduziam à questão de saber se a regra de equilíbrio, estabelecida no respectivo artigo 4.º, n.º 2, se referia ao Orçamento do Estado em sentido amplo – incluindo serviços e fundos autónomos e segurança social – ou ao Orçamento do Estado apenas na parte respeitante à administração directa.

Mas, não se deixará de realçar que a Lei n.º 91/2001 não se limitou a eliminar tal dúvida, formulando uma exigência de equilíbrio em relação a todos os subsectores e estabelecendo, para cada um deles, um critério substancial de equilíbrio.

Na verdade, a regra do saldo primário, consagrada pela primeira vez no nosso ordenamento jurídico-financeiro pelo artigo 4.º, n.º 2, da

---

[317] «Actualidade das Regras Orçamentais», *Jornal do Foro*, 1953, pp. 353 e segs..

Lei n.° 6/91, apenas se reporta aos orçamentos dos serviços integrados, enquanto que, em relação ao orçamento da segurança social, o legislador parece ter perfilhado a regra do activo da tesouraria.

Mais complexo é o critério aplicável aos fundos e serviços autónomos, sendo de recordar o disposto no artigo 22.°:

> *"1 – O Orçamento de cada serviço e fundo autónomo é elaborado, aprovado e executado por forma a apresentar saldo global nulo ou positivo.*
>
> *2 – Para efeitos do cômputo da saldo referido no número anterior, não são consideradas as receitas provenientes de activos e passivos financeiros, bem como do saldo de gerência anterior, nem as despesas relativas a activos e passivos financeiros".*

Da mesma forma, chamar-se-á a atenção para o reforço do princípio da plenitude orçamental, que atravessa uma fase em que é condicionado por impulsos de alguma forma contraditórios.

De facto, se por um lado se assiste a um reforço da regra já assinalada, em coerência com o processo de consolidação orçamental resultante do Pacto de Estabilidade, por outro, têm-se vindo a registar crescentes operações de desorçamentação.

No que respeita ao reforço da plenitude orçamental, não deixará de se registar que o artigo 29.° da Lei n.° 91/2001 veio aumentar significativamente o número de mapas constantes do próprio orçamento e que anteriormente não existiam, ou figuravam como meros anexos informativos.

Simultaneamente, será chamada a atenção para que também a definição de um conteúdo obrigatório para o articulado orçamental vem no sentido de uma mais ampla consagração do princípio da plenitude.

A "desorçamentação" [318] merecerá uma menção à parte, dada a importância que tem ganho nos últimos tempos no debate público, depois de ter sido objecto de diversos relatórios de mestrado na Faculdade de Direito de Lisboa [319], que assim revelou uma especial sensibilidade para

---

[318] Vd., a este propósito, Jean Pierre Duprat, «La Debudgétisation», *Revue de Science Financière*, ano 64 (1972).

[319] Vejam-se os relatórios de mestrado inéditos de TERESA ALVARENGA, *Do Conteúdo da lei do Orçamento*, 1989, e de JOÃO FRANCO DO CARMO, *A Desorçamentação nas Operações de Tesouraria e a Constituição Orçamental Vigente*, 1989, e, por último,

um tema que pode ser considerado central nas finanças públicas dos nossos dias.

Partir-se-á de uma acepção ampla de "desorçamentação", entendida como um processo destinado a fazer com que uma parte das despesas públicas que estavam sujeitas a inscrição orçamental passem a estar a cargo de outras entidades, escapando, consequentemente, ao controlo financeiro.

Dentro dessa concepção, poder-se-á falar de uma "desorçamentação" lícita, quando resulta de situações de independência orçamental, legal ou até constitucionalmente admitidas, e de uma "desorçamentação" ilícita, correspondente aos casos em que, à margem da lei, se procura subtrair massas de fundos à disciplina e controlo orçamental [320], situações que naturalmente justificam valoração muito diversa.

Será recordado que a situação de "desorçamentação", que tem sido alvo de especial atenção por parte do Tribunal de Contas – designadamente nos pareceres sobre a Conta Geral do Estado – surge como uma forma de iludir a necessidade de controlo democrático e de transparência das contas.

Uma das modalidades de "desorçamentação" mais difíceis de contrariar é, seguramente, a que consiste na passagem de despesas que normalmente seriam asseguradas pelo sector público administrativo para o sector público empresarial. Esse movimento, embora de alguma forma compensado pela extensão de competências do Tribunal de Contas à fiscalização deste último sector, nem por isso dá resposta às questões éticas que se podem suscitar, envolvendo a transparência orçamental e a distribuição de encargos entre gerações.

No que respeita à regra da anualidade, será recordado como ela vinha perdendo importância, de um ponto de vista económico, em virtude de muitos encargos assumidos pelo Estado se prolongarem ao longo de vários anos, o que constitui, aliás, um pressuposto do planeamento económico.

Actualmente, a própria lei de enquadramento não só admite a possibilidade de integração no Orçamento de programas que impliquem encar-

---

Miguel Patrício Teixeira, *Estrutura e Sentido da Desorçamentação em Portugal – Estudo de Direito Financeiro*, 2001.

[320] Embora autores, como CARLOS MORENO, *Gestão e Controlo dos Dinheiros Públicos*, cit., p. 175, não façam essa distinção.

Ensinar Finanças Públicas numa Faculdade de Direito   147

gos plurianuais, exigindo a inscrição da verba exigida em cada ano económico (artigo 4.º, n.º 3), como expressamente obriga a que a elaboração do Orçamento seja enquadrada na perspectiva plurianual determinada pela necessidade de estabilidade financeira e pelas obrigações resultantes de vinculações externas (artigo 4.º n.º 2).

Será, por outro lado, referenciada a questão da dificuldade de compatibilização da regra da anualidade com a existência de um período complementar para a execução orçamental [321].

Merecerão destaque os muitos desvios conhecidos à regra da não consignação, que se pode considerar uma regra em profunda crise, face à extensa lista de excepções elencadas no artigo 7.º, n.º 2 – os quais, em larga medida já resultavam de legislação anterior – e à possibilidade, expressamente admitida, de serem afectas receitas a despesas por "expressa estatuição legal ou contratual" (alínea f) do n.º 2 do artigo 7.º).

No que toca à regra da não compensação, haverá que sublinhar a imposição legal de que a importância integral das receitas tributárias corresponderá à previsão dos montantes que serão efectivamente cobrados, depois de abatidas as estimativas das receitas cessantes em virtude de benefícios tributários, o que se nos afigura uma melhoria de algum significado para a transparência da gestão financeira.

Em reforço desta tendência, as receitas tributárias cessantes, que antes figuravam em anexo, passaram a fazer parte do conjunto dos mapas orçamentais (Mapa XXI), num movimento extremamente positivo e que vem de encontro ao desenvolvimento dos estudos sobre a despesa fiscal [322].

Também em relação à regra da especificação, será importante detectar uma linha evolutiva, que vai no sentido de uma maior grau de especificação das despesas, quer dos serviços integrados, quer dos serviços e fundos autónomos, quer ainda da segurança social, bem patente na nova estrutura de mapas que o orçamento passa a conter.

Ainda assim, será de notar que se mantém, no artigo 7.º, a possibilidade, já existente em legislação anterior, de regimes especiais de utiliza-

---

[321] Vd., a propósito, o exaustivo estudo da ANTÓNIO BARBOSA DE MELO e MANUEL PORTO, «A Regra da Anualidade na Contabilidade Pública Portuguesa», *Boletim da Faculdade de Direito. Volume Comemorativo*, Coimbra, Universidade de Coimbra, 2003, pp. 985-1010.

[322] Por último, vd. GUILHERME WALDEMAR D'OLIVEIRA MARTINS, *A Despesa Fiscal e o Orçamento do Estado no Ordenamento Jurídico Português*, Coimbra, Almedina, 2004.

ção de verbas por razões de segurança nacional e a admissão de uma dotação provisional no Ministério das Finanças que, na ausência de limites, pode ser utilizada de forma a descaracterizar a regra e frustrar os seus objectivos.

É finalmente de registar que se aponta no sentido do reforço da regra da publicidade, quando se prevê, no artigo 11.°, que "o Governo assegura a publicação de todos os documentos que se revelem necessários para assegurar a adequada divulgação e transparência do Orçamento do Estado e da sua execução, recorrendo, sempre que possível, aos mais avançados meios de comunicação existentes em cada momento", podendo questionar-se se não deveriam ter sido previstas formas de tornar essa obrigação efectiva.

Uma referência última se fará aos três princípios que a Lei de Estabilidade Orçamental introduziu na Lei de Enquadramento Orçamental que, de alguma forma, correspondem a uma tentativa de actualização das regras orçamentais clássicas: estabilidade orçamental; solidariedade recíproca e transparência orçamental (artigo 81.°).

Em rigor, destas regras só é verdadeiramente nova a da solidariedade recíproca, que aponta para uma igualdade de esforços de todos os sectores para a obtenção do objectivo de estabilidade, já que as outras duas representam reformulações dos princípios do equilíbrio e da publicidade.

3. Conteúdo do Orçamento

A secção seguinte destina-se a habilitar os estudantes com uma visão clara do conteúdo do orçamento, que será completada com a apreciação, nas aulas de sub-turma, do Orçamento do ano ou da proposta de Orçamento, se aquele não tiver ainda sido aprovado.

Ao abordarmos o tratamento que esta matéria encontra na nova lei de enquadramento, não poderemos deixar de salientar a opção do legislador, consistente em regular directamente o conteúdo e a estrutura da Lei do Orçamento. Trata-se de uma decisão no domínio da pura técnica legislativa, mas cuja importância se deve registar, em face do anterior regime que, ao disciplinar apenas os aspectos essenciais da proposta de lei, só por via interpretativa permitia determinar o conteúdo e a estrutura da Lei do Orçamento.

Num primeiro momento, as atenções serão concentradas na estrutura bipartida do Orçamento, incluindo um articulado e um conjunto de mapas, solução tradicionalmente pouco normal nos diplomas jurídicos.

Se, em termos gerais, os mapas permitem uma leitura rápida da realidade das finanças públicas nacionais e de muitas das opções formuladas, não deixará de se assinalar a importância do articulado, para compreender o essencial da manobra financeira anual.

Nesse aspecto, é especialmente importante o facto de a Lei de Enquadramento ter vindo fixar uma espécie de conteúdo obrigatório para o articulado, consistente, para além da aprovação dos mapas e da concessão das autorizações ao Governo, em medidas destinadas a viabilizar ou facilitar a execução orçamental, na indicação dos limites de endividamento dos vários subsectores públicos e na definição de limites para a concessão de garantias pelo Estado.

Outro aspecto importante é o que diz respeito à indicação do destino a dar aos eventuais excedentes. Também aqui se inovou, na parte em que se passou a atender, contrariamente ao que resultava previsto no artigo 11.º da Lei n.º 6/91, à diversidade de excedentes, tendo em conta os diversos sub-orçamentos que integram o Orçamento do Estado.

É certo que muitas das matérias previstas no conteúdo obrigatório do articulado já dele constavam anteriormente, por força de disposições avulsas. Tal é o caso, por exemplo, do disposto no artigo 48.º da Lei n.º 98/97, de 26 de Agosto, no que respeita ao regime de dispensa de fiscalização prévia e do disposto na Lei n.º 13/98, de 24 de Fevereiro, a qual remetia já para a Lei do Orçamento a determinação anual da capacidade de endividamento das regiões autónomas.

Importará assinalar que a enumeração constante do artigo 28.º é meramente exemplificativa e inclui, ainda assim, uma referência "às demais medidas que se revelem indispensáveis à correcta gestão financeira dos serviços integrados, dos serviços e fundos autónomos e do sistema de segurança social no ano económico a que respeita a lei do Orçamento" (alínea f).

Trata-se de uma disposição que abre as portas à manutenção de uma prática de que têm lançado mão sucessivos governos, os chamados "cavaleiros orçamentais", que correspondem a normas de muito diversa natureza, sistematicamente incluídas na Lei do Orçamento, como forma expedita de obter a sua aprovação, num contexto em que as atenções estão concentradas noutro sentido.

Tal prática, comum em vários ordenamentos jurídicos, não pode deixar de ser considerada nociva para a clareza do Orçamento e das suas funções.

Poderá, é certo, pretender-se que o número 2 do artigo 28.° parece apontar no sentido da limitação desse procedimento, mas é difícil ver nele algo mais do que uma injunção ao Governo, não tendo a virtualidade de permitir questionar a validade de normas inseridas na lei do orçamento, que se não liguem estritamente à organização e execução orçamental.

Não deixaremos, todavia, de assentir que a crítica dos "cavaleiros orçamentais" deixa em posição relativamente incómoda quem lecciona numa Faculdade que deve a sua existência precisamente ao recurso a este expediente, como forma de ultrapassar as inúmeras dificuldades com que se defrontou a sua criação [323], que ficou assim marcada por esse "pecado original" [324].

Ainda que não suscite o mesmo tipo de objecções, a sistemática introdução no Orçamento de um vastíssimo capítulo sobre matéria fiscal não pode também deixar de ser avaliada negativamente, pela contribuição que dá para a falta de estabilidade e segurança do sistema fiscal.

Naturalmente que não se questionará a pertinência de alterações fiscais dentro da manobra orçamental. Porém, entre essa posição de ordem geral e a admissão da razoabilidade da inclusão de inúmeras normas de carácter processual, ou de alterações sem significado, vai uma enorme distância[325].

Um outro aspecto que pertinentemente tem sido discutido a propósito do articulado, é o regime das autorizações concedidas ao Governo [326]

---

[323] Vd. SOARES MARTINEZ «A Faculdade de Direito de Lisboa. Do Restabelecimento, em 1913, à Consolidação em 1928», RFDUL, vol. XXXVIII, n.° 1 (1997), pp. 265. Uma referência mais pormenorizada às condições de aprovação parlamentar pode ser vista em PALMA CARLOS, «Palavras Proferidas nos 75 Anos da Faculdade», cit., p. 459.

[324] Para usar a expressão de EMYDGIO DA SILVA, «A Faculdade de Direito de Lisboa. Os Seus Primeiros Dias», cit., p. 281.

[325] Sobre esta instabilidade, vejam-se os comentários de PAULO DE PITTA E CUNHA, apenas seis anos passados sobre a entrada em vigor da reforma, «O Andamento da Reforma Fiscal», in *A Fiscalidade dos Anos 90 (Estudos e Parecres)*, Coimbra, Almedina, 1996, pp. 63-77.

[326] Sobre esta questão, vd. CARDOSO DA COSTA, «Sobre as Autorizações Legislativas da Lei do Orçamento», in *Estudos em Homenagem ao Prof. Doutor J.J. Teixeira Ribeiro*, III, 1984, pp. 407-436.

Ensinar Finanças Públicas numa Faculdade de Direito 151

e, designadamente, daquelas que não foram solicitadas e que acabaram por não ser utilizadas. Afigura-se-nos claro que os poderes de execução orçamental do Executivo lhe permitem não aproveitar tais autorizações, desde que, por essa via, os resultados finais da execução não desfigurem o Orçamento aprovado.

No que respeita aos mapas, será chamada a atenção para a necessidade de uma familiarização com esta componente do Orçamento, que permite uma visão muito vasta da situação das finanças públicas, considerando a sua elaboração de acordo com critérios de classificação económica, funcional e orgânica.

Por outro lado, acentuar-se-á como o aumento do número de mapas foi acompanhado da distinção entre mapas de base e mapas derivados, com as consequências que daí decorrem em termos de regime jurídico (artigo 30.º da Lei de Enquadramento).

Ainda em relação aos mapas, uma das novidade mais significativas, de que se dará notícia, situa-se na exigência de inscrição dos encargos plurianuais resultantes da programação plurianual (Mapas XV, XVI e XVII).

Esta imposição não é mais do que uma consequência lógica dos compromissos que o Estado vem assumindo nos últimos anos, decorrentes de operações de financiamento que, dadas as suas características, não encontraram adequada expressão orçamental, em face do regime constante da Lei n.º 6/91.

4. Preparação e Aprovação do Orçamento

No capítulo seguinte, iniciar-se-á o estudo das matérias relativas à preparação e aprovação do Orçamento.

Far-se-á uma abordagem essencialmente jurídica que não deixará, ainda assim, de levar em consideração os reflexos que os objectivos económicos de estabilidade orçamental projectam sobre todo o processo legislativo.

Também não serão ignorados alguns aspectos fortemente politizados do debate, como o que se refere aos poderes dos deputados e do Ministro das Finanças.

A este propósito, será recordado como, de harmonia com o que parece ser uma tendência recorrente nas finanças públicas portuguesas, se recuperaram, ainda que com novas vestes, as ideias que ARMINDO MONTEIRO defendia, com especial vigor, no início da década de vinte do século passado e a que o Estado Novo viria, em larga medida, a dar execução.

A apreciação – breve – do papel da Administração Pública na preparação do Orçamento, será completada com a referência aos métodos de previsão, dando-se destaque à profunda evolução verificada com a passagem de antigos métodos de base empírica para modernas avaliações, assentes em projecções e simulações plurianuais, largamente importadas das finanças privadas. Neste contexto, será igualmente feita uma primeira alusão à problemática das vinculações externas do Orçamento, em virtude da sua projecção logo na fase da preparação.

Será igualmente passada em revista a problemática da ligação entre o Orçamento e o Plano Económico, que perdeu muita da sua importância com a quebra das ilusões quanto à planificação, anteriormente acolhidas no texto constitucional,[327]. Não se deixará, todavia, de sublinhar o fenómeno, que apreciei já, noutra sede [328], da crescente integração entre a planificação nacional e comunitária, agora especialmente facilitada pelas disposições referentes a orçamento por programas, contidas na Lei de Enquadramento (artigos 15.º e 16.º).

No quadro actual e no que respeita ao Plano Económico, poderá afirmar-se que, constituindo este uma estimativa de investimentos, o Governo pode aí recolher alguma inspiração na preparação do Orçamento, mas seguramente pouco mais.

Mas, sendo evidente a cedência na ligação entre o Plano e o Orçamento, nem por isso se poderá ignorar um dos aspectos mais inovadores da Lei de Enquadramento e que consiste precisamente na previsão da programação plurianual, consagrada na própria Constituição da Republica (artigo 105.º, n.º3).

A matéria é tratada com grande pormenor nos artigos 15.º a 17.º da Lei de Enquadramento, tendo sido regulamentada pelo Decreto-Lei n.º 131/2003, de 28 de Junho e tem efeitos evidentes na preparação do Orçamento, resultantes quer da exigência de obediência aos critérios definidos na lei quanto à estrutura dos programas, quer da necessidade de inscrever as medidas específicas para cada ano.

---

[327] LUÍS S. CABRAL DE MONCADA, *Perspectivas do Novo Direito Orçamental Português*, Coimbra, Coimbra Editora, 1984.

[328] *Direito da Economia*, cit., pp. 317 e segs..

Ensinar Finanças Públicas numa Faculdade de Direito 153

Não se deixará de frisar que a orçamentação por programas se apresenta como um factor de grande racionalização das escolhas orçamentais, permitindo ao Governo um quadro mais claro para execução das suas políticas, nas áreas em que se encontra prevista essa possibilidade.

Importará, ainda, dar nota de que entre os programas orçamentais admitidos expressamente pela Lei de Enquadramento se encontram aqueles que resultam do estabelecimento de formas de parceria com os privados, exigindo-se, neste caso, a avaliação da sua economia, eficiência e eficácia, tomando como base um programa alternativo que visasse os mesmos resultados (artigo 16.º, n.º 2), opção naturalmente acompanhada pela lei de parcerias público-privadas a que teremos ocasião de voltar mais adiante no programa.

Outro aspecto a levar em consideração relaciona-se com as vinculações externas do Orçamento, matéria que tem ganho uma importância crescente, em face da reduzida margem de manobra que resta aos Parlamentos, obrigados não só a aceitarem a inscrição orçamental das despesas obrigatórias resultantes de lei ou contrato, mas ainda as que "respeitem a obrigações decorrentes do Tratado da União Europeia" ou que "tenham em conta as grandes opções em matéria de planeamento e a programação financeira plurianual elaborada pelo Governo" (alíneas b) e c) do artigo 14.º da Lei de Enquadramento).

Será sublinhado o papel decisivo do Ministro das Finanças na preparação do Orçamento, com uma breve referência às experiências de direito comparado e sublinhada a sua importância real, que ultrapassa o conteúdo expresso das disposições legais, dado que o seu papel na preparação e execução do Orçamento lhe confere uma enorme força que é, por vezes, ainda acentuada pelo relevo que lhe é atribuído na hierarquia do Governo (Ministro de Estado, Ministro da Presidência), ou pelo estatuto pessoal do titular.

Mostrando-se já explicitado que a Lei de Enquadramento Orçamental fixa um conteúdo obrigatório para a Lei do Orçamento, não será menos importante referir que idêntica exigência é feita quanto à proposta, que deve ter "uma estrutura e um conteúdo formal idênticos aos da Lei do Orçamento" (artigo 31.º, n.º 1).

O legislador não se ficou por essa exigência, determinando, ainda, que o Governo entregue, com a proposta, os desenvolvimentos orçamentais, o relatório justificativo e os anexos informativos, regulando em pormenor a matéria de cada um dos elementos a juntar à proposta.

A transmissão de todos esses elementos ao Parlamento destina-se a habilitar os deputados com o conjunto de informação que permite a apreciação da proposta, informação que pode ainda ser completada com os poderes, que lhes são atribuídos pelos n.° s 7 e 8 do artigo 36.°, de durante a discussão poderem realizar quaisquer audições e convocar quaisquer entidades, mesmo que não submetidas ao Governo, para o esclarecimento de matérias controvertidas.

A análise do processo de votação orçamental será acompanhada da apreciação das correspondentes disposições do Regimento da Assembleia, sublinhando-se a importância das comissões parlamentares e a reserva para o plenário das matérias essenciais, o que, embora limite a desejável publicidade, constitui um imperativo de ordem técnica inultrapassável que, a não ser respeitado, conduziria a uma insustentável morosidade do processo.

Com recurso a experiências estrangeiras, não deixará de se acentuar a importância de criação de quadros técnicos para apoio aos trabalhos parlamentares, permitindo uma decisão orçamental mais informada.

A apreciação dos poderes do Parlamento centrar-se-á na grande amplitude da discussão e na faculdade de introdução de alterações à proposta orçamental, o que parecendo louvável de um ponto de vista democrático, poderá conduzir a situações complexas de desfiguramento da proposta original, levando a questionar a adequação do modelo estabelecido, num raciocínio que pode, igualmente, ser estendido às consequências da derrota da proposta de orçamento apresentada pelo Governo.

Será oportuno dar nota do carácter especialmente permissivo da Constituição Portuguesa em matéria de debate orçamental, provavelmente em homenagem à tradição liberal e como reacção ao anti-parlamentarismo da Constituição de 1933, que conduziu a uma enorme redução da eficácia da lei-travão introduzida nas finanças públicas portuguesas por AFONSO COSTA, numa tentativa de reorganização e contenção do défice público.

Neste segmento, serão recordadas recentes alterações da disciplina financeira ocorridas em países membros da União Europeia, com a apreciação de leis de estabilidade financeira, que visam uma maior harmonização entre a decisão orçamental e os compromissos resultantes do Pacto de Estabilidade.

Ensinar Finanças Públicas numa Faculdade de Direito   155

No mesmo sentido será recordada a proposta da ECORDEP [329], com o objectivo de dividir a discussão do Orçamento em duas fases: uma primeira, que passaria pela aprovação de um enquadramento macro-económico numa perspectiva plurianual e que daria origem à fixação de limites para a despesa total e para a despesa corrente primária, e uma segunda, que corresponderia à actual discussão, mas limitada pelos resultados da primeira apreciação, proposta que é recuperada no projecto de lei n.º 416/IX.

Finalmente e após uma referência aos prazos previstos para a discussão e aprovação orçamental, será chamada a atenção para a possibilidade de o Orçamento não estar aprovado na data fixada e, consequentemente, não ter condições para entrar em vigor no princípio do ano, bem como para as soluções encontradas para enfrentar esse problema.

5. Execução orçamental

A última Secção prolonga o acompanhamento do ciclo de vida orçamental, introduzindo a matéria da execução, que está a cargo do Governo e da Administração Pública, vinculados a um princípio da legalidade que tem, todavia, um diverso sentido em relação às receitas e às despesas, como será devidamente sublinhado.

A este propósito, serão analisados os diplomas referentes à contabilidade pública e referenciadas as dificuldades com que se tem debatido a modernização da contabilidade.

Trata-se de um dos pontos do programa em que as dificuldades de tempo levarão a uma maior sacrifício de um tema, que se reconhece ser de alguma aridez para a generalidade dos estudantes [330].

Procurar-se-á, assim, chamar especialmente a atenção para a diferença na execução do orçamento das despesas e das receitas, traduzida num maior rigor no orçamento das despesas, que será estudado mais tarde.

---

[329] *Relatório da Estrutura de Coordenação para a Reforma da Despesa Pública*, cit..

[330] Para uma versão sintética dos problemas da contabilidade pública, vd. MARIA DA CONCEIÇÃO DA COSTA MARQUES e JOSÉ JOAQUIM MARQUES DE ALMEIDA, «Os Mais Recentes Desenvolvimentos da Contabilidade Pública em Portugal», *Revista de Administração e Políticas Públicas*, Vol II, n.º 1 (2001), pp. 98-109.

Será também abordado, em termos genéricos, o tema da repartição de competências entre a Assembleia e o Governo, em matéria de alterações orçamentais, sublinhando-se particularmente a reserva de competência parlamentar para as alterações mais significativas, como as que se traduzem em aumento de despesas.

Um bom conhecimento dos diplomas fundamentais sobre esta matéria é naturalmente um pressuposto de estudo, que se espera que resulte, também, do trabalho nas sub-turmas.

Se a matéria do controlo e responsabilização orçamental será analisada no capítulo seguinte, não se deverá concluir esta Secção sem chamar a atenção para um aspecto novo da execução orçamental, que são os reflexos da estabilidade orçamental.

Com efeito, o legislador subordina ao cumprimento do objectivo da estabilidade orçamental não só a aprovação, mas a própria execução do Orçamento (artigo 79.º, n.º 1).

As consequências dessa imposição traduziram-se no reforço dos poderes de obtenção de informação por parte do Ministro das Finanças (artigo 88.º), que ficaram já analisados, na criação de um Conselho de Coordenação Financeira do Sector Público Administrativo (artigo 82.º) que acompanha a execução orçamental e, sobretudo, na possibilidade de suspender ou reduzir transferências para outros sectores (artigos 85.º e 89.º).

A propósito da execução orçamental, será ainda referenciado o debate sobre a orientação da despesa pública, que deve ocorrer todos os anos durante a primeira quinzena do mês de Maio e no qual o Governo fará a apresentação dos dados da execução orçamental, até à data, sujeitando-se a perguntas dos deputados.

Tratando-se, embora, de uma medida de reforço dos poderes do Parlamento e de publicidade da execução orçamental, que, como tal deve ser considerada positiva, será sublinhada a ausência de quaisquer consequências associadas a este debate, o que diminui o seu impacte.

CAPÍTULO IV

Controlo e Responsabilidade Financeira

1. Controlo Interno e Controlo Externo

O estudo iniciar-se-á com a justificação da autonomização deste capítulo, consagrado ao controlo e responsabilidade financeira, tradicionalmente objecto de estudo no capítulo consagrado ao Orçamento.

Para além da autonomização da matéria, ter-se-á em consideração a mudança semântica operada, deixando de se falar em fiscalização e privilegiando-se a noção de controlo, claramente mais abrangente e com uma maior correspondência nos actuais sistemas de garantia da regularidade e legalidade na gestão dos dinheiros públicos.

Muitas têm sido as mudanças verificadas neste domínio, enquadradas pela preocupação de garantir ganhos de eficiência e de economicidade na gestão pública, podendo-se identificar como principais linhas condutoras da evolução registada, a tendência no sentido do abandono da fiscalização preventiva a favor da fiscalização concomitante e sucessiva, o movimento no sentido de uma maior interligação entre as várias entidades encarregadas da fiscalização, a extensão das entidades sujeitas a controlo e a importação de técnicas de auditoria, características da actividade empresarial.

Essa evolução corresponde a um movimento geral no sentido da contenção da despesa que, como assinalado no capítulo referente ao Orçamento, tem uma primeira vertente na verificação da sua utilidade, por forma a impedir os desperdícios e más utilizações.

No crescente relevo que esta problemática vem assumindo não é, por outro lado, possível deixar de encontrar o rasto da discussão sobre a crise do Estado de bem-estar, que torna especialmente vivo não só o debate sobre o nível da despesa, como também a controvérsia em torno das condições concretas da sua realização [331].

Pela minha parte [332], tenho insistido na necessidade de se estabelecer um novo pacto entre o Estado e os cidadãos, que passa pelo estrito cumprimento dos deveres fiscais, com contrapartida no aperfeiçoamento dos mecanismos de decisão e controlo financeiro, por forma a tentar encontrar máximos de bem estar social [333].

Não se ignorará, também, que num momento em que são visíveis as dificuldades das formas tradicionais de separação de poderes, se tem assistido a uma tentativa, por enquanto não totalmente conseguida, de autonomizar uma nova função de controlo do Estado [334], de que o controlo financeiro seria parte integrante, ou até mesmo de autonomização de uma função específica de controlo financeiro [335].

Mesmo sem ir tão longe, procurar-se-á chamar a atenção para a enorme importância da introdução do estudo desta problemática, que corresponde à percepção de que a utilização de dinheiros públicos envolve uma série de agentes que desempenham uma actividade de gestão de meios que lhes não são próprios, antes tendo a sua origem nos contribuintes, o que pressupõe, como nota CARLOS MORENO, "o concurso de adequados e *fiáveis sistemas de informação e de controlo interno* que permitam aos gestores não só bem decidir, como pilotar, aperfeiçoar e corrigir permanentemente a execução da gestão" [336].

---

[331] Neste sentido, vd., por exemplo, GIAMPAOLO LADU, *Il Controllo della Spesa Pubblica*, Rimini, Maggioli Editore, 1984, pp. 193 e segs..

[332] «Os Tribunais e o Controlo dos Dinheiros Públicos», in *Estudos em Homenagem a Cunha Rodrigues*, volume 2, Coimbra, Coimbra Editora, 2001, pp. 151 e segs.. E, numa versão sintética, no artigo em co-autoria com SOUSA FRANCO, «Equilibrar as Contas e Desenvolver», *Diário de Notícias*, de 4 de Março de 2002.

[333] Sem esquecer naturalmente a importância de que se reveste, para esse Pacto Social, a criação de um adequado sistema fiscal, dotado de garantias de estabilidade, segurança e coerência, como é especialmente defendido por KLAUS TIPKE, *Moral Tributaria del Estado y de los Contribyentes*, tradução espanhola de *Besteurungmoral und Steuermoral*, Madrid, Barcelona, Marcial Pons, 2002, pp. 121-128.

[334] Vd., por exemplo, PEDRO BACELAR DE VASCONCELOS, *Teoria Geral do Controlo Jurídico do Poder Público*, Lisboa, Cosmos, 1996.

[335] CARLOS MORENO, *Finanças Públicas. Gestão e Controlo dos Dinheiros Públicos*, 2.º edição, cit. pp. 266 e segs..

[336] Idem, p. 262.

Mas, a já assinalada circunstância de se tratar de recursos proporcionados pelos contribuintes, que assim se vêm privados de uma parcela do seu rendimento, implica que se não possa ficar apenas no domínio da fiscalização por órgãos ligados aos próprios gestores de dinheiros públicos, sendo necessário montar esquemas de *controlo externo*, efectivamente independentes e dotados dos necessários meios técnicos.

Naturalmente que se não pode sustentar que se trate de uma novidade radical no campo das finanças públicas, na medida em que sempre se procurou garantir a existência de mecanismos de fiscalização. Trata-se apenas de sublinhar o diferente ângulo com que esses mecanismos são agora encarados.

O controlo interno representa o prolongamento e a evolução lógica da fiscalização administrativa levada a cabo por organismos integrados orgânica e funcionalmente na própria Administração Pública, enquanto que o controlo externo corresponde ao desenvolvimento da fiscalização jurisdicional, tradicionalmente exercida pelo Tribunal de Contas, da fiscalização política, exercida pela Assembleia da República e, ainda, num âmbito mais específico, da fiscalização técnica, efectuada pelo Tribunal de Contas Europeu.

A parte mais substancial deste capítulo será necessariamente dedicada ao Tribunal de Contas, até porque se trata da única entidade com competência para efectivar a responsabilidade financeira, essencial para garantir a eficácia do sistema de controlo. Porém, a crescente importância de outras modalidades de controlo, que poderão ser decisivas para uma mudança de hábitos e práticas na Administração Pública, levou a autonomizar esta primeira secção.

Como ponto de partida para essa autonomização está a convicção da importância de que se reveste para qualquer actividade de gestão, seja ela pública ou privada, a existência de um conjunto de procedimentos, técnicas e métodos que, de forma eficaz e eficiente, forneçam informação adequada sobre o modo como as organizações se estruturam e operam.

O primeiro ponto para o qual será chamada a atenção prende-se com a existência de diversos tipos ou níveis de controlo.

O primeiro, tradicionalmente denominado por auto-controlo, compreende a actividade de controlo desenvolvida pelos gabinetes de contabilidade e de auditoria existentes em cada um dos serviços responsáveis pela execução orçamental.

O segundo, externo em relação aos serviços e organismos controlados mas integrado na estrutura administrativa, resulta da actividade de controlo das várias inspecções gerais existentes a nível de praticamente todos os Ministérios e que, ainda que não estejam limitadas às questões financeiras, devem igualmente levá-las em consideração. Neste mesmo plano se situa a Direcção-Geral do Orçamento, que exerce um controlo sistemático sucessivo da gestão orçamental.

O terceiro decorre da existência de órgãos como a Inspecção Geral de Finanças, com uma vocação mais genérica, competindo-lhe, em especial, um importante papel de coordenador do sistema de controlo interno e a Inspecção Geral da Segurança Social, com vocação e meios para um controlo mais aprofundado da gestão financeira das entidades sujeitas à sua actuação.

Será observado como a noção de controlo interno foi acolhida na própria terminologia legislativa pelo Decreto-Lei n.° 166/98, de 25 de Junho, que instituiu o sistema de controlo interno na dependência do Governo, apesar de a Lei de Enquadramento Orçamental tanto falar em controlo administrativo da execução orçamental (artigo 55.°), como em controlo interno (artigo 59.°).

Em matéria de controlo interno, para além da apreciação das disposições pertinentes na Lei de Enquadramento Orçamental, far-se-á uma referência especial à Inspecção Geral de Finanças e aos poderes que lhe são conferidos pela respectiva Lei Orgânica (Decreto-Lei n.° 249/98, de 11 de Agosto).

Será, ainda, importante verificar em que medida o sistema de controlo interno se encontra sujeito ao Tribunal de Contas – quer no que toca à apreciação da sua organização, funcionamento e fiabilidade, quer no que respeita ao controlo da adequação dos métodos e procedimentos utilizados [337] – identificando as situações em que o legislador estabeleceu um dever especial de colaboração para com este Tribunal [338].

Chamar-se-á, por outro lado, a atenção para como o Conselho Coordenador do Sistema de Controlo Interno, criado pelo artigo 6.° do Decreto-Lei n.° 166/98, permite a ligação à instituição de controlo externo que é, entre nós, o Tribunal de Contas [339]. Esta ligação é tanto mais im-

---

[337] Artigo 5.°, alínea f), da Lei n.° 98/97, de 26 de Agosto.

[338] Nos termos do artigo 12.° da mesma Lei.

[339] Recorde-se, aliás, que a nova Lei de Enquadramento Orçamental expressamente prevê o controlo cruzado (artigo 62.°).

Ensinar Finanças Públicas numa Faculdade de Direito 161

portante quando o Presidente do Tribunal dispõe de competência para promover as acções necessárias ao intercâmbio, coordenação de critérios e conjugação de esforços entre todas as entidades encarregadas do controlo financeiro [340].

2. Do Tribunal de Contas em especial

O Tribunal de Contas será objecto de uma atenção particular no desenvolvimento da matéria, precisando-se que só recentemente se passou a encará-lo como uma instituição de controlo externo, culminando assim uma longa evolução, que deverá ser analisada nas suas linhas gerais e com indicação da vasta bibliografia existente [341].

Chamar-se-á, assim, a atenção para que o Tribunal de Contas, com a actual designação, foi criado há um pouco mais de cento e cinquenta anos, por Decreto de 10 de Novembro de 1849, ainda que os seus antecedentes remontem ao século XIV [342].

Sublinhar-se-á, todavia, que a continuidade de existência de um órgão de fiscalização das despesas públicas, sujeito a diversas alterações na sua denominação, não significou uma identidade de regime jurídico.

Será, designadamente, posto em confronto o estatuto do Tribunal durante o Estado Novo, quando não dispunha das garantias de indepen-

---

[340] Nos termos do artigo 12.º, n.º 3, da Lei n.º 98/97, de 26 de Agosto.

[341] De entre a vasta bibliografia sobre o Tribunal, recorde-se SOUSA FRANCO/JOSÉ TAVARES, «O Tribunal de Contas», *Tribunal de Contas – Tradição e Modernidade*, Lisboa, Tribunal de Contas, 1993; SOUSA FRANCO/MANUEL FREIRE BARROS, *O Tribunal de Contas. Evolução e Situação Actual*, Lisboa, Tribunal de Contas, 1995; JOSÉ TAVARES, *O Tribunal de Contas. Do Visto em Especial – Conceito, Natureza e Enquadramento na Actividade de Administração*, Coimbra, Almedina, 1998, e *Linhas de Evolução do Tribunal de Contas nos últimos 25 anos*, Lisboa, 1999, e EDUARDO PAZ FERREIRA, «El Tribunal de Cuentas Portugués: una Institución en Transición», *Documentación Administrativa*, 257-258 (2000).

[342] Sobre a história do Tribunal de Contas, vd. ARTUR ÁGUEDO DE OLIVEIRA, *O Centenário do Tribunal de Contas*, Lisboa, 1949; VIRGINIA RAU, *A Casa dos Contos*, Coimbra, 1951; M. ABRANCHES MARTINS, *Em Portugal houve sempre fiscalização de contas*, Lisboa, 1959; TRINDADE PEREIRA, *O Tribunal de Contas*, Lisboa, 1962 e, ainda, diversos estudos que têm vindo a ser publicados pelo Tribunal como SOUSA FRANCO/JUDITE PAIXÃO/FILOMENA SANTOS, *Origem e Evolução do Tribunal de Contas*, Lisboa, Tribunal de Contas, 1993.

dência que caracterizam um Tribunal, e aquele que lhe foi outorgado pela Constituição de 1976, que expressamente o incluiu entre os Tribunais existentes na ordem constitucional portuguesa, com todas as consequências dai resultantes, nomeadamente no plano da independência [343].

A Constituição de 1976 pode, assim, ser considerada como um factor de viragem decisivo na vida do Tribunal de Contas, na medida em que veio criar condições para um controlo independente dos dinheiros públicos [344].

De qualquer forma, será reconhecido que a solução da Constituição de 1976, ainda que passando por um significativo reforço das garantias de independência, se manteve na linha tradicional, de entregar a fiscalização dos dinheiros públicos a um órgão com características jurisdicionais, orientado sobretudo para a fiscalização dos aspectos da legalidade.

Os alunos serão, de todo o modo, alertados para a tendência, comum entre os administrativistas, de considerar o Tribunal como um órgão da Administração Pública, posição compreensível em MARCELLO CAETANO, cujo manual é anterior à Constituição de 1976 [345], mas bastante menos na actualidade [346].

Regressando ao modelo histórico do Tribunal de Contas, será preciso assinalar que este corresponde ao dominante na Europa Continental, em oposição ao modelo de auditoria geral independente, ocupada sobretudo com a verificação da regularidade financeira, desenvolvido nos países anglo-saxónicos [347].

---

[343] Vd. EDUARDO PAZ FERREIRA, «El Tribunal de Cuentas Portugués...», cit., pp. 319 e segs..

[344] Vd. SOUSA FRANCO, «Sistema Financeiro da Constituição Financeira no Texto Constitucional de 1976», in *Estudos sobre a Constituição*, coordenados por JORGE MIRANDA, 3.º volume, Lisboa, Petrony, 1979, pp. 517 e segs.. Registem-se, todavia, as críticas de CARLOS MORENO ao que considera ser o excesso de intervenção do Governo em relação ao Tribunal em «Um Tribunal de Contas para o Século XXI», in *Comemorações dos 150 Anos de Tribunal de Contas*, Lisboa, Tribunal de Contas, 2000, pp. 197-98.

[345] *Manual de Direito Administrativo*, Coimbra, Almedina, vol I, 10.ª edição, p. 288.

[346] Veja-se FREITAS DO AMARAL, *Curso de Direito Administrativo*, vol. I, 2.ª edição, Coimbra, Almedina, 1994, p. 290, que continua a referir-se ao Tribunal como órgão da Administração Pública.

[347] Sobre os sistemas de controlo financeiro, vd. SOUSA FRANCO, «O Presente e o Futuro das Instituições de Controlo Financeiro com Carácter Jurisdicional – notas sobre a jurisdição financeira num mundo em mudança», *Revista do Tribunal de Contas*, n.ºs 19/20, t. 1, Lisboa, 1993, pp. 12 e segs..

A este propósito, recordar-se-á a posição de JACINTO NUNES, ao afirmar, "aceito, para os países anglo-saxónicos a figura do Auditor Geral, mas penso que, dada a orgânica da nossa Administração Pública, a figura mais adequada para a fiscalização da vida financeira do Estado Português é a de Tribunal de Contas que tem hoje, para além da tradição, elevada competência e um âmbito de aplicação que lhe permite assegurar a economia, a eficiência e a eficácia de dar aplicações com significado dos dinheiros públicos" [348].

Apesar das diferentes filosofias subjacentes aos dois sistemas, deverá salientar-se que em qualquer deles há uma preocupação de garantir um estatuto de independência, de assegurar que se trata do nível mais elevado de controlo e de privilegiar a ligação com os parlamentos nacionais.

A diferenciação entre estes dois modelos, durante muito tempo totalmente extremada, viria a ser crescentemente posta em causa, sobretudo a partir dos trabalhos da INTOSAI e de organizações congéneres [349], que promoveram uma aproximação entre ambos, podendo acompanhar-se JOSÉ TAVARES quando sustenta que hoje se encontram três modelos de órgãos supremos de controlo financeiro: o sistema de *Tribunal de Contas*, o *Sistema de Auditor Geral* e o Sistema Misto *Tribunal de Contas/Auditoria Geral* [350].

A evolução em Portugal viria, igualmente, a orientar-se nesse sentido, com o Tribunal de Contas a tentar progressivamente chamar a si a apreciação da regularidade da gestão, caminho que ficaria aberto após a revisão constitucional de 1989, mas que só viria a ser trilhado efectivamente após a promulgação da Lei de Organização e Processo do Tribunal de Contas (Lei n.º 98/97, de 26 de Agosto), que abriu uma nova fase da vida do Tribunal [351].

---

[348] «O Tribunal de Contas. Passado e Futuro», in *Comemorações dos 150 Anos de Tribunal de Contas*, cit., pp. 217-18.

[349] A INTOSAI – International Organization of Supreme Audit Institutions – tem já longos anos de existência, podendo a respectiva actividade ser parcialmente apreciada em *INTOSAI – Conclusões dos Congressos*, Tribunal de Contas, 2.ª edição, 1996. Ao seu lado existem organizações de âmbito regional como a EUROSAI (Europa), a OLACEFES (América Latina) e a AFROSAI (África).

[350] *O Tribunal de Contas. Do Visto em Especial,* cit., p. 32.

[351] Para uma apreciação geral das inovações introduzidas por esta lei, vd. ALFREDO DE SOUSA, *Características e Peculiaridades das Entidades Fiscalizadoras Superiores*, Palestra proferida no Ciclo Especial de Palestras sobre Controle e Fiscalização Organizado pelo Tribunal de Contas da União, Brasília, 1999.

A solução consagrada naquela lei constitui uma simbiose dos dois sistemas, em termos que me permitiram já falar numa instituição em transição [352], parecendo claro que essa transição se irá dar no sentido da aproximação aos modelos de auditoria geral, até por força da crescente integração entre o controlo nacional e o controlo europeu, orientado para esse tipo de actuação.

As ambiguidades resultantes do actual modelo levaram já à formulação de propostas no sentido da consagração de um Auditor Geral independente do Tribunal, ainda que a este ligado por uma união pessoal na figura do Presidente, com a consequente consagração do Tribunal de Contas a funções exclusivamente jurisdicionais [353].

Proceder-se-á a uma apreciação genérica da Lei de Organização e Processo, completada pela Lei n.º 14/96, de 20 de Abril, que alargou o âmbito da fiscalização financeira e foi expressamente mantida em vigor pela nova legislação, registando-se que se está em presença de uma solução compromissória, bem patente desde logo na distinção entre jurisdição e poderes de controlo financeiro, que determina que apenas fiquem sujeitos à totalidade das competências do Tribunal os serviços integrados no sector administrativo do Estado [354].

Mas é também esse carácter compromissório que marca a distinção entre as diferentes modalidades de fiscalização. De facto, o legislador, ainda que manifestando uma clara vontade de privilegiar a fiscalização sucessiva e a fiscalização concomitante que é uma criação da actual lei, não foi até ao ponto de suprimir a fiscalização prévia, que ficou, no entanto, extremamente reduzida, num movimento ampliado por posteriores alterações legislativas, como aquela que veio afastá-la também da análise dos instrumentos de dívida pública [355].

---

[352] «El Tribunal de Cuentas…», cit..

[353] Carlos ALMEIDA SAMPAIO, «O Tribunal de Contas e a Natureza Dualista do Controlo Financeiro Externo», in *Estudos em Homenagem a Cunha Rodrigues*, cit., pp. 686-
-87.

[354] Não deixa de ser curiosa a admissão feita por MIGUEL CADILHE, ministro responsável pela anterior lei, que considerou o primeiro patamar de uma reforma bi ou trietápica, «O Ministro das Finanças e o Tribunal de Contas: a Minha Experiência», in *Comemorações dos 150 anos*, cit., p. 63.

[355] Referimo-nos à alteração introduzida pelo artigo 82.º da Lei n.º 87-B/98, de 31 de Dezembro, que veio excluir a dívida pública do Estado da fiscalização prévia (alínea a) do n.º 1 do artigo 46.º da Lei n.º 98/97). A verificação, pelo Tribunal de Contas, do

Ensinar Finanças Públicas numa Faculdade de Direito

Na exposição da matéria será chamada a atenção para a competência do Tribunal e para as entidades que lhe estão sujeitas, dentro da assinalada dualidade de regimes e dada uma ideia da sua orgânica, destacando a existência de secções regionais, em coerência com autonomia financeira das regiões autónomas.

Seguidamente, serão apreciadas as diferentes modalidades de fiscalização e os principais problemas que levantam.

No que respeita à fiscalização preventiva, será sublinhado que se trata de uma pura fiscalização da legalidade e dessa forma específica de legalidade que é o cabimento orçamental (artigo 44.°), acentuado o reduzido número de actos hoje sujeitos a visto (artigo 46.° e 47.°) e ainda a possibilidade de a 1.ª Secção dispensar o visto em relação a certos serviços (artigo 38.°), bem como a circunstância de, em cada Lei do Orçamento, ser estabelecido um limite abaixo do qual é excluída a verificação prévia da despesa (artigo 48.°).

Reafirmar-se-á a natureza jurisdicional do visto, ainda que sem pormenorizar excessivamente a matéria que, no essencial, deixou de ser polémica e a excessiva brandura do artigo 45.° que, em nossa opinião, abre largamente portas à inutilidade do visto.

Quanto à fiscalização sucessiva, será notado o seu carácter compósito, anunciado no artigo 50.°, n.° 1, que dispõe que: "no âmbito da fiscalização sucessiva, o Tribunal de Contas verifica as contas das entidades referidas no artigo 2.°, avalia os respectivos sistemas de controlo interno, aprecia a legalidade, economia, eficiência e eficácia da sua gestão financeira e assegura a fiscalização da comparticipação nacional nos recursos próprios comunitários e da aplicação dos recursos financeiros oriundos da União Europeia".

Dentro dessa mescla de competências, será dada especial atenção à diferença entre julgamento de contas e realização de auditorias, procurando que, nas sub-turmas, seja apreciado um relatório de auditoria, por

---

cumprimento dos limites de endividamento e demais condições gerais estabelecidas pela Assembleia da República tem agora lugar no âmbito da fiscalização sucessiva, devendo, para o efeito, o Instituto de Gestão do Crédito Público informar mensalmente o Tribunal sobre todos os empréstimos e operações de gestão da dívida pública realizadas (n.°s 2 e 4 do artigo 50.° da Lei n.° 98/97, na redacção introduzida pelo artigo 82.° da Lei n.° 87- -B798, de 31 de Dezembro). Sobre o controlo exercido pelo Tribunal de Contas em matéria de dívida pública, vd. JOÃO PINTO RIBEIRO, «Controlo Financeiro Externo da Dívida Pública», in Juris et de Jure, Porto, 1998, pp. 1067 e segs..

forma a transmitir aos alunos uma ideia mais concreta das novas metodologias desenvolvidas pelo Tribunal de Contas, que podem ser sinteticamente avaliadas no artigo de FREITAS PEREIRA, "Princípios de Auditoria Geralmente Aceites e Tribunal de Contas" [356].

Será, finalmente, abordada a matéria referente à fiscalização concomitante, assinalando-se a possibilidade de a mesma ser desencadeada quer pela 1ª Secção (fiscalização preventiva), quer pela 2ª (fiscalização sucessiva), sustentando-se que essa forma de fiscalização talvez pudesse levar à supressão da fiscalização preventiva e que, se exercida regularmente, poderia revelar-se mais eficaz do que a fiscalização sucessiva.

Naturalmente que um lugar à parte será atribuído à matéria do parecer sobre a Conta Geral do Estado e sobre as contas das regiões autónomas, sublinhando-se especialmente a vastidão do domínio necessário do parecer (artigo 41.º, n.º 1) e a circunstância de o mesmo poder "pronunciar-se sobre a economia, a eficiência e a eficácia da gestão e, bem assim, sobre a fiabilidade dos respectivos sistemas de controlo interno" (artigo 41.º, n.º 2), solução apenas possível por não se estar em presença de uma função jurisdicional do Tribunal.

A análise, em aulas de sub-turma, do último parecer disponível, será um bom elemento de trabalho, fornecendo aos estudantes excelentes elementos para apreciação da política financeira portuguesa.

Se até este ponto se tratou daquilo que tradicionalmente se considerava ser a fiscalização administrativa e judicial dos dinheiros públicos, não se pode deixar de recordar a importância fundamental do controlo político, a exercer pela Assembleia da República, nos termos da Constituição e da Lei de Enquadramento.

Será chamada a atenção para a importância desse poder parlamentar, que a nova Lei de Enquadramento veio reforçar substancialmente, avançando num caminho que parece correcto, mas que contrasta com a forma pouco efectiva como tem sido exercido entre nós.

A última parte do capítulo é consagrada ao estudo da responsabilidade em que incorrem aqueles que têm a seu cargo a gestão dos dinheiros públicos.

---

[356] In *Comemorações dos 150 Anos*, cit., pp. 271 e segs. Ver, também, Tribunal de Contas, *Manual de Auditoria e Procedimentos*, vol. I, Lisboa, 1999 e CARLOS MORENO (org.) *Subsídios para Modernizar a Auditoria Pública em Portugal*, Lisboa, UAl, 2002.

Ensinar Finanças Públicas numa Faculdade de Direito 167

Também aqui será sublinhada a importância do Tribunal de Contas – única entidade jurisdicional com competência para apreciar da responsabilidade financeira, nas suas vertentes sancionatória e reintegratória – e apreciados alguns problemas da figura da responsabilidade financeira e do seu relacionamento com as outras formas de responsabilidade [357].

Não se poderá, por outro lado, deixar de assinalar a forma mitigada como tem sido exercitada a responsabilização financeira e o diminuto número de casos julgados, em paralelo, aliás, com o que ocorre noutros países da União Europeia [358].

De qualquer forma, far-se-á notar que o modo de assegurar um verdadeiro controlo e responsabilização na gestão dos dinheiros públicos passa, também, pelo recurso aos tribunais judiciais, quando se verificar a existência de indícios da prática de crime, e mesmo a tribunais de outra ordem, designadamente administrativos e fiscais, sempre que tal se justifique, caminho para que aponta, aliás, o artigo 55.º, n.º 7 da Lei de Enquadramento.

Se a responsabilidade financeira apenas pode recair sobre os funcionários públicos, a Lei da Responsabilidade dos Titulares da Cargos Políticos (Lei n.º 34/87, de 16 de Junho) prevê a responsabilidade criminal de quem violar as normas de execução orçamental (artigo 14.º), factor que terá de ser considerado [359].

Será posto em destaque o papel da luta contra a corrupção, como forma de assegurar o controlo da regularidade da utilização dos dinheiros exigidos aos contribuintes para a satisfação das necessidades públicas, luta que tem de ser exercida com total determinação, sobretudo pelos efeitos de corrosão das estruturas sociais que acarreta [360].

Detacar-se-á como fundamental a criação de uma verdadeira cultura de responsabilidade, interiorizada por parte dos decisores e executantes

---

[357] JOÃO FRANCO DO CARMO, «Contributo para o Estudo da Responsabilidade Financeira», *Revista do Tribunal de Contas*, n.º 23 (1995), pp. 35 e segs..

[358] Cfr. AMÁVEL RAPOSO, «A Nova Lei Orgânica do Tribunal de Contas e a Responsabilidade Financeira», conferência proferida na IGAT, 1999, e do mesmo autor, «Virtudes e Fragilidades do Actual Sistema de Controlo dos Dinheiros Públicos», in *Comemorações dos 150 Anos..*, cit., pp. 171 e segs..

[359] Para uma apreciação sintética desta problemática, ver EDUARDO PAZ FERREIRA, «Os Tribunais e o Controlo dos Dinheiros Públicos», cit..

[360] Vd., por exemplo, VITO TANZI e HAMID DAVOODI, *Roads to Nowhere: How Corruption in Public Investment Hurst Growth*, IMF, 1998.

financeiros, já que, apesar da proclamação do artigo 15.º da Declaração dos Direitos do Homem, essa cultura de responsabilidade se desenvolveu muito anteriormente no universo privado[361].

---

[361] Nesse sentido, JOSÉ TAVARES, *As Responsabilidades na Gestão Pública – Seu Enquadramento*, s.e., Lisboa, 2000.

PARTE II

Das Despesas e Receitas Públicas

CAPÍTULO I

Despesas Públicas

A segunda parte do programa é consagrada ao estudo da matéria de receitas e despesa públicas, sendo o primeiro capítulo consagrado às despesas públicas, tema que ocupa um lugar um tanto paradoxal nos estudos de finanças públicas.

De facto, ainda que a actividade financeira pública encontre a sua origem na necessidade de encontrar recursos para cobrir as despesas públicas, não se pode dizer que os estudos de finanças públicas tenham consagrado uma especial atenção a esta matéria.

Não falta assim quem considere a despesa pública o "parente pobre das finanças públicas"[362], sublinhando o absurdo dessa situação e defendendo a necessidade de um estudo mais atento que, em França, estaria, de alguma forma a ser induzido pela lei da estabilidade, como é demonstrado pelo próprio número monográfico da *Revue Française de Finances Publiques* dedicado ao tema [363].

É nesse sentido que nos parece útil autonomizar um capítulo que obedeça, também ele, à orientação previamente definida de conjugar a apreciação jurídica e económica das matérias.

Na linha de STEVE, não se deixará de acentuar que as preocupações em matéria financeira estiveram quase sempre mais relacionadas com a receita do que com a despesa e que, mesmo quando se começaram a desenhar orientações no sentido da limitação do crescimento do Estado, estas assentaram sobretudo no lado da receita e, em especial, da receita fis-

---

[362] BENOIT CHEVAUCHEZ, «La Dépense Publique, au Coeur de Nos Systèmes de Finances Publiques», *Revue Française de Finances Publique*, n.º 77 (2002), p. 28.

[363] Número 77 (2002).

cal [364]. Essa circunstância, porém, não afecta a nossa convicção de que apenas a análise conjunta dos dois aspectos permite uma apreciação adequada das opções financeiras.

Citando ainda STEVE, "a interpenetração entre despesa e receita, como determinante da distribuição dos recursos e da repartição do rendimento pode ser negligenciada em casos e problemas bem delimitados, mas não em linha geral"[365].

De resto, mesmo que se não pretenda reduzir o problema das finanças públicas aos termos clássicos que assentavam na proclamação "há despesas, impõe-se encontrar os meios para as cobrir", não se pode minimizar a importância que a despesa pública mantém, como factor de legitimação da receita pública.

A percepção que cada comunidade tem da utilidade da despesa pública condiciona, por outro lado, de forma nítida, a reacção à própria carga fiscal.

É certo que os estudos sobre a despesa pública foram, também, muito perturbados pela penetração de factores ideológicos, que levaram a que, numa visão dicotómica, se defendesse a despesa pública ou a despesa privada, como alternativas que se excluíam.

Uma análise fria da matéria permite, no entanto, distinguir os campos de acção e os objectivos dos dois tipos de despesa que, naturalmente, encontram ambos o seu lugar, nas sociedades de economia mista em que vivemos [366].

Provavelmente também contribuiu para o afastamento do interesse pela despesa pública uma certa percepção da sua rigidez e da dificuldade em alterá-la significativamente, aspecto que se tem procurado contrariar nos últimos anos, com a introdução de mecanismos de controlo especialmente rigorosos e de técnicas de programação oriundas da actividade privada, que permitem uma maior racionalidade económica.

Importa, todavia, não ignorar que algumas alterações legislativas recentes, ao diminuírem drasticamente a margem de manobra dos decisores financeiros, vieram contribuir para esse desinteresse, embora se deva

---

[364] *Lezioni di Scienza delle Finanze*, 7.ª edição, Padova, CEDAM, 1976, p. 191.

[365] Idem.

[366] Sobre essa problemática, vd. YVES CANNAC, «Dépense Privée, Dépense Publique» e «Dépense Publique/ Dépense / Privée : un Point de Vue d' Économiste», *Revue Française de Finances Publique*, n.º 77, respectivamente pp. 9-15 e 17-26.

Ensinar Finanças Públicas numa Faculdade de Direito 173

advertir para que, em França e Espanha, idênticas alterações legislativas se orientaram precisamente no sentido do reforço da importância da análise da despesa pública, efeito que poderá ser conseguido em Portugal a vingar o conteúdo do projecto de lei n.º 416/IX, que prevê a criação de um novo instrumento financeiro – a lei de orientação da despesa pública – que constituiria um quadro de referência obrigatório para a elaboração do Orçamento.

A todos estes factores acresce que o princípio da igualdade, decisivo em matéria de receitas fiscais, área em que determinou o surgimento de complexas elaborações teóricas, não joga um papel semelhante em matéria de despesas públicas, tantas vezes utilizadas com objectivos de redistribuição, que não se coadunam com um princípio de igualdade formal.

Uma análise comparativa entre Estados com o mesmo modelo económico e social revelará, por outro lado, a existência de profundas variações no nível global da despesa pública, bem como na sua distribuição sectorial, demonstrando a dificuldade em encontrar uma pura lógica económica nas políticas de despesa e confirmando a já assinalada impossibilidade de dar uma resposta puramente económica à problemática da decisão financeira.

Sem descurar o debate sobre os efeitos económicos da despesa pública, que perpassa noutros capítulos, será aqui sublinhada a sua importância fundamental como meio de acção do Estado e da execução das políticas públicas, bem como a sua permeabilidade a factores de pura escolha política, como os de arbitragem entre grupos ou regiões.

Será, a este propósito, especialmente explicitada a existência de dois ângulos de aproximação: um puramente económico e outro que privilegia as contribuições do direito e da moral e, em especial, da moderna filosofia política e da sua busca incessante de um conceito de justiça aceitável para as sociedades.

Para uma melhor compreensão das principais opções em matéria de despesa pública, começará por se estabelecer algumas tipologias de despesas, como as que separam despesas de funcionamento e investimento, ou as de aquisição de bens e serviços e as de redistribuição. Serão igualmente passadas em revista as classificações orçamentais existentes hoje em Portugal e cujo domínio é necessário para permitir uma boa compreensão das opções orçamentais.

Por outro lado, traçar-se-á uma breve evolução histórica das despesas públicas, referenciando a chamada Lei de Wagner, que aponta para a existência de uma tendência de crescimento das despesas públicas.

Serão, todavia, mencionadas as interrogações que se podem formular a este propósito e sublinhado, com SOARES MARTINEZ, a forma como muitas vezes essa alegada tendência para o crescimento das despesas é usada para justificar opções políticas [367].

Recordar-se-á que a Lei de Wagner não se limita a descrever um movimento das despesas públicas no sentido do crescimento económico, mas comporta igualmente uma tentativa de explicação desse aumento pela industrialização, que levaria o Estado a ter de assegurar um quadro favorável ao desenvolvimento, actuando no plano das infra-estruturas, da educação e da acção social.

Essa explicação tem vindo a ser complementada ou contestada, pelo que se procurará dar conta de alguns destes contributos para uma matéria que é naturalmente controversa.

PEACOCK e WISEMAN [368], por exemplo, partindo da verificação da irregularidade do crescimento das despesas públicas ao longo dos anos, encontraram como explicação para as acelerações da despesa a existência de períodos em que os contribuintes manifestariam uma menor oposição ao aumento da carga fiscal, como sucede em tempos de guerra.

BAUMOL [369] elaborou outra tentativa de explicação para o aumento das despesas públicas, que acaba por pôr em relevo muitas das dificuldades de redução da despesa, sustentando que o Estado se veria obrigado a concentrar-se nos sectores em que os ganhos de produtividade são inferiores e em que, como tal, é difícil assegurar a produção privada de bens.

Uma nova ordem de explicações surge associada à teoria da *public choice* e encontra uma tradução especialmente clara em STIEGLER [370], para quem o crescimento da despesa seria essencialmente o resultado dos grupos de pressão organizados, que conseguiriam capturar os decisores financeiros para a defesa dos seus interesses, ainda que constituindo gru-

---

[367] Vd. *Esboço de uma Teoria das Despesas Públicas*, cit., pp. 67 e segs..

[368] *The Growth of Public Expenditure in the United Kingdom*, London, Allen e Unwin, 1951.

[369] «The Macroeconomics of Unbalanced Growth», *American Economic Review*, 57, 3 (1967), pp. 415 e segs..

[370] *Economics of the Public Sector*, 1983.

pos minoritários, em face da impossibilidade dos restantes eleitores conseguirem pôr-se de acordo quanto aos seus próprios interesses[371].

Outras contribuições da área da *public choice*, como a de NISKANEN[372] viriam acentuar a acção decisiva dos burocratas, num quadro geral de análise e combate ao Estado-Leviatã [373].

Para além da exposição destas diferentes tentativas de explicação, procurar-se-á demonstrar que, a par de um crescimento real das despesas públicas, existe um crescimento aparente e que as avaliações a efectuar nessa matéria deverão procurar sempre evitar generalizações, privilegiando o estudo de cada caso concreto.

É essa uma orientação fundamental do capítulo, que procurará habilitar os alunos com informação sobre a estrutura da despesa pública em Portugal e em países com sistemas económicos e sociais semelhantes ao nosso, de modo a permitir uma melhor compreensão dos dilemas e opções da política financeira portuguesa.

Com base em estudos da OCDE e da própria União Europeia, voltar-se-á, sumariamente, à problemática do controlo da despesa pública.

De um ponto de vista jurídico, será aqui especialmente apreciada a evolução registada no sentido de reforçar a disciplina da realização de despesas públicas.

É, contudo, necessário admitir que o direito financeiro começou por conhecer um grande desenvolvimento na área das receitas públicas e, muito em especial, daquelas que poderiam implicar o sacrifício de valores patrimoniais privados, ao eventual arbítrio do Estado [374].

Foi assim que, com o liberalismo, se afirmou um princípio da legalidade financeira que, em primeira linha, se traduzia na exigência de aprovação parlamentar dos impostos e da emissão de empréstimos públicos, como forma de conter o Estado dentro de limites apertados, evitando sacrifícios excessivos aos particulares.

---

[371] É bom de ver que daqui parte um forte ataque ao Estado Providência, sempre identificado com uma forma de satisfação dos interesses mais bem organizados, ou mais poderosos, numa sociedade.

[372] *Bureaucracy and Representative Government*, New York, Aldine- Atherton, 1971.

[373] Para uma excelente síntese das posições mais importantes nesta matéria, vd. JOHN CULLIS e PHILIP JONES, *Public Finance and Public Choice*, cit., pp. 358 e segs..

[374] Cfr. EDUARDO PAZ FERREIRA, «*Da Dívida Pública...*», cit., pp. 136 e segs..

Só que este princípio da legalidade, que se estende a todo o Orçamento, vai-se traduzir, crescentemente, não apenas num limite aos poderes de imposição do Estado, mas também às despesas públicas.

Surge, assim, em torno do Orçamento e da sua execução, um conjunto de normas de contabilidade pública, que já foram referenciadas e que, tal como todos os restantes sub-ramos do direito financeiro, são marcadas por uma preocupação dominante, de respeito pelo princípio da legalidade, entendido em termos que simultaneamente procuram ser rigorosos e inovadores.

É nesta linha que o artigo 39.°, n.° 6, da Lei de Enquadramento Orçamental dispõe que "nenhuma despesa pode ser autorizada ou paga sem que, cumulativamente:

a) o facto gerador da obrigação da despesa respeite as normas legais aplicáveis;

b) a despesa em causa disponha de inscrição orçamental, tenha cabimento na correspondente dotação, esteja adequadamente classificada e obedeça ao princípio da execução do orçamento por duodécimos, salvas, nesta última matéria, as excepções previstas na lei;

c) a despesa em causa satisfaça o principio da economia, eficiência e eficácia".

No mesmo sentido, o artigo 44.°, n.° 1 da Lei de Organização e Processo do Tribunal de Contas (Lei n.° 98/97) estabelece que "a fiscalização prévia tem por fim verificar se os actos, contratos ou outros instrumentos geradores de despesa ou representativos de responsabilidades financeiras directas ou indirectas estão conformes às leis em vigor e se os respectivos encargos têm cabimento em verba orçamental própria"[375].

Recorta-se, assim, um princípio da legalidade que, em matéria de despesas públicas, conhece um reforço significativo, que o afasta do seu entendimento tradicional, formulado num período em que se defendia que a actuação da Administração se realizava em estrita execução da lei, o

---

[375] Já anteriormente dispunha, aliás, o artigo 12.°, n.° 1 da Lei n.° 86/89, de 8 de Setembro (Reforma do Tribunal de Contas), que "a fiscalização prévia tem por fim verificar se os diplomas, despachos, contratos e outros documentos a ela sujeitos estão conformes com as leis em vigor e se os respectivos encargos têm cabimento em verba orçamental própria".

que implicava que só se podiam realizar despesas públicas expressamente previstas na lei.

Com o desenvolvimento das formas contratuais na administração e com a passagem para uma administração de prestação, o princípio da legalidade financeira passa a ser entendido no sentido de que as despesas devem ser efectuadas em conformidade com o disposto na lei, como prevê actualmente a legislação portuguesa.

Perdendo muito do seu rigor inicial, o princípio da legalidade impõe, em qualquer caso, que no momento da decisão de despesa, como no da sua execução, se torna necessário respeitar todas as normas referentes à formação da vontade do Estado.

A afirmação de que as despesas estão sujeitas a um princípio da legalidade deixa, portanto, de corresponder à exigência de que elas resultem directamente da lei, passando a própria Constituição a admitir expressamente que as despesas possam ter origem contratual e até a sujeitar a decisão orçamental ao respeito pelos contratos do Estado (artigo 105.°, n.° 2).

De qualquer forma, ao pretender-se aferir da legalidade financeira, não se pode ignorar quanto se escreveu no Acórdão n.° 142/94 do Tribunal de Contas (1ª Secção), onde se explicita que "... a ilegalidade duma despesa pública (financeira) pode decorrer não só da desconformidade da sua assunção ou pagamento com normas orçamentais, da contabilidade pública, ou procedimentais (cfr. art. 4.°, n.° 3 do Decreto-Lei n.° 62/92, de 21 de Abril; art. 18.° da Lei n.° 6/91, de 20 de Fevereiro; Lei n.° 8/80, de 20 de Fevereiro; Decreto-Lei n.° 211/79, de 12 de Julho), como também da ilegalidade administrativa "tout court", substantiva ou procedimental do acto ou contrato donde a mesma emerge".

Se é certo que o abandono do entendimento do princípio da legalidade financeira como pressupondo a necessidade de todas as despesas estarem previstas na própria lei levantou problemas e se fez com dificuldades, não se pode ignorar a tendência recente para construir um conceito de legalidade financeira ainda mais afastado do sentido inicial da expressão.

De facto, os desenvolvimentos recentes do direito financeiro, particularmente no que respeita à sua vertente de controlo, têm vindo a acentuar outros condicionalismos que rodeiam a realização de despesas públicas, com relevo para a necessidade de levar em consideração aspectos de economicidade e eficácia.

A penetração das ideias de economicidade e eficácia no direito financeiro português fez-se, em larga medida, pela acção do Tribunal de Contas e pela influência das organizações internacionais de órgãos de verificação financeira [376] e pode dizer-se que representa uma significativa alteração no domínio da contabilidade pública, ainda que esteja só parcialmente realizada.

Parte daqui a ideia de construção de um conceito de legalidade financeira, que seria distinto do conceito tradicional de legalidade, abrangendo não só os aspectos de conformidade com a lei e, muito em especial, com as normas da contabilidade pública, mas também os de conformidade com critérios de correcção financeira e de boa gestão.

Tal construção não vem questionar a sujeição das despesas públicas à exigência de conformidade com a lei, mas apenas alargar o seu âmbito, tornado o princípio da legalidade um conceito mais amplo e exigente.

A legalidade de uma despesa, para efeitos de direito financeiro, continua, então, necessariamente a ter de ser aferida pela sua conformidade com a lei ou, como escreve SOUSA FRANCO, " ... significa conformidade (....) aos critérios definidos pela lei, ou pela ordem jurídica em sentido mais amplo, abrangendo, o que não deixa de ser muito relevante para determinar os limites últimos no caso concreto dos poderes de julgamento do Tribunal de Contas, a legalidade genérica ou conformidade às leis gerais, a legalidade financeira, com conformidade às leis e normas de Direito Financeiro, o cabimento, ou conformidade ao preceito orçamental permissivo em cada ano, no caso específico a despesa, e ainda a regularidade, ou conformidade a regras que não integram o conceito de regularidade, nomeadamente no domínio da contabilidade" [377].

A aceitar-se esta construção, a legalidade financeira importaria sempre dois aspectos distintos: um primeiro, que corresponde à verificação da observância das normas jurídicas reguladoras da actividade em apreço, e um segundo, que pressuporia a apreciação dos aspectos de racionalidade económica e financeira.

Este último aspecto representaria sempre algo mais, em relação ao primeiro, nunca podendo a legalidade financeira identificar-se apenas com racionalidade.

---

[376] Vd., a este propósito, Intosai, *Conclusões dos Congressos*, cit..

[377] «O Tribunal de Contas na Encruzilhada Legislativa», prefácio a JOSÉ TAVARES - LÍDIO MAGALHÃES, *Tribunal de Contas. Legislação Anotada*, Coimbra, Almedina, p. 28.

Naturalmente que estamos numa área de profunda convergência entre o direito financeiro e o direito administrativo, uma vez que se é certo que a legislação reguladora da realização de despesas públicas, resultante aliás, da transposição de directivas comunitárias, não deixa de relevar para efeitos financeiros, ela é, na sua essência, de direito administrativo.

No entanto, tal convergência apenas serve para acentuar as profundas ligações entre os dois ramos do direito, procurando-se aproveitar os conhecimentos de direito administrativo já obtidos pelos alunos.

Do mesmo modo, não se poderá ignorar que o respeito pelo princípio da legalidade administrativa é pressuposto da validade de qualquer acto administrativo, o que atesta bem a importância do princípio [378].

---

[378] FRANCISCO BOHOYO CASTAÑAR, *El Principio de la Legalidad Financiera como Presupuesto de Validez del Acto Administrativo*, Madrid, Instituto de Estudios Fiscales, 1986, para uma demonstração aprofundada deste ponto de vista.

CAPÍTULO II

Receitas Tributárias

Generalidades

Ao iniciar o estudo das receitas tributárias é adequado fazer a avaliação da diferente importância que, desde sempre, foi atribuída a este capítulo nos manuais de inspiração anglo-saxónica e nos restantes, sendo evidente a maior preponderância desta matéria nos primeiros, enquanto que os segundos lhe dispensam, por regra, um tratamento aligeirado, confiando, porventura, no estudo feito na disciplina de direito fiscal.

É na segunda linha de orientação que se insere a presente proposta de programa, assente em alguma compressão da matéria, por forma a evitar duplicações com o direito fiscal e atenta a circunstância de certos aspectos, especialmente relevantes, serem abordados na terceira parte do curso idealizado.

Gostaria, ainda assim, de sublinhar que não se afigura possível uma compreensão exacta das finanças públicas, sem uma boa percepção do sistema fiscal vigente e dos problemas com que se debate e que o estudo da matéria nesta disciplina pode assumir uma perspectiva normativa mais dificilmente enquadrável na de direito fiscal.

Não se pode, por outro lado, deixar de alertar para que se trata de uma área de enorme permeabilidade a factores ideológicos e políticos, o que tornou muito sensível a sua evolução ao longo dos anos e originou diversos e acalorados debates.

Independentemente de quanto fica dito, importará afirmar que, quer as finanças públicas continuem a coabitar com o direito fiscal, como sucede no actual plano de curso, quer se venha a estar em presença de duas cadeiras autónomas, como me parece preferível, sempre haverá que evitar sobreposições, que aconselham a que, por exemplo, se suprima a matéria de técnica tributária, tradicionalmente aqui leccionada, mas que representaria uma duplicação, tanto mais de evitar quanto se reconhece a escassez do tempo para assegurar o que se considera integrar as necessidades de formação de base na área das finanças públicas e do direito financeiro.

Matérias haverá em que não será possível evitar totalmente as sobreposições, mas tentar-se-á, neste caso, um ângulo de análise diverso, subordinando a leccionação das áreas eventualmente duplicadas a uma finalidade distinta da dominante no direito fiscal.

1. Impostos e outras figuras tributárias

Começará por se chamar a atenção dos alunos para a importância do Estado Fiscal, entendido como o modelo paradigmático dos actuais Estados de regime capitalista liberal, em que o financiamento público é assegurado através de prestações exigidas aos cidadãos. Será, ainda, dada uma especial atenção às condições históricas da sua emergência, que se confunde com a do próprio Estado moderno.

Falhadas as tentativas de identificar os impostos com a parcela da riqueza que os contribuintes estariam dispostos a afectar à satisfação pública de necessidades [379], nem por isso se deixou de fundamentar o dever de pagar impostos na necessidade de organizar a cobertura da despesa pública.

Na medida em que os impostos constituem um dos mais antigos instrumentos financeiros de que há notícia, mal ficaria se não se fizesse um breve excurso histórico sobre as suas modalidades e regimes que, em muitos casos, lançarão luz sobre soluções adoptadas posteriormente.

Depois de uma definição de impostos dentro da linha absolutamente consensual na doutrina portuguesa, proceder-se-á à distinção de figuras afins e à apreciação das diferentes modalidades que podem assumir os instrumentos financeiros susceptíveis de recondução à noção genérica de tributo.

Será assinalado como, mesmo entre as realidades que a doutrina normalmente designa por tributos, coexistem diversas figuras, cujo regime é de difícil unificação e cuja importância variou ao longo dos tempos.

---

[379] Cfr. supra.

Manter-se-á, para efeitos pedagógicos, a repartição tripartida em **impostos**, **taxas** e **contribuições especiais**, expressamente referenciada na Lei Geral Tributária, ainda que sublinhando, quanto a esta última figura, que, apesar das razões de ordem económico-financeira que permitem a sua autonomização, o seu regime jurídico é o dos impostos.

Pode, no entanto, dizer-se que em Portugal, como de resto, na generalidade dos restantes países latinos, a posição maioritária é tradicionalmente no sentido construir uma categoria genérica de receitas tributárias, abrangendo não só os impostos, mas ainda as taxas e contribuições especiais.

Será chamada a atenção para a mais significativa excepção doutrinária entre nós, que é constituída por TEIXEIRA RIBEIRO [380], para quem a taxa "... pode ser alternativamente definida ou como a quantia coactivamente paga pela utilização individualizada de bens semi-públicos, ou como o preço autoritariamente fixado de tal utilização[381].

Será recordado que a classificação tripartida das receitas tributárias viria, entretanto, a ser expressamente consagrada no artigo 4.º da Lei Geral Tributária (aprovada pelo Decreto-Lei n.º 398/98, de 17 de Dezembro)[382].

---

[380] Sobretudo em «Noção Jurídica de Taxa», TEIXEIRA RIBEIRO, *Revista de Legislação e Jurisprudência*, 117, 1984/85, mas também em *Lições de Finanças Públicas*, 3.ª Edição, Coimbra, Coimbra Editora, 1989, pp. 208 e segs.. Esta concepção, minoritária na doutrina, – e cuja génese é compreensível se se tiver em conta que a construção de uma categoria unitária de receitas tributárias esbarra entre nós com as diferenças profundas de regime legal entre impostos e taxas e com a já assinalada indiferenciação legal da figura das contribuições especiais, – teve acolhimento na jurisprudência do Supremo Tribunal Administrativo que, em diversos arestos, reafirmou a qualificação da taxa como preço autoritário. Cfr. por todos, os Acórdãos de 31 de Janeiro de 1975 (Tribunal Pleno) in *Acórdãos Doutrinais do Supremo Tribunal Administrativo*, ano XIV, n.º 167, pp. 1178 e ss.; de 27 de Junho de 1975 (Tribunal Pleno), in *Acórdãos Doutrinais*, ano XV, n.º 169, pp. 124 e segs.; de 9 de Maio de 1978, in *Colectâneas de Jurisprudência*, ano II, 1978, tomo 3, pp. 1091 e segs.; e de 10 de Fevereiro de 1983, in *Acórdãos Doutrinais*, ano XXII, n.º 257, pp. 579 e segs..

[381] No mesmo sentido, CARDOSO DA COSTA, *Curso de Direito Fiscal*, II edição, Coimbra, 1972, p.11.

[382] Dispõe o artigo 4.º, numa solução não isenta de ambiguidades, "1. Os impostos assentam essencialmente na capacidade contributiva revelada, nos termos da lei, através do rendimento ou da sua utilização e do património. 2. As taxas assentam na prestação concreta de um serviço público, na utilização de um bem do domínio público ou na remoção de um obstáculo jurídico ao comportamento dos particulares. 3. As contribuições espe-

A grande distinção será, então, estabelecida entre **impostos** e **taxas**, que correspondem a duas realidades substancialmente diversas, ainda que dominadas ambas pela preocupação de obtenção de receitas, assinalando-se que a esta dualidade de figuras correspondem, entre nós, contrariamente ao que sucede noutros ordenamentos, regimes jurídicos diversos. A circunstância de se dar notícia da existência, a par dos impostos, das taxas e das contribuições especiais, não representa a desvalorização do imposto – receita patrimonial unilateral não punitiva, destinada a assegurar a cobertura das despesas públicas – como a receita tributária por excelência, apenas significando que ela pode coexistir com outras figuras, em que estão igualmente presentes o elemento coercivo e o elemento finalista característicos dos impostos, mas em que aparece atenuada a sua unilateralidade [383].

No que respeita à diversidade do regime jurídico dos impostos e das taxas, o primeiro aspecto a sublinhar é que o princípio da legalidade – pedra angular da fiscalidade – apenas se aplica plenamente aos impostos, sendo a Constituição totalmente omissa quanto ao regime jurídico das taxas, até à revisão de 1997.

A partir dessa revisão, o próprio texto constitucional passou a exigir a definição de um regime geral das taxas pela Assembleia da República, previsão que não teve qualquer consequência prática, continuando-se em presença de um inexplicável vazio legal.

Será, então recordado como, no silêncio da lei, têm sido a doutrina e a jurisprudência a encarregar-se da definição dos grandes traços desse regime, tarefa tanto mais importante quanto, depois de um período de triunfo da progressividade fiscal e das finalidades extra-financeiras dos impostos, se assiste a uma tentativa de reencontrar ligações mais estreitas entre os contribuintes e as despesas públicas, que implicam alguma reabi-

---

ciais que assentam na obtenção pelo sujeito passivo de benefícios ou aumentos de valor dos seus bens em resultado de obras públicas ou da criação ou ampliação de serviços públicos ou no especial desgaste de bens públicos ocasionados pelo exercício de uma actividade são considerados impostos".

[383] No plano científico e pedagógico, não poderá deixar de se concordar com Aníbal Almeida, *Estudos de Estudos de Direito Tributário*, cit., p. 32, quando se refere à atrofia dos estudos sobre taxas, escrevendo: "teríamos, portanto, segundo a perspectiva convencional de base *fiscalista*, claramente delineada, para essa "novidade" do "direito das taxas", *inominado e periférico*, uma *coroa circular vazia* no seu *centro*, tal qual um *bolo rei*".

litação do princípio do benefício, bem como um mais frequente recurso às taxas, instrumentos especialmente utilizados no domínio das finanças locais e dos organismos de regulação.

Alertar-se-á, todavia, os estudantes para que as ambiciosas orientações comunitárias em matéria fiscal poderão vir a reduzir significativamente o papel das taxas no financiamento das despesas públicas, obrigando a rever algumas orientações recentes, que serão explicitadas.

É sabido como a contraposição entre as duas figuras – impostos e taxas – sempre se estabeleceu por recurso à existência de uma contrapartida, reconhecida na segunda, que estaria ausente na primeira e ainda que aperfeiçoamentos doutrinários levaram a afastar do domínio das taxas certas figuras, que representam a mera tributação de situações de riqueza [384].

A circunstância de se falar em contrapartida no caso das taxas é, no entanto, por si só insuficiente, dado que se impõe uma caracterização do que se deve entender por contrapartida.

Serão lembradas as grandes linhas das conclusões que pude extrair do estudo a que procedi nesta matéria [385], quanto àquilo que a jurisprudência e doutrina nacionais estão dispostas a aceitar serem as características das contrapartidas ao pagamento de taxas.

Ainda antes, será referido que a jurisprudência portuguesa tem admitido unanimemente a maior amplitude na discussão sobre a distinção destas figuras tributárias, tendo a Comissão Constitucional [386] sublinhado que "... há verdadeiros impostos que são designados como taxas (é o caso, por exemplo, da taxa militar) e o inverso também ocorre (bastará recordar o imposto de justiça, que é um tributo pago pelos serviços de administração de justiça com a natureza de taxa)"[387].

---

[384] Vd. PAULO PITTA E CUNHA, JOSÉ XAVIER DE BASTO e ANTÓNIO LOBO XAVIER, «Conceito de Taxa e Imposto», *Fisco*, n.ºs 51/52.

[385] «Ainda a Propósito da Distinção ente Impostos e Taxas: o Caso da Taxa Municipal Devida pela Realização de Infra-Estruturas Urbanísticas», *Ciência e Técnica Fiscal*, n.º 380 (1995).

[386] Parecer n.º 30/81, in *Pareceres da Comissão Constitucional*, 17.º volume, p. 89.

[387] A questão da qualificação de determinados tributos como impostos ou taxas tem ocupado amplamente a jurisprudência do Tribunal Constitucional e do Supremo Tribunal Administrativo, como teremos ocasião de ver. Para uma síntese dos principais arestos, cfr. MARGARIDA PALHA, «Sobre o Conceito Jurídico de Taxa», in *Estudos,* (efectuados por ocasião do XX aniversário do Centro de Estudos Fiscais) volume II, Lisboa, 1993, pp. 583 e segs., CASALTA NABAIS, «Jurisprudência do Tribunal Constitucional em Matéria Fiscal»,

Uma primeira ideia força, que será retida a propósito dessa indagação, é a de que as taxas não podem servir para financiar o custo de serviços gerais da Administração, sendo essencial ao conceito de taxa a existência de uma *contraprestação ou sinalagma*.

Um segundo aspecto que se porá em destaque é que a *taxa tanto pode ser originada numa solicitação espontânea como ser imposta por lei*.

Um outro traço típico da contraprestação pública, unanimemente aceite na doutrina e na jurisprudência, traduz-se na circunstância de esta *não haver necessariamente de trazer um benefício para quem paga*, o que é classicamente demonstrado com o recurso ao exemplo da taxa de justiça[388].

Outro sinal distintivo da contraprestação que de alguma forma se conjuga com o anterior, prende-se com a circunstância de *os serviços prestados pelo Estado não terem de reverter em benefício exclusivo daquele que paga a taxa*.

Ainda em ligação com a última característica identificada, pode sublinhar-se uma outra, consistente em *ser legítimo à lei estabelecer uma presunção quanto à existência de benefícios e quanto ao universo dos destinatários*.

Outro traço reconhecido pela jurisprudência é a de que a *satisfação proporcionada pelo serviço público pode ser futura*.

De igual modo, outro traço a reter é o de que *para serem devidas taxas nem sempre é necessária a efectiva utilização dos bens*.

Ainda outra característica a destacar, no sinalagma típico das taxas, é a *inexigibilidade de equivalência económica entre as prestações dos*

---

in *Estudos sobre a Jurisprudência do Tribunal Constitucional,* Aequitas – Editorial Notícias, Lisboa, 1993, pp. 254 e segs..

[388] Cfr., por exemplo, SOUSA FRANCO, *Finanças Públicas,* cit. pp. 63 e segs., TEIXEIRA RIBEIRO, «Noção Jurídica de Taxa», cit., p. 291. Na jurisprudência do Tribunal Constitucional refiram-se os acórdãos n.º 161/87, cit.; n.º 412/87, in *Acórdãos do Tribunal Constitucional,* 13.º volume, pp. 1187 e segs. e n.º 67/90, in *Acórdãos...* 15.º volume, pp. 241 e segs.. Do Supremo Tribunal Administrativo recorde-se, por todos, o citado Acórdão do Pleno de 31 de Janeiro de 1975, a p. 1182. A jurisprudência do Supremo Tribunal Administrativo assinalou, ainda, a propósito da já referida questão do financiamento dos organismos de coordenação económica, que se *não pode pretender que exista sinalagma quando um serviço público apenas se limita à prestação de utilidades indivisíveis,* assim evidenciando, pela negativa, mais um sinal característico da contraprestação.

particulares e os serviços prestados pelo Estado, característica especialmente assinalada na jurisprudência do Tribunal Constitucional[389].

Poderá dizer-se que o Tribunal Constitucional entende o princípio da proporcionalidade numa perspectiva meramente qualitativa, reservando o juízo de inconstitucionalidade apenas para os casos de "desproporção intolerável" ou "violadora do princípio da confiança que vai ínsito na ideia de Estado de direito".

Será, a este propósito, recordado o entendimento perfilhado no Acórdão do Tribunal Constitucional n.º 640/95 (que se pronunciou sobre a constitucionalidade dos aumentos das portagens da ponte sobre o Tejo operados pela Portaria n.º 351/94, de 3 de Junho)[390], onde se pode ler: "em matéria tributária não cabe ao Tribunal Constitucional, em linha de princípio, controlar as opções do legislador ou da Administração nas escolhas que estes fazem para estabelecer o *quantum* dos tributos, quer se trate de impostos, de taxas ou de contribuições especiais (...), conquanto não sejam postergados (...) certos princípios constitucionais de incidência genérica – como os da igualdade ou da proibição do excesso (proporcionalidade)".

O princípio da proporcionalidade é, pois, entendido como um limite ao excesso ou ao arbítrio e não como exigência de um princípio de equivalência ou de cobertura de custos, noções mais exigentes do que a adoptada pelo Tribunal Constitucional [391].

Mas, se é de salientar como se torna especialmente difícil determinar as características e intensidade dessa contraprestação, será realçado o modo como o legislador espanhol lançou mãos a essa tarefa, definindo um princípio segundo o qual as taxas por prestação de um serviço ou pela

---

[389] Vd. Acórdão n.º 410/00 (processo n.º 364/99) in. *D.R.*, II Série de 17 de Novembro 2000, p. 16959 e segs., referente à apreciação da constitucionalidade das normas dos artigos 1.º, 2.º e 3.º do Regulamento da Taxa Municipal de Urbanização da Póvoa do Varzim, que sustentou que o carácter sinalagmático do nexo entre o pagamento desse tributo e a prestação da actividade pelo ente público não é posto em causa se não existir equivalência económica, bastando, essencialmente, a correspondência jurídica.

[390] In *D R*, 2..ª Série, de 20 de Janeiro de 1996.

[391] Apelando a um critério mais exigente de proporcionalidade, impondo a determinação do montante da taxa com base fundamentalmente no valor da vantagem ou benefício proporcionado (princípio da equivalência) ou dos custos ocasionados (princípio da cobertura dos custos) cfr. CASALTA NABAIS, *O Dever Fundamental de Pagar Impostos*, cit., pp. 264 e 265.

realização de uma actividade não poderão exceder, no seu conjunto, o custo real ou previsível do serviço ou actividade em questão ou, na sua ausência, o valor da prestação recebida [392].

A lei espanhola explicita, ainda, os critérios a tomar em consideração para a quantificação da obrigação tributária. Assim, deverão ser tidos em consideração os custos directos e indirectos, inclusive os de carácter financeiro, amortização do imobilizado e, se tal for o caso, os necessários para garantir a manutenção de um funcionamento razoável do serviço ou actividade para cuja prestação ou realização se exige a taxa, independentemente do encargo orçamental com o qual se satisfaçam.

Ao admitir uma amplitude tão grande na fixação das taxas, o Tribunal Constitucional português abre caminho à legitimação de um fenómeno a que se tem vindo a assistir, no sentido da transformação das taxas numa importante fonte de financiamento da actividade pública, que encontra o seu terreno por excelência no domínio das finanças locais e de determinados institutos públicos [393].

Essa tendência permissiva quanto à fixação de taxas poderá, no entanto, vir a conhecer dificuldades por influência do direito comunitário e, em especial, da jurisprudência do Tribunal de Justiça quanto à interpretação da Directiva 69/335/CEE do Conselho, de 17 de Julho de 1969, relativa aos impostos indirectos que incidem sobre as reuniões de capitais [394], com as últimas alterações que lhe foram introduzidas pela Directiva 85/303/CEE do Conselho, de 10 de Junho de 1985 [395].

Em linhas gerais, a preocupação do legislador comunitário – prosseguida através da eliminação dos impostos indirectos até então em vigor nos Estados-membros e pela aplicação, em sua substituição, de um imposto cobrado uma única vez e de nível idêntico em todos os Estados--membros – é a da assegurar a neutralidade fiscal.

Ora, para além da harmonização de impostos, o artigo 12.º, n.º 1, da Directiva contém uma lista exaustiva de imposições, diversas do imposto sobre as entradas de capital que, em derrogação ao disposto nos artigos 10.º e 11.º, podem incidir sobre as sociedades de capitais por ocasião das

---

[392] Artigo 19.º, n.º 2 Ley 8/1989, de 13 Abril, de Tassas y Precios Publicos, com a redacção dada pela Ley 25/1998, de 13 de Julho.

[393] Como sucede, por exemplo, com as instituições reguladoras.

[394] *JO* L 249.

[395] *JO* L 156.

Ensinar Finanças Públicas numa Faculdade de Direito

operações a que se referem estas últimas disposições, falando, a este propósito, de «direitos com carácter remuneratório», susceptíveis de ser
cobrados em cumulação com o imposto.

Nasce daqui uma importante jurisprudência do TJCE, no que diz
respeito à distinção entre impostos e direitos de carácter remuneratório
que, ainda que nunca qualificados como tal pelo Tribunal, correspondem
a verdadeiras taxas, na acepção entre nós utilizada.

No essencial, a posição do TJCE, na sequência do Acórdão
PONENTE CARNI [396], é a de distinção entre as imposições proibidas
pelo artigo 10.º da Directiva e os direitos com carácter remuneratório,
exigindo que estes últimos abranjam apenas as retribuições, cobradas na
altura do registo, cujo montante é calculado com base no custo do serviço
prestado. Uma retribuição cujo montante não tenha qualquer relação com
o custo desse serviço específico, ou cujo montante seja calculado não em
função do custo da operação de que é a contrapartida, mas da globalidade
dos encargos de funcionamento e investimento do serviço relacionado
com a operação, deve ser considerada como uma imposição abrangida
pela proibição instituída pelo artigo 10.º da Directiva.

Tal orientação jurisprudencial veio a ter profundas repercussões em
Portugal, tendo-se repetido nos Acórdãos MODELO, SGPS SA [397] e
SONAE – Tecnologias de Informação SA [398] – e levado a uma profunda
remodelação dos emolumentos dos registos e notariado [399].

Por outro lado, os tribunais nacionais têm aproveitado a jurisprudência comunitária relativamente ao carácter remuneratório, ou não, do tributo, de forma a averiguar a sua conformidade com a Directiva n.º 69/
/335/CEE do Conselho para qualificar outros tributos, alheios a esta questão, como impostos e não como taxas.

Essa tendência jurisprudencial [400] assenta em pressupostos contestá-
veis, pois aplica uma doutrina comunitária respeitante a uma matéria
específica a outras realidades, que em nada se relacionam com a directiva
referida nem com a exigência de uma verdadeira equivalência do tributo
em causa com a utilidade prestada.

---

[396] In *Colectânea de Jurisprudência*, 1993, pp. I-01915 e segs..
[397] In *Colectânea de Jurisprudência*, 1999, pp. 06427 e segs..
[398] In *Colectânea de Jurisprudência*, 2001, pp. 004679 e segs..
[399] Decreto-Lei n.º 322-A/2001, de 14 de Dezembro.
[400] Sentença do Tribunal Tributário de 1.ª instância de Lisboa de 3 de Abril de 2000.

A concluir esta primeira secção serão apresentadas aos estudantes diversas classificações de impostos, atendendo a vários critérios e chamada a atenção para a expansibilidade da figura e para as diferentes opções técnicas que podem ser utilizadas para obter receitas para o Estado, ou outros entes públicos, procedendo-se também a uma primeira distinção dos impostos em função da titularidade ou dos sujeitos activos.

A este propósito serão, também, introduzidas algumas noções essenciais, como a de incidência, matéria tributável ou pressão fiscal, necessárias para o estudo subsequente.

2. Sistemas fiscais

Analisados os vários tipos de receitas tributárias e os problemas por eles suscitados, avançar-se-á a noção de sistema fiscal, entendido genericamente como o conjunto dos impostos em vigor num Estado (ou num determinado espaço fiscal) e a forma como se interrelacionam.

Será, no entanto, lembrada a possibilidade de lançar mão de uma definição mais ampla de sistema fiscal, integrando não só o conjunto de impostos, como ainda o modo como estes se relacionam com as estruturas económicas [401].

Mais importante será o estabelecimento de tipologias de sistemas fiscais, que atendam, por exemplo, ao grau de pressão fiscal (com a separação de sistemas ligeiros, médios e pesados), ou à predominância de determinados tipos de impostos (distinguindo, por exemplo, entre sistemas com maior peso de impostos directos ou indirectos, ou entre sistemas com preponderância da fiscalidade interna ou da fiscalidade que atinge as operações com o exterior[402]).

Seguindo outros critérios, poder-se-ia, também, falar em sistemas fiscais de tipo democrático, em que os impostos seriam legitimados pelo voto popular e sistemas autoritários, resultantes de opções unilaterais, em

---

[4014] SOUSA FRANCO, *Finanças Públicas e Direito Financeiro*, 2.° volume, cit., pp. 167-168.

[402] Ainda que a evolução mundial e o processo de globalização tendam a fazer perder importância a este último tipo de fiscalidade, contrário à liberdade de circulação de bens e serviços, que se vem afirmando com grande vigor sob a égide da Organização Mundial do Comércio.

que não fossem chamados a participar os representantes dos contribuintes ou, em sistemas fiscais redistributivos ou não redistributivos, consoante operassem sobre a forma como a riqueza se divide num determinado país ou não tivessem esse efeito.

Especialmente importante será, entretanto, a chamada de atenção para a diferença conceptual entre a noção de *sistema fiscal real*, que leva em consideração os impostos, tal como existem em determinado espaço, e a de *sistema fiscal ideal*, noção através da qual se pretende exprimir as características que deve ter um sistema fiscal para conseguir prosseguir simultaneamente os interesses do Estado e os dos contribuintes da forma mais satisfatória.

Esse último nível de apreciação conduzir-nos-á à apreciação do problema clássico da determinação das qualidades identificáveis num "bom imposto", que conheceram a sua primeira teorização rigorosa com ADAM SMITH, mas que foram anteriormente pensados por muitos economistas e teóricos políticos, com destaque para os cameralistas e para os mercantilistas.

A questão dos sistemas fiscais é profundamente marcada pela interferência de factores ideológicos e doutrinários, que têm como consequência visível profundas alterações nas concepções dominantes e nas políticas postas em prática, em consonância[403].

Será assinalada a dificuldade de estudar um sistema fiscal abstracto, sem o ligar a um determinado conjunto de objectivos, que constituem a referência para a apreciação das suas características. De facto, o sistema fiscal característico do período das finanças clássicas aparece como necessariamente diverso do sistema implícito na ideia de finanças intervencionistas, podendo-se até conceber um sistema fiscal orientado por finalidades de colectivização, que cumpriria as suas funções, extinguindo-se, por ter determinado o desaparecimento de qualquer base tributável, operando uma mudança de regime económico.

Mesmo se pensarmos na problemática do sistema fiscal com referência ao modelo de economias mistas, ou economias sociais de mercado, que tendem a ser dominantes no espaço geográfico em que nos inserimos, as questões não resultam resolvidas, na medida em que o "trade-off" equidade-eficiência se fará sentir sempre com maior ou menor intensidade.

---

[403] Veja-se o interessante número 84 da *Revue Française de Finances Publiques – Doctrines et Idéologie Fiscales* – Dezembro de 2003.

Será a este propósito recordado como FRITZ NEUMARK, num texto de grande qualidade [404], aponta dezoito princípios a que deveriam obedecer os impostos, para que se pudesse considerar estar em presença de um sistema fiscal ideal e como RICHARD e PEGGY MUSGRAVE[405], naquela que é, provavelmente ainda hoje, a melhor síntese sobre esta matéria, os reduzem aos seguintes seis pontos: garantia de um rendimento adequado; distribuição equitativa da carga fiscal, garantindo a impossibilidade da sua repercussão; minimização das interferências com os mercados perfeitos; adequação aos objectivos de estabilização e crescimento; transparência e redução da discricionariedade na aplicação e redução ao mínimo dos custos de cobrança[406].

A concepção de um sistema fiscal ideal é, aliás, importante porque, como notam RICHARD E PEGGY MUSGRAVE, ainda que o sistema fiscal nacional não tenha sido construído por um "master architect", que apenas levasse em consideração estes objectivos, antes resultando das mais diversas influências económicas, sociais e políticas, essa inspiração nunca deixa de estar presente[407].

De todo o modo, será recordado o alerta de STIGLITZ [408] quanto à necessidade de os economistas não se ficarem pela mera apreciação da inspiração de base das grandes linhas do sistema fiscal em matéria de justiça, mas procurarem indagar se cada opção em concreto é susceptível de ser reconduzida a uma ideia de justiça.

Naturalmente que seria mais fácil a apreciação de um sistema fiscal apenas na lógica de apurar se ele se revela susceptível de produzir os rendimentos necessários ao Estado, podendo então pensar-se que se trataria

---

[404] *Principios de la Imposición*, tradução espanhola, Madrid, Instituto de Estudios Fiscales, 1974.

[405] *Public Finance in Theory and Pratice...*, cit., p. 216.

[406] Numa versão aproximada STIGLITZ, *Economics of the Public Sector*, cit., pp. 456 e segs., aponta as seguintes cinco características desejáveis de um sistema fiscal: eficiência, envolvendo a necessidade do sistema não introduzir distorções e, se possível, contribuir para a eficiência economia; simplicidade administrativa; flexibilidade, permitindo a adequação a diferentes circunstâncias; responsabilização política, envolvendo a transparência e justiça com o tratamento igual daqueles que estão em situações iguais e exigindo mais aos que podem pagar mais.

[407] Idem.

[408] *Economics of the Public Sector*, cit., p. 479.

de reduzir esta problemática à aptidão das figuras tributárias escolhidas para proporcionarem receitas elevadas.

Mas, mesmo aí, o nível de rendimento necessário dependerá sempre do modelo de sociedade que se pretende construir e que justificará diferentes níveis de tributação, podendo um mesmo tipo de organização dos impostos proporcionar a um dado Estado rendimentos elevados e, a outro, rendimentos insuficientes [409].

Por outro lado, não se deixará de advertir para que a questão da obtenção de um nível de receita mais elevado pode não resultar de aumentos da carga fiscal que, a partir de determinados valores, se podem revelar insusceptíveis de gerar acréscimos de receita.

Essa percepção vinha levando de há muito os financeiros a definirem limites até aos quais seria admissível que a carga fiscal pudesse subir, mas que não poderiam ser superados.

Nessa sequência, será evocada a chamada curva de LAFER, com a qual se procurou demonstrar que uma descida dos impostos seria susceptível de gerar um aumento das receitas fiscais, em resultado do crescimento da actividade económica que induziria, sendo assinalada a falta de base empírica segura dessas posições [410].

Mas, o problema torna-se claramente mais complexo se se introduzirem questões de eficiência, relacionadas com o efeito que os impostos produzem na actividade económica e que, de imediato, podem fazer surgir conflitos de objectivos.

A complexidade é, ainda, sensivelmente aumentada se introduzirmos elementos relacionados com a forma de repartição dos impostos entre os indivíduos isoladamente ou entre grupos sociais ou regiões, levando em conta considerações redistributivas.

Com todas essas advertências, concentraremos o estudo em três aspectos fundamentais: o da justiça, o da eficiência e o da transparência do sistema, procurando determinar conteúdos mínimos de cada uma dessas noções, quando aplicadas à obtenção de receitas por via tributária.

---

[409] Mesmo sem entrar em consideração com as diferentes estruturas económicas.

[410] Vd. ALBANO SANTOS, *Teoria Fiscal*, Lisboa, ISCSP, 2003, pp. 463 e segs.. Para uma apreciação dos pressupostos e da debilidade da construção de Laffer, vd. PAUL KRUGMAN, *Peddling Prosperity. Economic Sense and Nonsense in the Age of Diminhised Expectations*, New York-London, Norton, 1994, pp. 84 e segs..

O objectivo de justiça é exemplar das dificuldades com que, mesmo assim somos confrontados, na medida em que as concepções de justiça existentes no seio de uma sociedade variam profundamente.

Será recordado como duas grandes respostas foram dadas ao princípio da justiça no estabelecimento da carga tributária: a primeira (teoria do benefício) sustentando que cada um deveria pagar em função das utilidades que retira dos bens públicos e a segunda (princípio das capacidades contributivas), defendendo que cada cidadão deve ser chamado a contribuir para a cobertura dos bens públicos de harmonia com as suas disponibilidades.

Ambas as orientações serão apreciadas nos seus pontos fracos e fortes, partindo da verificação de que o princípio do benefício remonta ainda à tentativa de identificação entre contribuintes e consumidores e se torna extremamente complexo na sua aplicação prática – pelo menos aos bens públicos puros – podendo, por outro lado, induzir situações de profunda injustiça para com os cidadãos mais pobres e inviabilizar quaisquer objectivos de estabilização ou redistribuição económica do sistema financeiro.

Será explicitado que o pensamento de ADAM SMITH, apesar de alguma ambiguidade na colocação do problema [411], marca uma viragem significativa nesta matéria, passando a prevalecer o princípio da capacidade contributiva, em detrimento do do benefício.

Se as dificuldades do princípio do benefício são evidentes e se apenas pontualmente se poderão encontrar impostos directamente por ele inspirados [412], não se deixará de admitir que a sua aplicação poderia contribuir para uma maior eficiência na gestão dos recursos e para uma maior aceitação social da tributação, sendo, aliás, defensável que a sua aplicação está ligada ao ressurgimento do pagamento de taxas em serviços públicos, tema a que voltaremos.

As dificuldades do princípio da capacidade contributiva serão igualmente expostas, registando-se como a sua utilização, conjugada com uma progressividade excessiva, levou a muito do mal estar fiscal actual e às

---

[411] ADAM SMITH afirma, de facto, que os indivíduos deveriam contribuir "in proportion of their respective abilities; that is in proportion to the revenue which they respectively enjoy under the protection of the State", *An Enquiry into the Natures and Causes of the Wealth of the Nations* (1776) reedição de 1937, New York, The Modern Library, p.777.

[412] Caso, porventura, do imposto municipal sobre veículos.

tentativas de regresso a uma ligação mais directa entre os bens e serviços públicos e os seus beneficiários.

Embora os princípios da capacidade contributiva e do benefício sejam apresentados como alternativos, pela generalidade dos autores, não se esquecerá a forte corrente, com especial expressão na doutrina italiana, que procurou criar a ponte entre os dois princípios que, assim, deixariam de se excluir.

É uma construção que foi especialmente trabalhada por GRIZIOTTI, na base da distinção entre a causa primeira e a causa última do pagamento de impostos, identificando aquela com o proveito retirado da prestação de serviços públicos e a segunda com a existência de certas situações reveladoras de disponibilidades para o pagamento dos impostos.

Na medida em que a despesa pública contribui para a obtenção de riqueza pelos privados, poderia, então, dizer-se que se tinha encontrado a ponte lógica entre os dois princípios, estando a capacidade contributiva intimamente relacionada com a utilização dos serviços públicos [413].

A procura dos melhores indicadores para a medida das capacidades contributivas tem, também ela, conhecido respostas diversas, que serão analisadas.

A mais frequente é a que se prende com a tributação do rendimento, que parece revelar com maior clareza e transparência a medida da disponibilidade das pessoas para assegurar a cobertura dos encargos públicos.

O princípio da tributação do rendimento apareceu, durante muito tempo, como a forma mais justa de organizar a tributação, sobretudo quando ligada a formas de progressividade, que inicialmente visaram penalizar a riqueza excessiva, mas que acabaram por se tornar num instrumento normal de obtenção de rendimentos [414].

---

[413] Esta tese foi primeiramente desenvolvida por GRIZIOTTI numa série de artigos, tais como «Il Potere Finanziario», «Intorno all Concetto di Causa nel Diritto Finanziario» e «Il Principio della Capacità Contributive e le Sue Applicazioni», agora todos in *Saggi sul Rinnovamento...*, cit., e depois extremada por MAFFFEZONI, *Il Principio della Capacità Contributiva nel Diritto Finanziario*, Torino, UTET, 1970. Para uma crítica dos seus pressupostos, vd. EMÍLIO GIARDINA, *Le Basi Teoriche del Principio della Capacità Contributiva*, Milano, Giufrè, 1961.

[414] Vd. RICHARD MUSGRAVE, *Fiscal Systems*, New Wave and London, Yale University Press, pp. 132 e segs..

A aplicação deste princípio dá origem a uma forma de tributação que sempre foi acompanhada de um forte debate político e em que autores como KARL MARX, por exemplo, viram uma via para a destruição do capitalismo, potencialidade que a história se encarregou já de desmantelar.

Nos últimos anos, diversos argumentos desde sempre agitados contra este modelo de tributação – desde a possibilidade de dissimulação do rendimento, até ao efeito negativo sobre o aforro e o trabalho – levaram a uma certa crise do modelo e à defesa da tributação preferencial do consumo.

As vantagens desta alternativa parecem ser, como já foi assinalado, a estabilidade, associada à não penalização do aforro e do investimento. São-lhe, no entanto, reconhecidas características especialmente negativas, como o tratamento idêntico de todos os contribuintes, aspecto que se tenta por vezes minimizar com a concessão de um volume significativo de isenções e tratamentos diferenciados, que permitiriam um certa personalização deste tipo de imposto.

A tributação do património pode assumir duas modalidades: uma que incide sobre as transmissões de património e outra que atinge o património imobilizado. Cuidar-se-á, no programa, apenas da última, na medida em que a primeira se reconduz largamente à problemática da tributação do consumo.

Este modelo de tributação, embora levante problemas delicados, pelo seu potencial carácter confiscatório e pela própria dificuldade de identificação do património e de escolha da parcela tributável, apresenta-se, em muitos casos, como uma exigência absoluta de justiça.

Teremos ocasião de sublinhar que, na generalidade dos sistemas fiscais, se conjugam as diferentes modalidades de tributação, numa solução que normalmente assenta de forma mais mitigada nos impostos patrimoniais, nem sempre existentes.

Na tentativa de densificar o conceito de justiça fiscal, seguir-se-á a orientação de SOUSA FRANCO, ao apelar a um conjunto de princípios que o integrariam.

Será, assim, chamada a atenção para a importância da generalidade tributária, entendida quer no sentido de que todos (ou pelos menos todos aqueles que se encontram acima de um certo patamar mínimo de existência) devem pagar impostos e de que não devem existir zonas de riqueza que não sejam objecto de tributação.

A este propósito será, todavia, introduzida a noção de benefício fiscal, serão analisadas as situações que podem determinar a sua concessão e os princípios a que devem obedecer, referenciando-se o Estatuto dos Benefícios Fiscais [415].

Fundamental será, também, o estudo do princípio da igualdade, que assegura a todos os contribuintes o mesmo tipo de acção do Estado. Tal princípio implica, numa primeira formulação, a recusa de estatutos especiais que favoreçam grupos de cidadãos e, em termos modernos, importa o estabelecimento de um sistema que não facilite a evasão ou elisão de certos contribuintes, penalizando outros.

O princípio também não pode deixar de envolver o tratamento igual de quem se encontra em igualdade de condições, mas a maior dificuldade surge na forma de assegurar um tratamento idêntico entre aqueles que dispõem de níveis de rendimento ou riqueza diversos e em relação aos quais uma mera igualdade formal envolveria necessariamente um tratamento desigual.

É sabido que a tributação proporcional representa um primeiro esforço para corresponder à exigência de tratamento igual [416], na medida em que a aplicação da mesma taxa a diferentes níveis de rendimento irá provocar o pagamento de valores de imposto diferenciados e mais pesados sobre os mais ricos, mas não deixará de se assinalar que é o princípio da tributação progressiva, assente num aumento da taxa à medida que aumenta o rendimento disponível, o sistema que se revela mais adequado à garantia da igualdade [417].

Afirmado esse grande princípio, será feita referência à problemática sempre renovada entre defensores de um e outro modelo, aos problemas técnicos da progressividade e às dúvidas que gera no plano do estímulo ao investimento, que têm levado a um clara inversão de sentido nessa matéria.

Também será notado que a ideia de personalização do imposto, que durante largo período de tempo levou a que se optasse por uma maior

---

[415] Sobre esta problemática, remete-se para NUNO SÁ GOMES, *Teoria Geral dos Benefícios Fiscais*, *Cadernos de Ciência e Técnica Fiscal*, n.º 165 (1991).

[416] Vd. A defesa deste modelo em SIDDGWICK, *The Methods of Ethic* (1874), reimpressão de 1981, Indianapolis, Hackett Publishing.

[417] Para a defesa da tributação progressiva, vd. PIGOU, *A Study in Public Finance*, cit..

carga na tributação directa em detrimento da indirecta, é outro ponto actualmente alvo de contestação.

A explicitação das razões que podem levar a privilegiar a tributação indirecta, mesmo em termos de justiça, far-nos-ão aproximar da temática da mobilidade fiscal, que produz efeitos em termos de justiça, pondo designadamente em causa o princípio da generalidade, mas também da eficácia do sistema.

No quadro de economias abertas em que, como se mencionará, se assiste a uma verdadeira competição para atingir os níveis mais baixos de tributação directa, sobretudo em matéria de rendimentos empresariais, será assinalado como a tributação indirecta pode constituir uma resposta, ou parte da resposta.

Este aspecto servirá para introduzir a questão da eficiência medida na lógica da obtenção de receita, que parece envolver a opção por um sistema capaz de proporcionar receitas regulares e seguras aos Estados, o que implica um grande esforço na determinação das figuras tributárias adequadas.

A criação de uma máquina administrativa adequada e de condições de funcionamento da justiça tributária são igualmente pressupostos para que se possa alcançar a eficácia, medida apenas pela obtenção de um elevado rendimento, factores para que se chamará a atenção.

As dúvidas já anteriormente referenciadas a propósito da eficiência económica do sistema fiscal serão retomadas, para acentuar que talvez a forma mais consensual de colocar a questão consista na proclamação de que um sistema eficiente, desse ponto de vista, é o que, ao interferir com a actividade económica, o faça de modo a obter os melhores resultados em termos de maximização do bem-estar ou, pelo menos, de evitar perturbações graves.

Trata-se, todavia, de uma mera declaração de princípio, cujas dificuldades de concretização são por demais evidentes, mas em que se poderão sublinhar alguns aspectos, como o da previsibilidade e o da segurança da carga fiscal.

Quanto à eficiência na óptica social, as dificuldades são evidentes, podendo tentar-se, uma vez mais, refúgio em formulações genéricas – que não afastam a explicitação dos problemas – no sentido de considerar que essa eficiência é atingida quando o sistema fiscal contribui para uma maior coesão social.

Se se abraçasse uma concepção de justiça social do modelo rawlsiano poder-se-ia ir mais longe, sustentando que essa eficiência seria assegurada pela capacidade de introduzir diferenciações no tratamento a favor dos mais desfavorecidos que, no entanto, fossem aceitáveis no quadro do pacto social em que assenta cada sociedade.

Uma última referência que identificámos, coerentemente com a concepção de finanças públicas que perfilhamos, prende-se com a transparência do sistema, valor que se associa a uma perfeita percepção, por parte da sociedade no seu conjunto, da carga fiscal existente, do modo como ela se distribui e até das finalidades a que é afecta, por forma a permitir o exercício da soberania fiscal popular, a efectivar com recurso aos mecanismos da democracia representativa.

3. A Constituição Fiscal

Fixados os grandes princípios norteadores da tributação em abstracto, passaremos a centrar o estudo na constituição fiscal portuguesa, na dupla perspectiva, formal e material [418], tentando determinar em que medida se encontra no texto fundamental correspondência com os valores que ficaram identificados.

A constituição formal recolhe muita da herança tradicional do liberalismo, bem patente em três aspectos que serão isoladas e objecto de uma primeira abordagem, a completar em direito fiscal. São elas: o princípio da legalidade, o princípio da irretroactividade e o princípio da anualidade.

No que respeita ao princípio da legalidade, importará recordar que, em termos gerais, este pode ser entendido em duas perspectivas diferentes, configurando quer um subprincípio de preeminência ou precedência de lei, quer um outro, mais exigente, de reserva de lei [419].

Em matéria fiscal está em causa basicamente o segundo entendimento, que se afirmou historicamente como uma exigência de que a matéria tributária fosse reservada para decisão parlamentar. De facto,

---

[418] Sobre esta distinção, vd. SOARES MARTINEZ, *Manual de Direito Fiscal*, 10.ª edição, Coimbra, Almedina, pp. 101 e segs..

[419] Sobre este ponto, vd., GOMES CANOTILHO, *Direito Constitucional e Teoria da Constituição*, 7.ª edição, Coimbra, Almedina, 2004, pp. 255 e segs..

200   *Eduardo Manuel Hintze da Paz Ferreira*

como é sabido, desde há séculos que se assiste a uma luta no sentido de conseguir impor um princípio de "no taxation without representation", correspondente à ideia de que, sendo o imposto uma amputação da riqueza privada, a sua legitimação deve sempre resultar da aprovação pelos representantes populares [420].

Defender-se-á, no entanto, que a evolução para formas de intervencionismo estatal, em que a parcela da riqueza exigida aos particulares passou a ser cada vez maior, veio a determinar que essa função tradicional cedesse lugar à de garantia e segurança jurídica, que é hoje primacial.

Por outro lado, será posto em destaque que a Constituição Portuguesa, ainda que consagre um princípio da legalidade entendido no sentido de exigência de lei em sentido formal, artigo 165.º, n.º 1, alínea i), concebe tal exigência de forma mitigada, admitindo a concessão de autorizações legislativas ao Governo para legislar em matéria fiscal [421].

Será também assinalado que o princípio da legalidade tributária comporta outra adaptação, resultante da possibilidade de exercício de poderes tributários por parte das assembleias legislativas regionais, defendendo-se que a aprovação por estes órgãos de impostos ou outras matérias com eles relacionados respeita ainda o princípio da tributação mediante o consenso dos cidadãos, na medida em que se trata de assembleias eleitas mediante sufrágio directo e universal.

O quadro legal do exercício destes poderes – Lei de Finanças das Regiões Autónomas (Lei n.º 13/98, de 24 de Fevereiro) – que funcionou como a lei habilitante, integrará ainda o objecto de estudo, sendo sublinhada a recusa do Tribunal Constitucional em aceitar a possibilidade de ser o próprio estatuto de autonomia a desempenhar tal função[422].

Uma apreciação mais concreta sobre a forma como as regiões autónomas têm exercido os seus poderes tributários será remetida para o direito fiscal, recordando-se, em qualquer caso que, até agora, apenas se tem assistido ao recurso a formas de desagravamento fiscal [423].

---

[420] Para uma versão sintética, ver CASALTA NABAIS, *O Dever Fundamental de Pagar Impostos*, Coimbra, Almedina, 1998, pp. 321 e segs..

[421] Vd., a este propósito, ANA PAULA DOURADO, «O Princípio da Legalidade Fiscal na Constituição Portuguesa», in *Perspectivas Constitucionais*, vol. II, pp. 429 e segs..

[422] Acórdãos n.ºs 91/84, de 29 de Agosto de 1984, in *Ciência e Técnica Fiscal*, n.º s 310/312; 348/86, de 11 de Dezembro de 1986, in *D.R.*, 1.ª Série, de 9 de Janeiro e 267/87, in *D.R.*, 1.ª Série, de 31 de Agosto de 1987.

[423] Optando os Açores por reduções indiscriminadas das taxas de imposto (Decreto

Far-se-á uma breve referência à questão do exercício de poderes tributários por órgãos autárquicos, que não reflectem formas de descentralização política, mas de simples descentralização administrativa, recordando-se que o Tribunal Constitucional, pelo Acórdão n.° 57/95 [424], considerou admissível a fixação da taxa em concreto por órgãos locais, desde que se confine a impostos de natureza incontroversamente local e que o intervalo deixado pelo legislador seja um intervalo estreito, compatível com a garantia dada pelo princípio da legalidade.

Merecerá o devido destaque a forma ampla como está consagrado o princípio da legalidade na Constituição, reservando-se para a lei em sentido formal a definição da incidência, da taxa, dos benefícios fiscais e das garantias dos contribuintes (artigo 106.°, n.° 2).

Justificará igualmente menção o direito de resistência, enunciado também em termos muito amplos, uma vez que implica não só a possibilidade de recusa do pagamento de impostos que não tenham sido criados nos termos da Constituição, mas ainda daqueles cuja liquidação e cobrança se não faça nos termos da lei.

A forma como o contratualismo, que tendeu a invadir toda a esfera económica, fez igualmente a sua aparição em matéria tributária, através dos chamados contratos fiscais, que motivam uma séria crise de algumas concepções fiscais sólidas [425], será também objecto de abordagem.

É certo que, em muitos casos, os contratos incidem sobre aspectos não reservados à lei formal, não suscitando, consequentemente, problemas particulares. Ainda assim, não se poderá ignorar que, por vezes, se geram graves dificuldades de compatibilização com a reserva da lei, da mesma forma que não se pode ignorar a cedência de soberania fiscal a que se assiste, quando as assembleias parlamentares são chamadas a aprovar legislação para dar cobertura a contratos previamente negociados pelo Executivo, como sucedeu entre nós com certos contratos de investimento estrangeiro.

Legislativo Regional n.° 2/99/A, de 20 de Janeiro, alterado pelo Decreto Legislativo Regional n.° 4/2000/A, de 18 de Janeiro) e privilegiando a Madeira os sistemas de incentivo ao investimento (Decretos Legislativos Regionais n.°s 18/99/M, de 28 de Junho, 5/2000/M e 6/2000/M, ambos de 28 de Fevereiro). Vd. EDUARDO PAZ FERREIRA, «O Poder Tributário das Regiões Autónomas: Desenvolvimentos Recentes», *Boletim de Ciências Económicas*, vol. XLV-A, 2002.

[424] In *Acórdãos do Tribunal Constitucional*, 30.° vol., 1995, pp.141 e segs..

[425] Vd. CASALTA NABAIS, *Contratos Fiscais. (Reflexos acerca da Sua Admissibilidade)*, Coimbra, Universidade de Coimbra - Coimbra Editora, 1994.

Será, de seguida, sumariamente analisado o problema da proibição da retroactividade fiscal, princípio introduzido expressamente pela revisão constitucional de 1997, mas que vinha sendo reclamado pela doutrina com alguma insistência.

A esse propósito, lembrar-se-á que em Portugal, na ausência de disposição constitucional expressa, a generalidade da doutrina se orientou no sentido da proibição da retroactividade, seguindo embora caminhos justificativos diversos, assentes na interpretação do princípio da legalidade fiscal, da igualdade contributiva ou da proibição de leis restritivas.

Não deixarão de ser recordadas as posições minoritárias de quem defendeu a inexistência de proibição da retroactividade, lamentando embora tal situação – caso de SOUSA FRANCO [426] – ou de quem sustentou – como BRAZ TEIXEIRA [427] – que se tratava de um reflexo do ambiente geral de desvalorização dos direitos fundamentais de natureza privada que caracterizava a constituição económica de 1976.

Será apreciada e criticada a jurisprudência constitucional, que se revelou demasiado permissiva da retroactividade fiscal, facto que provavelmente determinou a reacção do legislador constituinte no sentido de reforçar os direitos dos contribuintes [428].

A manutenção do princípio da anualidade será o último ponto a reter, em relação à constituição fiscal, pelo que representa de herança do classicismo financeiro que, como vimos, encontrou sempre espaço numa constituição financeira e fiscal que se reclama de outro tipo de valores.

Já um sentido completamente inverso pode encontrar-se na constituição fiscal material, que é bastante desenvolvida e através da qual o legislador constituinte fixou princípios orientadores para o sistema fiscal, o que constitui o aspecto mais significativo do texto constitucional em matéria fiscal.

Serão aprofundados alguns aspectos mais controversos da constituição fiscal material e apreciada a forma como as sucessivas revisões cons-

---

[426] «A Revisão da Constituição Económica», *ROA*, ano 42 (1982).

[427] *Princípios de Direito Fiscal I*, 3.ª edição, Coimbra, 1989.

[428] Por todos, será recordado o Acórdão n.º 11/83 do Tribunal Constitucional, onde se reafirmou expressamente a ideia de que "a constituição não garante a irretroactividade da lei fiscal de uma forma global e genérica, acontecendo, porém, que a retroactividade pode ser constitucionalmente ilegítima em certos casos, sobretudo naqueles em que a retroactividade se mostre manifestamente ofensiva das exigências de protecção do contribuinte, exigências que o estado de direito democrático postula".

titucionais os foram atenuando, assumindo um papel neutralizador da versão originária, muito marcada pela interferência de factores extra-financeiros.

Ainda sobre a constituição fiscal e os problemas com que se confronta recordarei o que tive já ocasião de escrever, noutro sítio, e que me permito citar por me parecer da maior importância para a compreensão da matéria.

"Se, como ficou implícito, não simpatizo com o processo de revisão permanente a que tem estado sujeita a Constituição, nem por isso se pode ignorar que alguma da rigidez que caracteriza as constituições financeira e fiscal de 1976, pelo menos na sua componente material mas, porventura, também na formal se revela especialmente inadequada aos novos desafios com que são confrontados todos os Estados e, muito em particular, aqueles que integram a União Europeia.

Desde 1976 ruíram, com efeito, muitas das certezas fiscais em que assentou o texto originário da Constituição e que continuaram, apesar de tudo, a estar subjacentes às várias revisões constitucionais, ao mesmo tempo que surgiram novos problemas que pedem respostas de um tipo diferente.

Três factores fundamentais, a que mais adiante voltaremos, são especialmente determinantes da necessidade de uma nova aproximação à matéria fiscal. São eles o fenómeno da globalização, especialmente na sua vertente financeira, o fenómeno da saturação fiscal e da revisão dos equilíbrios entre sector público e sector privado e, finalmente, o fenómeno da integração económica regional.

Trata-se de aspectos que, como teremos ocasião de ver, inviabilizam largamente um modelo de constituição fiscal que partia do pressuposto de uma economia fechada ou pelo menos protegida do exterior e recolhia a herança generosa dos Estados de bem-estar assentes numa espécie de contrato social entre contribuintes – cidadãos, na sua larga maioria – e o Estado prestador de um nível elevado de serviços públicos" [429].

Qualquer que seja a avaliação do texto constitucional fiscal não se deverá esquecer que foi à sua sombra que se desenvolveu – com grande atraso é certo – a reforma fiscal de 1988, fruto do trabalho de uma Comis-

---

[429] «Em Torno das Constituições Financeira e Fiscal e dos Novos Desafios na Área das Finanças Públicas», in JORGE MIRANDA (organizador), *Nos 25 Anos da Constituição da República Portuguesa de 1976*, Lisboa, AAFDL, 2001, pp.6-7.

são presidida por PAULO DE PITTA E CUNHA e que ficará na história da fiscalidade como uma referência marcante, por ter introduzido o modelo de tributação única e contribuído para uma forte modernização do sistema tributário.

Foi já notado que a versão originária da Constituição revelava uma grande permeabilidade aos valores extra-financeiros, nas disposições relativas à matéria tributária. A título exemplificativo, poder-se-á evocar o artigo 106.º, n.º 1, correspondente ao actual 103.º, n.º 1, que dispunha que o sistema fiscal seria estruturado por lei com vista à repartição igualitária da riqueza e dos rendimentos e à satisfação das necessidades financeiras do Estado, redacção que sobreviveu à revisão constitucional de 1982, que se orientou, sobretudo, para a revisão de aspectos do sistema político, subalternizando as questões da organização económica e financeira.

Coerentemente com o carácter compromissório da Constituição, a assunção desse objectivo nivelador da riqueza com recurso à via fiscal corria em paralelo com a exigência de respeito pelo princípio da legalidade, confirmando a ideia de que os tempos e os modos da construção do socialismo eram deixados na disponibilidade do legislador ordinário.

Por outro lado, se é certo que a redistribuição da riqueza era assumida como objectivo do sistema fiscal no seu conjunto, não se pode daí extrair que idêntico objectivo fosse extensivo a cada um dos impostos, tomados isoladamente, como se sustentou no Acórdão n.º 11/83 do Tribunal Constitucional [430], e se tornou especialmente nítido após a revisão constitucional de 1982.

Ainda assim, será de frisar que, até à primeira revisão constitucional, o artigo 107.º, correspondente ao actual artigo 104.º, impunha o carácter progressivo do imposto sobre o rendimento pessoal, visando limitar os rendimentos a um máximo nacional, definido anualmente por lei; determinava que o imposto sobre sucessões e doações devia contribuir para a igualdade entre cidadãos e previa, como ainda hoje o faz, a oneração dos consumos de luxo.

Os longos anos que decorreram até à reforma fiscal de 1988, marcados por sucessivos e sempre adiados estudos e trabalhos de comissões, mostram bem que nunca houve por parte do poder político vontade de dar execução aos comandos programáticos da Constituição e só já num ambiente totalmente diferente se chegou à reforma de 1988 que, no

---

[430] In *Acórdãos do Tribunal Constitucional*, 1.º vol., 1983, pp.11 e segs..

essencial, visou objectivos muito diversos daqueles que constavam da versão originária da Constituição.

Trata-se de um dos muitos domínios em que o compromisso resultante da versão originária da Constituição se dissolveu na prática, numa constituição real muito diversa, como sucedeu genericamente com as constituições económica e financeira [431].

Será, assim, explicado que, no essencial, as alterações que vieram a ser introduzidas na Constituição tiveram o efeito de a adequar à realidade, conduzindo a um texto – o actual – compatível com as características de uma economia de mercado.

Não se omitirá a existência de posições que contestam a legitimidade de inclusão na Constituição de normas correspondentes à ideia de constituição material, com base no entendimento de que as opções implícitas no conteúdo dessas normas deveriam ser reservados, em cada momento, para o livre arbítrio do legislador, o que implica a recusa de qualquer modelo orientador a nível constitucional. Sustentar-se-á, a este propósito, que tais normas, tal como se encontram hoje desenhadas, são totalmente conformes à ideia de ordenação económica, tão corrente nos nossos dias.

A par com as grandes questões que têm polarizado o essencial do debate fiscal, importa ainda referir alguns outros aspectos, com significado não despiciendo, como a referência ínsita na alínea h) do n.º 2 do artigo 66.º da Constituição a que incumbe ao Estado "assegurar que a política fiscal compatibilize desenvolvimento com protecção do ambiente e qualidade de vida".

Trata-se de uma inovação resultante da revisão de 1997 e que veio fazer com que o nosso texto constitucional seguisse a moderna corrente de utilização do instrumento fiscal para finalidades ecológicas, objectivo que até agora teve uma escassa tradução e teve-o, sobretudo, em matéria de benefícios fiscais [432].

No domínio da constituição fiscal material, convirá também dar atenção à disposição do artigo 86.º, n.º 2, que prevê a concessão de incentivos

---

[431] Cfr. EDUARDO PAZ FERREIRA, *Direito da Economia*, cit.,

[432] Vd., a este propósito, EDUARDO PAZ FERREIRA, «Fiscalidade Ecológica: Uma Ideia em Busca de Afirmação», *Revista do Ambiente e Ordenamento do* Território, n.ºs 6-
-7, pp. 9 e segs..

fiscais às cooperativas, dentro do princípio do tratamento mais favorável do sector cooperativo, que caracteriza a nossa constituição económica.

Finalmente, não se poderá deixar de considerar como princípio integrante da constituição fiscal material a incompressibilidade dos direitos fundamentais por via fiscal, que deve estender-se aos direitos económicos e sociais [433].

As referências à extensão do princípio da igualdade levarão necessariamente a uma apreciação da problemática dos benefícios fiscais, salientando-se que estes e as garantias dos contribuintes estão sujeitos a uma exigência de legalidade.

A justificação para essa exigência assenta na consideração de que as garantias dos contribuintes, assim como os benefícios fiscais, são essenciais para a caracterização do sistema fiscal, o qual deve ser objecto de apreciação global pelos representantes dos contribuintes.

A exigência de aprovação dos benefícios fiscais por lei parece, do mesmo modo, corresponder ao objectivo de marcar a excepcionalidade dessas formas de apoio, característica que, no entanto, será especialmente efectiva no direito fiscal português.

Da Constituição de 1976 não resulta a preferência por qualquer das clássicas modalidades de tributação – rendimento, consumo ou património – ainda que todas elas comunguem da mesma preocupação de justiça e igualdade, valores fundamentais para que aponta a actual constituição fiscal.

Será chamada a atenção para o desenho constitucional, que se orienta para a tributação quer do rendimento das pessoas singulares quer do das colectivas, marcando quanto às segundas preferência clara pelo rendimento real, que tem, no entanto, conhecido escassa tradução.

Será também recordada a alteração da disposição constitucional referente ao imposto sobre o consumo, por forma a permitir a adopção de um imposto com as características do Imposto sobre o Valor Acrescentado. Dar-se-á nota de que, ainda assim, se mantém o essencial das preocupações de justiça social em matéria de impostos indirectos que, como teremos ocasião de explicar, são os mais atingidos pela harmonização comunitária.

---

[433] Nos termos apontados por Casalta Nabais, *Direito Fiscal*, Coimbra, Almedina, 2000, pp. 160-161.

Ensinar Finanças Públicas numa Faculdade de Direito 207

No que respeita à tributação do património, será sobretudo acentuada a alteração introduzida na revisão de 1997, substituindo a referência expressa ao imposto sobre sucessões e doações por uma alusão genérica ao imposto sobre o património, que abriu o caminho para a tão discutida reforma da tributação do património.

Naturalmente não será possível seguir em pormenor o profundo debate travado, mas procurar-se-á chamar a atenção para os aspectos mais relevantes do novo regime da tributação das transmissões patrimoniais.

Evocar-se-á, a este propósito, em tempos de profunda alteração das concepções sobre o Estado Providência e sobre as relações entre o Estado e os contribuintes, a importância que o conhecimento da situação patrimonial do contribuinte poderia ter, não só como forma de oposição à fuga fiscal, mas até de modelação das prestações públicas ao nível de riqueza dos cidadãos[434].

Passadas em revista as principais vantagens que podem ser apontadas a cada modalidade de tributação e a forma como o pensamento financeiro tem evoluído nesta matéria, sublinhar-se-á a posição de neutralidade constitucional que viabiliza uma grande margem de manobra para o legislador ordinário.

As mesmas razões que levaram já a sacrificar o estudo da técnica fiscal, mostram-se igualmente válidas no que toca ao sistema fiscal português, cuja caracterização aprofundada deverá ser feita em direito fiscal [435].

Ainda assim, encontrar-se-á espaço para introduzir a problemática da reforma fiscal, dando conta das principais reformas ensaiadas em Portugal [436] e das condicionantes a considerar neste momento, com relevo

---

[434] Hipótese desenvolvida especialmente por PIERRE ROSAVALLON, *La Nouvelle Question Sociale*, Seuil, Paris, 1995, e colocada entre nós por MEDINA CARREIRA, «Evolução da Tributação do Património», in *As Reformas Fiscais dos Anos 80 e Perspectivas de Evolução*, Associação dos Administradores Tributários Portugueses, Lisboa, 1995, p. 60.

[435] Mesmo sem esquecer a interessante tentativa de reflectir sobre os impostos a partir de uma perspectiva de economia financeira desenvolvida entre nós por ANÍBAL ALMEIDA, *Teoria Pura da Imposição*, Coimbra, Almedina, 2000.

[436] Sobre as duas primeiras reformas, cfr. *As Reformas Fiscais de 1922 e 1929. Cadernos de Ciência e Técnica Fiscal*, n.° 24. Sobre as reformas dos anos sessenta e oitenta as melhores apreciações ficam a dever-se aos seus principais responsáveis. De TEIXEIRA RIBEIRO, ver o conjunto de estudos incluídos no volume *A Reforma Fiscal*, Coimbra Editora, 1989. De PAULO PITTA E CUNHA, *A Reforma Fiscal*, Dom Quixote, 1989 e *A Fiscalidade dos Anos 90 (Estudos e Pareceres)*, Coimbra, Almedina, 1996, e, finalmente,

para a harmonização fiscal comunitária, para a liberdade de circulação de capitais e para as transformações tecnológicas, que põem em causa muito do acervo tradicional da fiscalidade [437].

Deixando por agora de parte algumas matérias, que serão estudadas a propósito dos novos desafios das finanças públicas, acentuar-se-á sobretudo aspectos relacionados com a fiscalidade supra-estadual e com a infra-estadual.

Quanto às limitações supra-estaduais, uma especial atenção será conferida à harmonização comunitária. Trata-se de uma matéria em que se não foi tão longe quanto pretenderia a Comissão, mas em que, mesmo assim, se conseguiram alguns resultados significativos, designadamente no tocante à tributação indirecta.

A integração comunitária tende a limitar a soberania fiscal de cada Estado membro, por enquanto não sob a forma de aparecimento de uma verdadeira fiscalidade europeia, que se lhe sobreponha, mas de um processo de harmonização que limita a margem de decisão [438].

É nítida a resistência dos Estados em ir mais longe nesta matéria, como o atesta a recusa, na revisão do Tratado de Nice, da possibilidade de matérias fiscais (algumas delas de menor importância) serem adoptadas por votações maioritárias, linha que se mantém, aliás, no projecto de Tratado de Constituição para a Europa.

---

sobre as mais recentes tentativas de reforma, Ministério das Finanças, *Estruturar o Sistema Fiscal do Portugal Desenvolvido*, Coimbra, Almedina, 1998.

[437] Isto sem esquecer o pessimismo de autores como ANTÓNIO CARLOS SANTOS, *Da Questão Fiscal à Reforma da Reforma Fiscal*, Lisboa, Rei dos Livros, 1999, p. 17, para quem existe uma questão fiscal em Portugal que tem duas dimensões básicas, sendo a primeira – e mais importante – "...um problema de natureza cultural. Diz respeito à pouca profundidade e à muita ligeireza com que uma questão como a fiscalidade, tão importante para a construção do Estado democrático e social, é geralmente tratada", acrescentando, de seguida: "vários sintomas existem desta doença infantil da nossa democracia. Os impostos são quase sempre apresentados como uma espécie de ataque do Estado à bolsa dos cidadãos, não como o contributo destes para o contrato social de cidadania, não como o preço da solidariedade e da coesão nacional. A evasão fiscal é vista com grande tolerância, como se quem defrauda o erário público iludisse o Estado, merecendo perdão – o velho provérbio "ladrão que rouba a ladrão" – e não os restantes cidadãos e contribuintes".

[438] Vd., BERNARD CASTAGNÈDE, «Souveranité Fiscale et Union Européenne», *Revue Française de Finances Publiques*, n.º 80 (2002), pp. 53-60.

Não existe uma política fiscal comunitária no Tratado, nem na sua versão originária, nem na que resultou das diversas revisões. A matéria fiscal apenas aparece ligada à garantia da liberdade de circulação e de estabelecimento do mercado interno e a referência à harmonização só surge no actual artigo 93.º, anterior 99.º, em relação aos impostos indirectos.

Não se poderá, no entanto, esquecer que a Comunidade, sob pressão da Comissão, viria a reconhecer rapidamente que, mesmo nessa perspectiva instrumental da harmonização fiscal, não se poderiam ignorar os impostos directos, susceptíveis – também eles – de causar entraves às liberdades de circulação, entendimento largamente partilhado pelo Tribunal de Justiça das Comunidades.

Na ausência de disposição que directamente referenciasse a harmonização da tributação directa, a via encetada, desde os primeiros passos, foi a do recurso ao então artigo 100.º, actual artigo 94.º, que se reportava genericamente à aproximação da legislação dos Estados membros.

Serão recordados os primeiros passos e, designadamente, o **Relatório Neumark**, que lançou as bases daquilo que pode ser considerado como a tentativa de definição de uma política fiscal comunitária, sendo especificamente sublinhado que, na lógica do Relatório, essa política não teria de conduzir a um sistema fiscal único e ideal, antes se devendo orientar pela preocupação de harmonizar os impostos nacionais, deixando subsistir as peculiaridades de cada sistema.

Acompanhar-se-á a evolução da harmonização fiscal, baseada, em primeiro lugar, nos impostos indirectos, área em que se pode falar de um relativo sucesso e de uma velocidade apreciável, apesar de todas as dificuldades enfrentadas na passagem do chamado sistema provisório do IVA para o sistema definitivo, ideia que, como teremos ocasião de sublinhar, a própria Comissão parece tentada a abandonar, em benefício de outras soluções que possam obter mais facilmente o consenso dos Estados membros.

Merecerão uma chamada de atenção os progressos particularmente sensíveis em matéria de impostos especiais sobre o consumo, que embora não abrangendo a totalidade das figuras susceptíveis de recondução a essa noção, avançaram desde logo na base da tributação no país de consumo, numa solução apresentada como definitiva, em contraste com o sucedido com o IVA.

O avanço da harmonização nestes impostos deu-se, em larga medida, sob o impulso da jurisprudência comunitária, sendo compreensível a evolução conhecida em 1992, já que se tratava de uma forma de tributação que poderia dificultar profundamente a conclusão do mercado interno.

Dar-se-á conta da pretensão da Comissão, que tentou ir mais longe, subindo as taxas mínimas relativas ao álcool e ao tabaco – evocando para tanto argumentos relacionados com a defesa da saúde e com os problemas de contrabando – e, sobretudo, inovar na área da energia, ultrapassando a actual fase em que apenas os óleos minerais são tributados, para passar a harmonizar os impostos sobre todas as fontes de energia, como forma de garantir a neutralidade na escolha das fontes e de privilegiar as energias limpas.

A tentativa, empreendida pela Comissão, de promover "reformas fiscais limpas", em que a tributação sirva para assegurar o respeito pelo princípio do poluidor pagador, ao mesmo tempo que proporciona resultados que permitam aliviar a carga fiscal, obtendo o chamado efeito de duplo dividendo, é sintomática, aliás, das grandes ambições daquele órgão.

Ao longo da exposição ilustrar-se-á o modo como a Comissão, apesar de todos os revezes e dificuldades, continua a revelar grande capacidade para transformar derrotas em recuos estratégicos e como as suas últimas posições parecem apontar para um projecto fiscal muito ambicioso, que vai muito para além da mera concepção da harmonização como instrumento para a construção de um mercado único.

Num certo sentido, poder-se-á falar de dois períodos no processo de harmonização europeia. Um primeiro, marcado pela ideia de facilitar a circulação de mercadorias e serviços e construir o mercado interno, que está subjacente ao **Relatório Neumark** e mesmo ao **Relatório Burke** de 1980 e um segundo em que a Comissão, embora falando em continuidade e apelando para o respeito pelo princípio da subsidiariedade, lança as vias de uma política mais activa, mesmo que MARIO MONTI, comissário, responsável por essa viragem, procurasse sempre acentuar os elementos de continuidade.

Esta segunda fase começa a desenhar-se com o **Livro Branco sobre Crescimento, Produtividade e Emprego** e vai ter plena tradução no memorando Monti, intitulado **a Fiscalidade na União Europeia,** destinado ao Conselho ECOFIN de Verona de 1996, em que se definem como grandes objectivos de uma política fiscal europeia a estabilização de receitas, o bom funcionamento do mercado único e a promoção do emprego.

Naturalmente que, quando se pensa em harmonização fiscal comunitária, é o imposto sobre o valor acrescentado que ocorre de imediato, quer

Ensinar Finanças Públicas numa Faculdade de Direito 211

porque representa uma importância enorme entre as receitas do Estado, quer ainda por ter sido efectivamente objecto de directivas comunitárias que, em grande medida, lograram alcançar os objectivos definidos.

Mas, ainda que se possa dizer que o IVA representa o mais visível aspecto da harmonização fiscal e, como tal, constitui a sua figura emblemática, não se pode deixar de pensar que ele é igualmente exemplar das dificuldades dessa mesma harmonização, como se procurará ilustrar com a referência às vicissitudes que foi conhecendo o processo de harmonização e que, aparentemente, levaram a Comissão a desistir de projectos mais ambiciosos.

De facto, na comunicação sobre as prioridades da política fiscal europeia para os próximos anos (COM (2001) 260, final, de 21 de Maio de 2001), a Comissão reconhece que "... nos últimos anos, tornou-se evidente que, devido à importância do IVA para as receitas fiscais, a maioria dos Estados membros se mostra relutante em dar o seu acordo às propostas destinadas a instituir o sistema definitivo, com receio de uma perda de receitas fiscais, resultantes da harmonização das taxas e das estruturas de imposto ou de uma redistribuição das receitas fiscais que o regime definitivo exigiria".

Em consequência dessa análise, a Comissão anunciou uma nova estratégia, centrada na melhoria do regime actualmente vigente, passando pela simplificação e modernização de processos, por um reforço do combate à fraude e pela tentativa de encarar os problemas criados pelo comércio electrónico e, em particular, com a possibilidade de o comércio intracomunitário poder vir a ser prejudicado pelas aquisições no exterior.

Também não será descurada a questão da harmonização da fiscalidade directa, em que os resultados parecem ser menos visíveis, mas em que se verificou a aprovação de um Código de Conduta, que representa um primeiro acordo político, a merecer análise.

Em ligação com o Código de Conduta, será estudada a problemática da concorrência fiscal prejudicial, sublinhando-se que a adopção do Código de Conduta pela União Europeia ocorreu ao mesmo tempo que o tema era abordado num âmbito mais vasto, especialmente a partir das iniciativas da OCDE, que visavam disciplinar a existência e funcionamento dos paraísos fiscais em todo o mundo [439].

---

[439] Vd., em especial, PIERGIORGIO VALENTE, FRANCO ROCCATAGLIATA e GIOVANNI ROLLE, *Concorrenza Fiscale Internazionale. Scenari della Fiscalità Comunitária e Riflessi sulle Imprese*, Milano, Il Sole, 24 Ore, 2002.

A OCDE tomou, de facto, a iniciativa de elaborar um relatório que constitui o estudo mais completo sobre a matéria da concorrência fiscal prejudicial – *HarmfulTax Competition: An Emerging Global Issue* – analisando os efeitos da globalização sobre os acordos fiscais celebrados a nível internacional, os factores identificativos dos paraísos fiscais e dos regimes fiscais preferenciais e as recomendações para os combater.

Com base nesse relatório, viria a ser aprovada uma recomendação do Conselho que, à semelhança do Código de Conduta, é um instrumento não vinculativo, porque o Conselho de Ministros da OCDE para tanto não tem poderes.

A proximidade entre as soluções preconizadas nos dois documentos é muito evidente, sendo em especial de referir que foi criado um *forum* destinado a apreciar as práticas de concorrência prejudicial.

A complementaridade entre os dois documentos é, aliás, compreensível, na medida em que se o esforço prosseguido pela Comunidade Europeia não fosse acompanhado fora do território comunitário, se iria criar uma situação em que objectivamente a Comunidade sairia terrivelmente prejudicada, em face da globalização dos movimentos financeiros.

A mudança de posição da administração norte-americana, com as suas implicações negativas para a União Europeia será apreciada, assim como aquilo que parece ser alguma demora de adaptação da União a este novo cenário. Uma referência especial irá para as recentes medidas anti-terrorismo.

Por essa razão será apresentada uma versão crítica da forma como a Comissão tende a aumentar o seu rigor relativamente à observância das disposições do Código de Conduta, sem levar em consideração a verdadeira "desregulação fiscal", que caracteriza todos os restantes espaços. Será ainda lançado um alerta para o pouco interesse que a Comissão tem revelado em desenvolver o regime fiscal mais favorável às regiões ultra-periféricas, para que aponta o Tratado, depois da revisão de Amsterdão.

Se são os condicionantes externos aqueles que mais parecem dificultar a acção dos decisores fiscais nacionais, não se pode igualmente esquecer algumas limitações internas, que foram já sendo assinaladas e que são fundamentalmente o reflexo da opção constitucional por um paradigma descentralizador.

A atribuição às regiões autónomas e às autarquias locais de parcelas das receitas fiscais e mesmo, quanto às primeiras, de formas de exercício do poder tributário devem, nesse contexto, ser levadas em consideração.

Ensinar Finanças Públicas numa Faculdade de Direito

Particularmente interessante é, todavia, a problemática relacionada com o exercício de poder tributário próprio por parte das regiões autónomas, factor que veio quebrar a tradicional unidade do sistema fiscal português e criar espaços tributários diferenciados.

Não estará em causa obviamente um estudo detalhado da fiscalidade regional, mas serão assinalados alguns dos seus aspectos mais significativos, no plano financeiro e jurídico, bem como recordada sumariamente a evolução verificada desde a versão originária da Constituição de 1976, até ao texto actual [440].

Será analisado o quadro regulador do exercício do poder tributário criado pela Lei de Finanças das Regiões Autónomas, sublinhando-se a escassa margem para a criação de novas figuras tributárias.

Uma breve referência à experiência concreta do exercício dos poderes tributários será completada com uma alusão às dificuldades com que esse exercício pode ser confrontado, no plano da harmonização fiscal comunitária.

Sem prejuízo do estudo mais pormenorizado em direito fiscal, não se poderá concluir este capítulo sem uma breve referência às garantias dos contribuintes e aos vários instrumentos internacionais que as consagram, bem como aos problemas de compatibilização dos objectivos de eficácia com os de protecção juridicamente adequada dos contribuintes [441].

---

[440] EDUARDO PAZ FERREIRA, «A Nova Lei de Fianças das Regiões Autónomas», in *Estudos em Homenagem ao Professor Doutor Pedro Soares Martinez*, vol. II, Coimbra, Almedina, 2000 e, ainda, «O Poder Tributário das Regiões Autónomas: Desenvolvimentos Recentes» cit..

[441] Vd., a este propósito, NUNO SÁ GOMES, *Estudos sobre a Segurança Jurídica na Tributação e as Garantias dos Contribuintes*, Cadernos de Ciência e Técnica Fiscal n.º 169 (1993).

CAPÍTULO III

Dívida Pública

A dívida pública teve uma importância fundamental nalguns dos estudos clássicos das finanças públicas portuguesas[442], nos quais era apresentada como o problema financeiro central, ao longo de toda a nossa história.

Consumada a reforma financeira do Estado Novo e reduzidas drasticamente as proporções da dívida, o tema tendeu a perder importância científica, e mesmo quando se assistiu a um crescimento acentuado dos níveis de endividamento, na sequência do 25 de Abril de 1974, não se pode dizer que houvesse um renascimento do interesse científico pela matéria, tal como não o houve quando a contenção do défice se tornou uma prioridade.

Se não se nos afigura correcto atribuir à dívida pública o papel que já assumiu nos estudos financeiros, nem por isso nos parece menos importante chamar a atenção para o conjunto de problemas económicos, éticos, jurídicos e gestionários com que esta receita pública nos confronta. Por isso mesmo lhe dedicámos a nossa dissertação de doutoramento [443], circunstância que leva a que muitas das nossas posições sejam conhecidas e que nos dispensa, de certa forma, de uma apresentação muito minuciosa do capítulo.

Impõe-se, de todo o modo, explicitar as grandes linhas a observar na leccionação do tema, sobretudo em consequência da necessidade de compressão de matérias, face à escassez do tempo disponível.

---

[442] Cfr supra.

[443] *Da Dívida Pública e das Garantias dos Credores do Estado*, cit..

A atenção consagrada à dívida pública – que levou a que, por vezes, os capítulos que lhe eram consagrados se tornassem verdadeiros estudos monográficos – foi acompanhada de dificuldades no seu exacto enquadramento, bem patentes, por exemplo, em TEIXEIRA RIBEIRO, que sempre a tratou à parte das restantes receitas públicas, na base da separação entre receitas efectivas e não efectivas [444].

Pela nossa parte, entendemos que a dívida pública deve ser tratada em conjunto com as restantes receitas públicas, como uma fonte de financiamento que, em conjunto com as demais, os Estados podem utilizar na sua gestão financeira.

Independentemente das questões que serão analisadas neste capítulo, impostos e empréstimos são, de facto, os dois grandes meios de financiamento ao dispor do Estado para a cobertura da despesa pública e, apesar de algum dramatismo que recentemente voltou a ser introduzido em matéria de recurso a empréstimos, por força do triunfo das correntes neoliberais e das imposições do Pacto de Estabilidade, entendo que a dívida é um instrumento que o Estado deve usar na sua manobra financeira, ainda que com a consciência dos problemas especiais que ela suscita.

É de notar que em Portugal, contrariamente ao sucedeu na generalidade dos Estados, se foi mantendo a tradição de falar em crédito público em vez de dívida pública, na base de uma distinção expressa designadamente por SOUSA FRANCO, entre crédito público, entendido como o conjunto das operações de empréstimo público e dívida pública, definida como o conjunto das posições passivas resultantes do recurso ao crédito público [445].

A tradição é, aliás, tão forte que até quando se procedeu à modernização dos órgãos de gestão da dívida se manteve a designação de Instituto de Gestão do Crédito Público, opção porventura motivada pela preocupação de garantir a continuidade com a extinta Junta do Crédito Público, que tradicionalmente tivera a seu cargo tal tarefa.

Afigura-se-nos, no entanto, que a substituição da terminologia crédito público por dívida pública se impõe, não só por razões de clareza, de comparação internacional e de transparência nas contas, mas também para evitar a confusão com a situação em que o Estado se encontra na posição activa, concedendo ele próprio crédito, posição que levanta ques-

---

[444] *Lições..*, cit., pp.185 e segs..
[445] *Finanças Públicas e Direito Financeiro*, vol II, cit., pp. 80 e segs..

tões totalmente distintas daquelas com que o Estado é confrontado quando é o beneficiário das operações.

Se olharmos para as lições de finanças, quer de TEIXEIRA RIBEIRO, quer de SOUSA FRANCO, verificamos que esta será uma das matérias em que os autores procederam a menores actualizações[446], o que eventualmente se torna compreensível pelo facto de, a perspectiva que tem prevalecido, dominada pela dimensão gestionária e tecnocrática, não tornar a matéria aliciante.

O autor do Relatório nutre, como já teve ocasião de explicitar, um especial carinho por este segmento da disciplina [447] e acredita que, na necessária renovação dos estudos de finanças públicas, o debate sobre as questões éticas da dívida pública se apresenta como um caminho particularmente auspicioso, ao mesmo tempo que considera necessário apreciar as profundas alterações de regime jurídico a que se tem assistido, entre nós, nos últimos tempos.

Assim, uma vez fixadas as questões terminológicas a que vimos aludindo, proceder-se-á ao estabelecimento de algumas classificações de dívida pública e dar-se-á um primeiro panorama do estado actual da dívida portuguesa, quer na sua composição, quer na relação do total de dívida acumulado com o PIB.

Serão, de seguida, introduzidas as grandes questões éticas que o autor considera pertinente identificar, começando naturalmente pela da eventual transferência de um ónus financeiro entre gerações, que deu origem a múltiplos estudos, a uma viva polémica e a uma tentativa de verificação empírica que conduz, por vezes, a resultados contraditórios.

---

[446] De resto, em Coimbra se é certo que ANÍBAL ALMEIDA, *Programa*...cit., reabriu a questão da transferência intergeracional da dívida, afastando-se da posição de TEIXEIRA RIBEIRO, numa linha próxima da seguida por BUCHANAN, não se tem assistido a uma modernização significativa do tratamento da matéria, como resulta claramente dos textos de apoio do actual regente ROCHA ANDRADE.

[447] Para além da dissertação de doutoramento, *Da Dívida Pública e das Garantias dos Credores*, cit., o autor consagrou ao tema os artigos «A Dívida Pública. Evolução. Problemas e Perspectivas», *Revista da Banca*, n.° 8 (1988), pp. 47-93, «Regime Jurídico da Emissão dos Empréstimos Públicos», *Revista da Banca*, n.° 19 (1991), «Títulos de Dívida Pública e Valores Mobiliários» *Revista da Banca*, n.° 43, 1997, pp. 27-53 e «Novos Rumos da Dívida Pública», *Livro de Homenagem a Francisco Lucas Pires*, Lisboa, UAL. Por outro lado, presidiu ao grupo de trabalho que preparou o novo regime da dívida pública e fez parte do Conselho Consultivo do Instituto de Gestão do Crédito Público.

Justificar-se-á que seja dada uma especial atenção a este problema clássico das finanças públicas, reaberto, ainda que em perspectivas muito diversas por BUCHANAN [448] e BARRO [449], seguindo-se aqui uma linha de exposição muito próxima da encetada na dissertação de doutoramento e que se preocupa, sobretudo, com os problemas da justiça intergeracional global, que são necessariamente um dos grandes eixos das finanças públicas.

A propósito das questões éticas e sociais que a dívida pública convoca, encetar-se-á, também, o debate sobre os eventuais efeitos perversos no seio de uma mesma geração, uma vez que ao optar por contrair empréstimos, em vez de aumentar os impostos, o Governo pode estar a operar redistribuições injustas de riqueza, penalizando o conjunto dos contribuintes, obrigados ao pagamento de juros à escassa percentagem de prestamistas do Estado.

É o problema classicamente encarado por LAUFENBURGER [450] e, mais recentemente, tratado com especial vigor por FILIPPO CAVAZZUTI [451], cujos textos serão recordados.

Na medida em que a transparência financeira é um valor especialmente caro ao autor, haverá também a preocupação de abordar a questão de saber se o recurso a empréstimos induz fenómenos de ilusão financeira, facilitando o aumento da despesa pública, por força de um efeito de anestesia financeira.

Esta última questão permitir-nos-á a aproximação ao regime jurídico dos empréstimos, dado que, em larga medida, será da conciliação do rigor, da transparência e do respeito pelos poderes parlamentares, com as necessidades de eficácia de um financiamento assente em mecanismos de mercados especialmente dinâmicos e de grande complexidade técnica, que poderá emergir a melhor resposta para esta problemática.

Assinalar-se-á, a este propósito, como as profundas inovações introduzidas pela Lei n.º 7/98, de 3 de Fevereiro (Regime Geral de Emissão e Gestão da Dívida Pública Directa do Estado), procuraram responder a esse desafio.

---

[448] *Public Principles of Public Debt*, Richard Irwin, Homewood, 1958.

[449] «Are Government Bonds Net Wealth?», *Journal of Political Economy*, 82, n.º 6 (1974).

[450] *Dette Publique et Richesse Privée*, tomo III, do *Traité d'Économie et Législation Financières*, 3.ª edição, Paris, 1943.

[451] *Debito Pubblico. Richeza Privata*, Bologna, Il Mulino, 1986.

De qualquer forma e mesmo que o tempo disponível não permita proceder a uma análise histórica da dívida pública portuguesa, não se deixará de fazer uma referência à Lei n.° 1933, de 13 de Fevereiro de 1936, que se manteve na generalidade em vigor, mesmo depois da promulgação da Constituição de 1976, ainda que o Governo e o Parlamento raras vezes tenham observado escrupulosamente os seus comandos, tidos por excessivamente rígidos.

Recordar-se-á, também, o modo como essa situação foi energicamente combatida, a partir de certo momento, pelo Tribunal de Contas, cuja acção viria a determinar a promulgação da Lei n.°12/90, de 7 de Abril [452], que deu início ao processo de "aligeiramento" do regime de emissão dos empréstimos, depois plenamente desenvolvido na Lei n.° 7/98 e ainda mais na sua revisão, ocorrida poucos meses após a entrada em vigor.

Será, de seguida, analisado o tratamento constitucional da matéria, começando por se sublinhar o classicismo da solução acolhida pela Constituição de 1976, que manteve uma ampla reserva de poderes para a Assembleia da República, ainda que em termos que ficam largamente dependentes de desenvolvimentos legislativos e que não são isentos de crítica [453].

Registar-se-á, ainda, o contraste evidente entre o rigor e classicismo do texto constitucional e o escasso interesse consagrado à matéria na prática parlamentar, em coerência, aliás, com o que sucede com a generalidade dos temas de finanças públicas.

Sobre o novo regime de emissão de empréstimos públicos será sustentado que o seu "aligeiramento" foi a consequência necessária da decisão de recurso ao financiamento em condições de mercado, que se verificou ser incompatível com uma interpretação extensiva do conceito de "condições gerais" a aprovar pela Assembleia, ou com formalidades como a declaração de conformidade, pensada em termos totalmente diferentes e de muito maior estabilidade financeira.

A própria supressão do visto prévio, resultante das alterações introduzidas pela Lei n.° 87-B/98, de 31 de Dezembro, acaba por ser compreensível por essa mesma ordem de razões e pela evolução verificada nas formas de controlo a exercer pelo Tribunal de Contas [454].

---

[452] Sobre esta problemática, cfr. EDUARDO PAZ FERREIRA, «Regime Jurídico…», cit..

[453] Ver, EDUARDO PAZ FERREIRA «Em Torno das Constituições Financeira e Fiscal», cit..

[454] Cfr. Supra, Parte I, capítulo IV.

O novo regime de emissão da dívida mantém a tradicional divisão de competências entre a Assembleia da República e o Governo, reservando para a primeira a definição das condições gerais dos empréstimos, e remetendo para o segundo o estabelecimento de condições complementares.

A principal novidade nesta matéria é a referências às condições específicas de cada empréstimo, a estabelecer pelo Instituto de Gestão do Crédito Público, que ganha assim um papel central na política de endividamento, centralidade induzida também pela inclusão, nas suas atribuições, do pode-dever de "propor ao Governo as orientações a prosseguir no financiamento do Estado, tendo em conta o Orçamento do Estado, as condições do mercado e as necessidades de tesouraria (artigo 5.º, n.º 1 do respectivo Estatuto [455]).

Será, ainda, chamada a atenção para a circunstância de a Lei n.º 7/98 não incluir qualquer disposição limitativa do recurso ao endividamento, ainda que definindo princípios de ordem geral que passam, designadamente, pela preocupação do equilíbrio das contas públicas.

Salientar-se-á que a lei veio legitimar a prática de emissão de empréstimos antes da entrada em vigor do Orçamento, que vinha sendo seguida sem qualquer base legal, embora estabeleça um limite máximo que inviabiliza a repetição de situações ocorridas no passado, em que todo o endividamento de um ano era concretizado, ainda antes de autorizado pela Assembleia da República.

Da mesma forma, no artigo 9.º, veio-se prevenir outra possível fonte de dificuldades, permitindo um período complementar, a fixar no decreto-lei de execução do Orçamento, durante o qual é admissível a utilização de autorizações concedidas durante o ano anterior, as quais, aparentemente, teriam caducado, por força do princípio da anualidade.

Como característica básica da nova legislação da dívida, haverá que apontar a sua modernidade e adequação às condições de mercado, visível, por exemplo, na opção de não consagrar um princípio da tipicidade fechada das operações de endividamento. Com efeito, o artigo 11.º, n.º 1, depois de apontar diversas modalidades de dívida, refere expressamente na alínea g), outros valores representativos de dívida, o que permite uma grande flexibilidade, que não pode deixar de ser considerada positiva, sobretudo à luz das preocupações com a minimização de custos e com o melhor escalonamento temporal dos encargos da dívida.

---

[455] Decreto-Lei n.º 160/96, de 4 de Setembro.

Essa lógica de flexibilidade preside também às normas relativas à gestão da dívida, que atribuem ao Instituto de Gestão do Crédito Público uma ampla margem de manobra, em conformidade com os respectivos estatutos e com contrapartida na criação de permanentes fluxos de informação, bem como na previsão de que o Presidente do Instituto seja chamado à Assembleia a explicar as suas opções.

As várias referências que foram sendo feitas ao Instituto de Gestão do Crédito Público aconselham a uma breve apreciação dos seus estatutos, pondo em destaque a ampla independência que lhe foi acordada, ainda que com sujeição a poderes de tutela e a opção por um instituto de tipo empresarial[456].

A profissionalização das estruturas de gestão da dívida pública e a sua separação do Ministério das Finanças é uma solução comum em termos comparados e que dá sequência, de alguma forma, ao que sucedia já com a Junta do Crédito Público. Será, todavia, acentuado como esta instituição, pelo menos até à sua alteração pelas reformas financeiras do Estado Novo, estava especialmente ligada a uma ideia de garantia dos credores, representados na própria junta, a par do Governo e do Parlamento, aspecto que está fora das preocupações que presidiram à criação do Instituto.

A concepção inicial do Instituto de Gestão do Crédito Público como um instituto de características empresariais, dotado de uma grande independência e autonomia, que o aproximava das autoridades administrativas independentes, veio a conhecer uma crise significativa com a promulgação da lei-quadro dos institutos públicos, que não o incluiu entre as entidades beneficiárias de um regime derrogatório susceptível de afastar a aplicação de um conjunto de regras genéricas estabelecidas para os institutos públicos.

A não inclusão do IGCP entre as entidades beneficiárias de regime especial comporta o risco da sua excessiva governamentalização, destruindo o equilíbrio inicial, assente na forte componente de independência técnica que, de alguma forma, era a contrapartida de um certo apagamento do Parlamento.

Os últimos anos têm demonstrado, aliás, a importância de uma gestão eficaz da dívida pública, que pode conduzir a ganhos significativos

---

[456] Como resulta designadamente do seu regime financeiro, que acompanha o das empresas públicas (artigo 2.º dos estatutos).

para o Estado, ao permitir uma correcta utilização dos mecanismos de mercado.

A matéria de gestão da dívida tem sido objecto de especial atenção por parte de instituições como a OCDE [457] e pode dizer-se que se reveste de uma importância fundamental, já que o seu resultado tem reflexos importantes para a generalidade dos contribuintes.

A este propósito, será recordada a variação das técnicas de gestão, que numa primeira fase de recurso ao mercado se orientaram no sentido da diversificação dos instrumentos e da mobilização directa das poupanças e, posteriormente, se viraram para a concentração em poucos instrumentos e no recurso aos intermediários financeiros.

A posição desses intermediários será analisada, com particular relevo para o estatuto dos Operadores Especiais de Dívida Pública e os especialistas em Valores de Tesouro, cujos direitos e obrigações serão avaliados.

No que respeita às modalidades de dívida, será feito um breve excurso histórico, particularmente centrado na reforma financeira do Estado Novo e nas formas de financiamento especialmente estáveis que criou, tais como os certificados de renda perpétua e de renda vitalícia.

Será, de seguida, recordado o período em que a generalidade da dívida pública era colocada junto do Banco de Portugal e das instituições de crédito nacionalizadas, enquanto que o recurso a instrumentos de mercado se verificava apenas em relação à dívida pública externa, que chegou a atingir valores de algum modo preocupantes [458].

Far-se-á uma chamada de atenção para os efeitos negativos dessa solução no plano económico e para a sua contribuição para a inflação e para a redução do investimento privado e apreciado, sumariamente, o processo de transição para um financiamento no mercado.

A caracterização das diferentes modalidades de dívida expressamente referenciadas na Lei Quadro terá lugar neste momento, dando-se nota da legislação reguladora e das suas particularidades, separando-se os dois grandes blocos: dívida negociável (obrigações e bilhetes de tesouro) e não negociável (certificados de aforro).

---

[457] Vd., por exemplo, o estudo *Les Marchés de Titres de la Dette Publique dans les Pays de l'OCDE. Tendances et Changements Structurels Récents*, Paris, 2002.

[458] Cfr. EDUARDO PAZ FERREIRA, «A Dívida Pública. Evolução. Problemas e Perspectivas», cit., pp. 65 e segs..

Explicadas as razões de ordem técnica que levam a preferir o primeiro bloco de dívida, sustentar-se-á a necessidade de manter uma parcela da dívida sob a forma de empréstimos não negociáveis, que pelas suas características não só proporcionam uma aplicação segura às pequenas poupanças, como contribuem para a coesão social, assegurando, ainda, a permanência de hábitos de confiança dos pequenos aforradores relativamente ao Estado, que podem vir a ser úteis em situações de mercado diferentes das actuais.

Dar-se-á nota da crescente uniformização de regimes entre os títulos de dívida pública negociáveis e os valores mobiliários, num movimento que facilita a colocação, respeitando o quadro constitucional, na medida em que o processo de emissão se inicia pela autorização política da Assembleia da República, que assinala que se trata de empréstimos da Nação.

A apreciação das restantes normas da Lei n.º 7/98 e dos diplomas que regulam em concreto cada uma das modalidades de dívida – dos quais estão totalmente ausentes quaisquer cláusulas exorbitantes que atribuam poderes excepcionais ao devedor público – levará a concluir pela natureza jurídica privada do contrato de empréstimo público, posição que defendia já, mesmo antes das alterações legislativas mais recentes [459].

Essa "privatização" do regime jurídico da dívida pública será apresentada aos estudantes como paradigmática das vantagens que o Estado pode obter, por vezes, com o recurso a técnicas de direito privado, desde que assegure a manutenção dos controlos necessários à garantia da prossecução do interesse público.

Não se dará por concluída a abordagem da matéria de dívida pública sem se analisar a sua evolução nos últimos anos e, designadamente, o comportamento em face das exigências de contenção estabelecidas no Tratado de Maastricht e no Pacto de Estabilidade, sendo, a este propósito, fornecidos aos alunos quadros explicativos e aconselhada a consulta dos relatórios do Instituto de Gestão do Crédito Público.

O capítulo será concluído com a apreciação da dívida acessória ou garantida do Estado, que integra as operações em que este, embora não sendo beneficiário de qualquer operação de crédito, pode ser chamado a assegurar os encargos de empréstimos que garantiu e em que se registou o incumprimento do beneficiário principal.

---

[459] *Da Dívida Pública...* cit..

224 Eduardo Manuel Hintze da Paz Ferreira

Recordar-se-á como a Constituição reserva para a Assembleia da República o controlo do montante máximo das garantias do Estado, numa disposição que poderia ter ido mais longe e o modo como subsistiu durante longos anos o regime jurídico do aval do Estado, definido na Lei n.º 1/73, de 2 de Janeiro, de difícil compatibilização com o novo texto constitucional [460] e que viria a estar na origem da algumas polémicas [461].

Será passado em revista o regime jurídico da concessão de garantias pessoais pelo Estado, ou por outras pessoas colectivas de direito público, aprovado pela Lei n.º 112/97, de 16 de Setembro, procedendo-se ao confronto com a proposta do Governo e com os trabalhos preparatórios [462].

Não se deixará seguramente de sublinhar a excepcionalidade desta forma de apoio por parte do Estado, que tem de ser conjugada com a problemática geral dos auxílios do Estado, recordando-se neste ponto que, de acordo com a norma do n.º 2 do artigo 2.º da Lei, "a concessão de garantias pessoais reveste-se de carácter excepcional, fundamenta-se em manifesto interesse para a economia nacional e faz-se com respeito pelo princípio da igualdade, pelas regras de concorrência nacionais e comunitárias e em obediência ao disposto na presente lei" [463].

---

[460] Como sustento em «O Aval do Estado...», *Estudos em Homenagem do Professor Raul Ventura*, Coimbra Editora, 2003.

[461] Vd. JORGE COSTA SANTOS, *O Aval do Estado*, Lisboa, Lex, 2000.

[462] Vd., Ministério das Finanças, *Regime Jurídico das Garantias Pessoais do Estado*, Lisboa, 1997.

[463] Disposição que reproduz quanto o autor propusera no anteprojecto de lei de controlo dos subsídios e subvenções, cfr. «O Controlo das Subvenções Financeiras e dos Benefícios Fiscais» *Revista do Tribunal de Contas*, n.º 1 (1989).

CAPÍTULO IV

Receitas patrimoniais

A análise das receitas públicas não pode ignorar que, nos Estados Fiscais dos nossos dias, excluindo situações excepcionais, o financiamento das despesas públicas é assegurado por receitas de natureza tributária, com natural relevo para os impostos.

Ficaria, ainda assim, o estudo incompleto se não se apreciasse um conjunto de outras receitas de que todos os Estados lançam mão e em que têm naturalmente um especial relevo as que se revestem de natureza patrimonial.

Será recordada a importância de que se revestiram essas receitas antes do advento do Estado liberal e das várias modalidades que, já então, assumiam, remetendo-se um maior desenvolvimento para a bibliografia adequada.

Proceder-se-á à distinção do tratamento do património para efeitos administrativos e financeiros e serão referenciadas as várias formas de património existente, bem como os diferentes problemas que suscitam.

Antes de aprofundar o estudo das receitas patrimoniais será, no entanto, sublinhada a importância do património do Estado, como forma de satisfação das necessidades públicas, em paralelo com a despesa pública, o que não pode deixar de ser levado em conta nas operações de alienação, tantas vezes levadas a cabo.

Mais do que a estritas preocupações financeiras, a gestão patrimonial deverá procurar corresponder à percepção do papel ímpar do património público no domínio da satisfação das necessidade culturais e de lazer, porventura especialmente sensíveis para as classes mais desfavorecidas, o que leva a considerar a importância da problemática redistributiva em matéria de receitas de carácter patrimonial.

As análises até agora feitas tem levado em consideração sobretudo o património dominial, que corresponde ao conjunto de coisas e direitos que estão submetidas por lei ao domínio do Estado e subtraídas ao comércio público, em resultado da sua especial ligação à ideia de utilização colectiva.

Serão, naturalmente, analisadas as sub-divisões do património dominial e apreciado em paralelo o domínio privado do Estado que, levantando problemas de menor complexidade, não deixa de exigir uma gestão igualmente cuidadosa, para a salvaguarda das necessidades públicas.

Do ponto de vista das receitas públicas, será assinalado como o património é susceptível de gerar receitas que podem ter uma natureza meramente privada, como ocorre com as provenientes dos ingressos em bens de domínio cultural ou artístico, ou da venda de produtos do domínio florestal ou agrícola, ou de natureza pública, em que se incluem as importâncias resultantes de concessões de exploração do domínio público.

Mas, a par do estudo das receitas patrimoniais de tipo clássico, importa referenciar aquelas que são proporcionadas pelo património creditício [464], que abrange, do ponto de vista que agora nos interessa, essencialmente o conjunto das empresas de que o Estado é titular e das participações que detém noutras.

Ainda que essas parcelas do património se não destinem exclusiva ou predominantemente a produzir receitas, não se pode ignorar que elas proporcionam ao Estado fluxos financeiros, sob a forma de remuneração de capitais ou de participação nos lucros.

Foi, no entanto, este património creditício que veio a dar origem às receitas patrimoniais mais importantes dos últimos anos, resultantes da privatização de empresas públicas e da alienação de participações sociais.

Trata-se de um fenómeno que se verificou generalizadamente, atingindo os mais diversos sectores da actividade pública e que obedeceu a uma profunda revisão das concepções económicas, mais adequadamente analisada na disciplina de Direito da Economia.

Do ponto de vista financeiro, haverá apenas que assinalar que a opção privatizadora permitiu aos Estados que a exerceram a obtenção de significativas receitas extraordinárias.

---

[464] Seguindo aqui a terminologia introduzida por SOUSA FRANCO, *Finanças Públicas e Direito Financeiro*, cit., p. 312, em detrimento da de património financeiro utilizada na legislação portuguesa.

Será, por outro lado, assinalado que tais receitas obrigaram a uma opção fundamental entre a sua utilização para aligeirar a carga fiscal, ou para reduzir os níveis de dívida pública.

A segunda opção, que corresponde ao modelo que podemos designar de equilíbrio patrimonial, na medida em que a amputação do activo do Estado teve como contrapartida o cancelamento de elementos do passivo, foi a que prevaleceu em Portugal [465].

Será sumariamente recordado que o movimento de privatizações foi, entre nós, complicado e retardado pela existência de uma disposição constitucional que estabelecia um princípio de irreversibilidade das nacionalizações, o qual só viria a ser suprimido na revisão constitucional de 1989.

Desenvolveu-se a partir daí um processo complexo, melhor analisado na cadeira de Direito da Economia, que proporcionou vastas receitas ao Estado, que muito auxiliaram à obtenção dos resultados financeiros que permitiram o acesso de Portugal à União Económica e Monetária.

Serão apreciadas as disposições da lei-quadro das privatizações, que consagram o regime de aplicação das receitas provenientes das privatizações, de harmonia com as exigências de equilíbrio patrimonial e assinaladas algumas dúvidas ou zonas de sombra em torno do destino de algumas dessas verbas, recorrendo-se para tanto à análise do Tribunal de Contas.

O capítulo será, ainda, aproveitado para referenciar receitas de carácter residual, ou que não levantam especiais problemas conceptuais, como as resultantes de transferências internas ou externas, nesse caso com relevo para a União Europeia.

Concluir-se-á, assim, o estudo das formas de financiamento do Estado, procurando dar uma ideia da sua importância relativa em termos quantitativos.

---

[465] Vd. EDUARDO PAZ FERREIRA, «A Afectação das Receitas das Privatizações (Um Parecer)», *Revista do Tribunal de Contas*, n.ºs 7-8 (1990), pp. 3-17.

PARTE III

Os Novos Desafios das Finanças Públicas

Questões introdutórias

Ao longo do programa proposto foram sendo referenciadas as profundas transformações que se têm vindo a verificar, quer nas concepções sobre o papel do Estado na economia, quer nos instrumentos utilizados para essa intervenção e na forma de os conceber.

Não falta mesmo quem, como MICHEL BOUVIER, fale de "um quarto de século de revolução das finanças públicas", revolução que seria consubstanciada na sua progressiva internacionalização e na introdução de profundas alterações no plano interno, na linha do que ficou analisado ao longo do programa [466].

Tais alterações resultaram de uma profunda modificação nas concepções económicas, fruto da especial preponderância das correntes neoliberais, que lograram questionar os resultados do activismo estatal e tornar dominante a percepção de que a utilização de instrumentos financeiros para combater situações indesejáveis, como o desemprego, conduziria sempre a resultados perversos no longo prazo[467].

Essa orientação tem encontrado um terreno fértil em opiniões públicas saturadas com o aumento da carga fiscal, desencantadas com o nível de prestação de serviços públicos e, consequentemente, disponíveis para aceitar receitas contrárias à tradição de intervenção estatal e de altos níveis de tributação.

No panorama actual das finanças públicas, confluem orientações ideológicas defensoras da minimização do papel do Estado, com opções

---

[466] «Un Quart de Siècle de Révolution des Finances Publiques», *Revue Française de Finances Publiques*, n.º 68, Dezembro de 1999, pp. 3 e segs..

[467] ALAN BUDD lucidamente notou, aliás, que mesmo que realmente sejam as preferências dos governos que se alteraram, estes gostam de justificar as suas acções e inacções com a referência a inevitáveis constrangimentos técnicos traduzidos na expressão "Não existe alternativa" «The Conservative Revolution: a RoundTable Discussion», *Economic Policy*, vol. 2, n.º 2 (1987), p. 187.

técnicas que visam tornar a intervenção pública mais racional e eficiente e menos dispendiosa.

Ainda que alguns destes aspectos já tivessem sido anteriormente abordados, afigurou-se-me que a melhor forma de concluir a matéria consistiria na introdução de uma última parte, intitulada "Os Novos Desafios das Finanças Públicas", que tentasse sintetizar genericamente alguns dos principais problemas que se colocam ao futuro das finanças públicas, procurando motivar os alunos para a necessidade de uma reflexão sobre estas questões.

Em tempos de algum pessimismo sobre o futuro destes estudos, de que o autor se fez eco, não parece existir melhor forma de exorcizar os receios, do que ir debatendo as questões da actualidade e antecipando novos caminhos de trabalho.

De facto, leccionar uma disciplina que procura novos rumos e é confrontada com questões vitais para o futuro das sociedades, abrindo um amplo debate com múltiplas perspectivas possíveis, é muito mais estimulante do que ensaiar uma análise rotineira de um quadro de problemas tradicionais.

Os desafios das finanças públicas serão, pois, entendidos como um estímulo ao seu ensino e investigação, estímulo que vai de par com a recusa de acomodação fácil a certezas feitas ou inevitabilidades anunciadas.

Na análise dos novos desafios que se colocam à disciplina optou-se pela separação desta matéria em dois capítulos – um que se ocupa das questões genéricas das finanças públicas no seu conjunto e outro que reflecte mais especificamente sobre os temas da área fiscal – sem contudo ter, em relação a qualquer deles, a preocupação de ser exaustivo, objectivo incompatível com o contexto em que se inserem.

CAPÍTULO I

Neo-liberalismo e finanças públicas

1. Aspectos gerais

O capítulo primeiro parte da verificação de que estamos perante uma situação caracterizada por um refluxo acentuado das políticas públicas e por uma impiedosa crítica das falhas da intervenção pública, que se tem vindo a sobrepor à tradicional análise sobre as falhas do mercado.

Consequência dessa concepção de fundo é, não só o retraimento da actuação económica do Estado, mas também uma profunda alteração das suas formas de concretização, seguindo vias que procuraremos detectar nas suas linhas gerais.

Naturalmente que o pano de fundo em que se enquadra essa evolução é a crise do Estado de Bem-estar, que constitui, no entanto, um tema demasiado complexo para que se possa, neste contexto, proceder ao seu aprofundamento e à apreciação das suas causas, valoradas de formas tão diferentes por autores conservadores e neo-liberais e por autores de inspiração marxista [468].

Este tema poderá, provavelmente ser aprofundado na disciplina de Finanças II, onde tradicionalmente é estudada a matéria da segurança social que lhe é central.

Partir-se-á apenas de uma noção muito genérica de Estado de Bem-estar, como correspondendo àquele em que se assume como objectivo das políticas governamentais o estabelecimento de formas de garantia

---

[468] CLAUS OFFE, *Contradictions of the Welfare State*, 5.ª edição, Cambridge, Massachusetts, MIT, 1993, para uma apreciação dessa diversidade de pontos de vista.

contra a pobreza e de cobertura de riscos sociais [469], assinalando como este modelo, que recebe diversas contribuições inspiradoras [470], se generalizou no século XX na Europa Ocidental, sobretudo após a segunda guerra mundial.

Sublinhar-se-á, de seguida, como este modelo começou a ser contestado a partir da década de setenta, sob a influência de fortes correntes conservadoras, defensoras da contenção da despesa pública e promotoras de uma discussão sobre a legitimidade da actuação do Estado nessa área, até então dada por adquirida.

Assinalar-se-á, por outro lado, como essa contestação saiu fortemente reforçada de um processo de integração económica europeia que minimizou os aspectos sociais e avançou para a construção de uma moeda única, na base de indicadores puramente financeiros, bem como do processo de globalização, que colocou em confronto directo os produtos oriundos de Estados com fortes encargos de natureza social, com outros em que tais encargos ou não existem ou são irrisórios [471].

A importância do modelo de Estado de Bem-estar para a coesão social e para os próprios níveis de produtividade será, de qualquer forma, acentuada, num contexto em que se defenderá a possibilidade da sua sobrevivência, ainda que no quadro de significativas alterações dos mecanismos tradicionais de actuação do Estado, que logram obter consensos que vão para além dos tradicionais conflitos ideológicos [472].

2. Privatização e Regulação Económica

Um primeiro aspecto para que se chamará a atenção dos alunos é a extensão do fenómeno de privatizações que, depois de ter conduzido à venda da quase totalidade das empresas públicas, começou a alastrar

---

[469] Vd. ASA BRIDGES, «The Welfare State in Historical Perspective», *Archives Européennes de Sociologie*, 1961, p. 128.

[470] DIDIER RENARD, «Les Trois Naissances de l'État-Providence», *Pouvoirs*, n.º 94 (2000), pp. 19-29.

[471] Vd., a este propósito, NICOLA ACOCELLA (org.), *Globalizzazione e Stato Sociale*, Bologna, Il Mulino, 1999.

[472] Para uma boa defesa deste ponto de vista, vd. MAURIZIO FERRERA, ANTON HEMERIJCK e MARTIN RHODES, *The Future of Social Europe. Recasting Work and Welfare in the New Economy*, Lisboa, Ministério do Trabalho e da Solidariedade e Celta Editora, 2000.

Ensinar Finanças Públicas numa Faculdade de Direito 235

mesmo a serviços integrados na Administração Pública, como é exuberantemente patenteado pela privatização de prisões, verificada em alguns países e já anunciada entre nós.

Esse movimento constitui a face mais visível de um novo modo de encarar a forma de assegurar o interesse público, que minimiza a produção directa de bens pelo Estado, em favor do estabelecimento de um quadro regulatório.

Defender-se-á, assim, que a regulação económica – cujo estudo mais pormenorizado cabe ao direito da economia – não pode ser ignorada na apreciação dos actuais problemas das finanças públicas, na medida em que tem funcionado como um instrumento decisivo para o redimensionamento do sector público.

Depois de ter feito a sua entrada por via da criação de entidades reguladoras, encarregadas de acompanhar a actividade de determinadas empresas responsáveis pela prestação de serviços de interesse geral sujeitas a processos de privatização, assiste-se, neste momento, a uma tentativa de generalização do fenómeno regulatório, mesmo em sectores como o da saúde e da educação, tradicionalmente entregues a serviços da Administração Pública [473].

A regulação surge não só como uma consequência das privatizações, mas também do desenvolvimento de várias formas de associação dos privados à satisfação de necessidades públicas e, a este título, justifica uma breve referência na cadeira de finanças públicas.

A referência será feita a partir da verificação de que se trata de uma profunda inovação, resultante da importação de um procedimento que é essencialmente norte-americano e se explica por uma tradição cultural muito diversa da europeia.

A chave dessa diferenciação estará, muito provavelmente, na forma como as sociedades europeia e norte americana encaram a problemática do risco [474] e o modo como o procuram distribuir entre os sectores público e privado.

De facto, nos Estados Unidos foi sempre privilegiada uma cultura de risco, em que as empresas privadas tendencialmente enfrentavam todas as

---

[473] Como é o caso da Entidade Reguladora da Saúde (ERS), criada pelo Decreto-Lei n.º 97/2002, de 12 de Abril.

[474] Ver o interessante estudo de PETER BERNSTEIN, *Against the Gods. The Remarkable Story of Risk*, JOHN WILEY, New York, 1996.

236   *Eduardo Manuel Hintze da Paz Ferreira*

dificuldades do mercado, tentando actuar livre e lucrativamente em todas as áreas e contribuindo, por essa via, para a maximização do bem-estar social.

Já na Europa, a tradição vai no sentido de que o Estado assegure uma função protectora do risco, excluindo a actuação económica privada, para garantir que os particulares receberão prestações que, de outra forma, poderiam falhar.

Neste momento de redimensionamento do Estado e em que se repensam tão profundamente as suas funções, fará provavelmente sentido referir o fenómeno regulatório como um dos recursos de que o Estado pode lançar mão, no seu retraimento de fronteiras.

Será, em todo o caso, feito um alerta aos alunos para os problemas próprios da regulação, que levam já alguns autores a falar em falhas da regulação – entre as quais se destaca a possibilidade de captura das entidades reguladoras pelos regulados, ou a falta de responsabilização ("accountability") dos reguladores [475].

3. As novas regras de funcionamento dos serviços públicos

Se a regulação surge como uma consequência natural da privatização e de outras formas de entrada dos privados em sectores tradicionalmente objecto de apropriação e produção pública, importa recordar que, também quanto aos serviços que se mantêm na área pública, se têm vindo a adoptar um conjunto de medidas inovadoras.

Em todas essas experiências será chamada a atenção dos alunos para a omnipresente tendência para a valorização do sector privado e para a tentativa de induzir um fenómeno de mimetismo no sector público, que passaria a funcionar de harmonia com as mesmas regras e, tendencialmente, com a mesma lógica.

O modelo da Nova Zelândia – caso paradigmático de sector público que se moldou em conformidade com estas orientações – muito frequentemente evocado pelos defensores dos novos caminhos da Administração

---

[475] Para uma versão sintética, vd. MICHEL E. LEVINE, «Regulatory Capture», in Peter Newman (org.), *The New Palgrave's Dictionary of the Economics and the Law*, tomo 3, pp. 267-271.

Pública [476], será necessariamente identificado e será transmitida alguma informação aos alunos.

Se o desenvolvimento de muitas destas práticas, tendentes a aproximar os dois universos, está a ter curso nos países desenvolvidos, a sua afirmação começa também a ensaiar-se nos países menos desenvolvidos, com forte carência de capitais, onde, no passado, de uma forma geral, a ajuda externa, canalizada pelas entidades públicas, produziu bem poucos resultados. Um grande impulso nesse sentido tem sido dado pelas organizações económicas internacionais, que recordam o fracasso da intervenção pública, para defenderem uma reformulação da política de ajuda no sentido do fomento das parcerias [477], noção que fez uma entrada triunfal no jargão da política de auxílio ao desenvolvimento.

Será assinalado como essas tendências têm como referência o objectivo de "boa governação", que vem fazendo caminho, sob a égide do Banco Mundial, da OCDE e da Comunidade Europeia, e está na origem de experiências inovadoras, designadamente no domínio da tentativa de criação de lideranças públicas fortes, como forma de corresponder às novas exigências de uma sociedade em transformação [478].

Das muitas experiências (*contracting-out*, contratos de gestão privada de serviços públicos) que poderiam ser analisadas a propósito das transformações do sector público, escolher-se-á a empresarialização de serviços públicos e as parcerias público-privadas.

4. A empresarialização de serviços públicos

Uma das tendências que se pode detectar no pano de fundo que fica traçado aponta no sentido de uma sujeição dos serviços públicos a um regime de direito privado, no que respeita à sua gestão financeira, patrimonial e de pessoal, deixando-os à margem das regras da contabilidade e da contratação públicas.

---

[476] Vd. JONHATAN BOSTON e outros, *Public Management. The New Zealand Model*, Oxford University Press, reedição de 1998.

[477] Para uma apreciação e descrição de algumas experiências, cfr. Penelope Brook e Suzanne Smith, *Contracting for Public Services. Output-Based Aid and its Implications*, World Bank – International Finance Corporation, Washington, 2001.

[478] Vd., OCDE, *Le Secteur Public au XXIème Siècle: Repenser le Leadership*, Paris, OCDE, 2001.

Essa tendência teve, entre nós, uma primeira expressão na criação de institutos, ou na revisão de estatutos de institutos já existentes, num movimento que atingiu uma expressão de tal modo significativa que levou ao repensar das construções dogmáticas dos publicistas, em termos que enquadrassem novas realidades, que dificilmente se reconduziam às características tradicionais dos institutos públicos.

A recente lei-quadro dos institutos públicos orientou-se num sentido profundamente diverso, como já ficou assinalado, apenas permitindo a um escasso número de entidades beneficiar de um regime especial, diferenciado do figurino uniformizador do diploma.

Ao mesmo tempo, optou-se por organizar certos serviços sob forma empresarial, por razões que claramente tiveram o intuito de os excluir do sector público administrativo e, consequentemente da contabilidade relevante para efeitos de aplicação do pacto de estabilidade.

A experiência mais significativa é claramente a dos hospitais-empresas, que veio culminar um processo de sucessivas mutações levadas a cabo desde os finais da década de noventa [479].

O processo, desencadeado pela Resolução do Conselho de Ministros n.º 41/2002, de 14 de Fevereiro [480], traduzir-se-ia na aprovação, em Dezembro de 2003, de um conjunto de decretos-lei que operaram a transformação em sociedades anónimas de trinta e quatro hospitais, integrados no Serviço Nacional de Saúde [481].

Será salientado que a empresarialização não abrangeu todo o universo dos hospitais públicos, tendo ficado consagrada, no Decreto-Lei n.º 188/2003, de 20 de Agosto, a distinção entre hospitais, S. A, e os restantes hospitais, designados por hospitais do Sector Público Administrativo.

Quanto aos hospitais objecto de empresarialização, a opção recaiu sobre a transformação, caso a caso, da sua natureza jurídica, sem alterar a legislação de enquadramento do sector da saúde, para tanto se usando a faculdade conferida pela base XXXVI, n.º 1, da Lei de Bases da Saúde

---

[479] Com experiências como o Hospital de S. Sebastião, em Santa Maria da Feira (Decreto-Lei n.º 151/98, de 5 de Junho), a Unidade Local de Saúde de Matosinhos (Decreto-Lei n.º 207/99, de 9 de Junho) e o Hospital do Barlavento Algarvio (Decreto-Lei n.º 76/2001, de 27 de Fevereiro).

[480] In *D.R.* 1.ª Série-B, n.º 56, de 7 de Março de 2002.

[481] Por todos, veja-se o Decreto-Lei n.º 272/2002, de 9 de Dezembro, que transforma o Hospital Infante Dom Pedro em sociedade anónima.

Ensinar Finanças Públicas numa Faculdade de Direito

(Lei n.º 48/90, de 24 de Agosto) e a autorização concedida no artigo 4.º, n.º 2 da lei do Orçamento para 2002 (Lei n.º 109-B/2001, de 27 de Dezembro).

A legalidade da transformação casuística de cada hospital em entidade pública empresarial parece inquestionável, em face do disposto no artigo 24.º, n.º 1, do Decreto-Lei n.º 558/99, de 17 de Dezembro.

A opção do legislador acabou por se orientar no sentido da criação de empresas públicas sob a forma de sociedades anónimas, em detrimento de outra possibilidade, que chegou a ser colocada em debate – as entidades públicas empresariais – a fim de garantir que o objectivo de "desorçamentação" subjacente não gerasse dificuldades em face do Sistema Europeu de Contas.

Nem por isso, deixará de se defender que a natureza dos hospitais e da actividade por eles desenvolvida, bem como a integração no sistema nacional de saúde, pareceriam apontar no sentido de garantir uma maior possibilidade de intervenção pública, que seria assegurada pelo modelo das entidades públicas empresariais.

Serão apreciados os objectivos visados com esta operação e debatido o Relatório sobre os Hospitais, S.A., referente ao primeiro ano da sua existência [482]

5. Das parcerias público-privadas em especial

A experiência de parcerias público-privadas merecerá uma atenção privilegiada. O modelo experimentado em Portugal constitui uma fórmula intermédia, entre soluções como o *contracting-out* ou a entrega da gestão de serviços públicos a entidades privadas – casos que não envolvem transferência de risco para os privados – e a das privatizações, através das quais se transfere o risco e a própria propriedade.

A ideia de parceria público-privada, para além dos fundamentos de ordem política e financeira que ficaram assinalados, corresponde também a uma certa euforia contratualista [483] que, paradoxalmente, se seguiu à

---

[482] *Hospitais, S.A. Relatório de Actividade do Ano de 2003*, Lisboa, 2004.

[483] A este propósito, cfr. o interessante estudo de RUI ALARCÃO, «Contrato, Democracia, e Direito – Um Esboço», in *Estudos em Homenagem a Cunha Rodrigues*, II volume, cit., pp. 9 e segs..

240   *Eduardo Manuel Hintze da Paz Ferreira*

anunciada morte do contrato [484], emergindo a cooperação público-privada como modelo de contrato social, susceptível de gerar uma nova forma de vida em sociedade, que se substituiria ao Estado de Bem-estar, marcadamente unilateral.

Será chamada a atenção para a posição dos publicistas sobre esta matéria, que se insere, de pleno, no que GOMES CANOTILHO designa pelo **drama do Estado**, o que justifica a grande atenção que vêm consagrando ao tema, defendendo que se não está em presença de uma alteração radical.

Nesse sentido, recordar-se-á a opinião expressa pelo mesmo autor, no sentido de que "o exercício de tarefas públicas por privados não significará sempre uma verdadeira retirada do Estado, mas tão somente a escolha de uma outra forma de prossecução de tarefas públicas. O Estado permanece "responsável", mas a tarefa pode ser prosseguida e executada com mais efectividade, eficiência e economicidade se se adoptarem novos padrões de organização..." [485].

Essa parece ser a linha geral entre os publicistas [486], o que leva a crer que, do seu ponto de vista, tudo se passa como na célebre máxima do príncipe de Salinas, na magnífica obra de Lampedusa.

Será, no entanto, sublinhado que o apelo às parcerias público-privadas surge, sobretudo, como uma consequência da necessidade de redimensionar o Estado e de limitar a despesa pública, mantendo-a dentro de patamares compatíveis com as exigências do Pacto de Estabilidade [487], sendo assim um fenómeno que justifica uma especial atenção por parte dos cultores das finanças públicas.

---

[484] Para uma síntese dessa problemática, vd. EDUARDO PAZ FERREIRA, *Da Dívida Pública...*, cit., pp.334 e segs..

[485] «O Direito Constitucional passa: o Direito Administrativo passa também», in *Estudos em Homenagem ao Prof. Doutor Rogério Soares*, Coimbra, 2001, p. 709.

[486] Ver, ainda, no mesmo sentido, SEBASTIÁN MARTIN-RETORTILLO, «Sentido y Formas de la Privatización de la Administración Pública», in *Os Caminhos da Privatização da Administração Pública (IV Colóquio Luso-Espanhol de Direito Administrativo)*, Coimbra Editora, 2001, pp. 22 e segs. e RUI MACHETE, «O Capital Humano na Função Pública», in *A Administração Pública no Limiar do Século XXI: Os Grandes Desafios*, INA, Oeiras, 2001, p. 62.

[487] ALFREDO SOUSA, «As Parcerias Público-Privadas e o Desenvolvimento. O Papel do Controlo Financeiro Externo», comunicação inédita à conferência *As Parcerias Público Privadas e o Desenvolvimento*, Funchal, Novembro de 2001.

Por outro lado, importará dar nota de que a complexidade das técnicas envolvidas em diversos projectos de parceria, a par com a multiplicação dos contratos em que se vão traduzir, leva a que já tenha sido defendido que se trata de experiências que pulverizam as distinções entre os diferentes ramos de direito [488].

Também será chamada a atenção dos alunos para que, tratando-se de uma figura de origem essencialmente anglo-saxónica, se assiste, por vezes, a dificuldades no seu ajustamento, que justificam o comentário de que, mais do que uma "importação", se está em presença de um "transplante" [489]. Trata-se, porém, de uma verificação que é pertinente em relação à componente da parceria respeitante ao contrato de financiamento, já que, em muitos outros aspectos, se está mais próximo dos tradicionais contratos de concessão [490].

Será ainda feito um alerta para a importância que a Comissão Europeia empresta ao tema, bem expressa na comunicação ao Conselho, Parlamento Europeu, Comité Económico e Social e Comité de Regiões relativo à parceria público-privada no contexto da rede transeuropeia de transportes [491] e em certos aspectos da Comunicação Interpretativa das concessões em direito comunitário dos mercados públicos [492], procurando eliminar eventuais dificuldades que se encontrassem no plano do direito comunitário.

Será referenciada a existência de um conceito amplo e de um conceito restrito de parceria pública, optando-se pelo conceito restrito, sobre o qual se baseará o estudo [493].

Nesse sentido, as parcerias são entendidas como formas de colaboração entre o Estado e as empresas privadas, em volta de projectos comuns, em que as empresas, por regra, disponibilizam o seu conhecimento téc-

---

[488] PAUL LIGNIÈRES, *Partenariats Publics Privés*, Paris, LITEC, 2001, p. 1.

[489] GIAN LUCA RABITTI, «*Project Finance* e Collegamento Contrattuale», *Contratto e Impresa*, ano 12 (1996), n.º 1, p. 225.

[490] Muitos dos contratos que encontramos na prática internacional são, aliás, assimiláveis à figura da concessão. Sobre esta temática, vd. PAUL LIGNIÈRES, *Partenariats Publics Privés*, cit., p. 49.

[491] Documento (COM) 97 453.

[492] *JO* C de 29 de Abril de 2000.

[493] Sobre as diferentes formas de parceria, vd., PAUL LIGNIÈRES, *Partenariats Publics, cit.,* pp. 36 e segs..

nico e capacidade financeira, permitindo ao Estado exercer as suas funções com maior eficácia.

Entre as várias definições correntes será evocada a de VÍTOR BENTO, para quem as parcerias públicas se traduzirão em "investimentos na área das infra-estruturas públicas realizados por recurso ao chamado *project finance*, isto é, através da criação de consórcios empresariais que se encarregam da concretização dos investimentos e da execução do projecto, os quais obtêm o financiamento necessário, pelo qual se responsabilizam e esperam que o projecto gere receitas suficientes para pelo menos e num prazo razoável, ressarcir integralmente as dívidas contraídas" [494].

De qualquer forma, será sublinhado que as implicações financeiras das parcerias para o Estado são muito variadas, podendo ir desde situações em que o financiamento é totalmente público, até outras em que o investimento e a gestão são privados, o que implica a transferência para o sector privado da construção, manutenção e exploração de uma obra pública durante um determinado período de tempo, após o que voltará para a Administração.

É a este último modelo, normalmente designado por *project finance*[495], que se tende a prestar maior atenção, ainda que se reconheça a diversidade de soluções que pode comportar e que integram desde escolhas em que a remuneração do investimento é feita apenas através dos próprios recursos gerados pelo projecto, até outras em que o Estado assume responsabilidades financeiras para com a empresa privada envolvida, hipótese que, por sua vez, poderá assumir diversas modalidades [496].

Naturalmente que, do ponto de vista das finanças públicas, este aspecto é especialmente importante, sendo-o igualmente para o controlo do Tribunal de Contas[497], que tem vindo a dedicar grande atenção à matéria [498], em consonância com a orientação da Organização Internacional

---

[494] «A Desorçamentação...», cit..

[495] A terminologia varia muito. Para uma síntese, cfr. JEFFREY DELMON, *BOO/BOT Projects. A Commercial and Contractual Guide*, Sweet and Maxwell, London, 2000.

[496] Para uma visão integral do Project Finance, desde a concepção até ao financiamento do projecto, vd. IVAN BÉNICHOU/DAVID CORCHIA, *Le Financement de Projets – Project Finance,* Paris, ESKA, 1996.

[497] ALFREDO SOUSA, comunicação citada.

[498] Ver o estudo inédito de MANUEL FREIRE BARROS, JOÃO PARENTE, ALEXANDRA PESSANHA E FERNANDO SILVEIRO, *As Novas Formas de Financiamento Privado da Actividade Financeira do Estado*, Lisboa, 2001.

das Instituições Superiores de Controlo das Finanças Públicas dos Estados membros das Nações Unidas, que aprovaram, em reunião realizada em Seoul, em Outubro de 2001, quarenta e sete directivas sobre as melhores práticas para controlar os financiamentos público-privados e as concessões[499].

Irão ser objecto de análise sintética o Decreto-Lei n.º 86/2003, de 26 de Abril, que define o regime geral das parcerias público-privadas e o Decreto-Lei n.º 185/2002, de 20 de Agosto, que veio regular as parcerias na área da saúde [500].

No que toca ao primeiro daqueles diplomas, será acentuada a sua pretensão em constituir uma lei de enquadramento das parcerias, ao disciplinar os seus principais termos em matéria de concepção, concurso, adjudicação, alteração, fiscalização e acompanhamento [501].

Será ainda referido que a matéria é também tratada legislativamente, por exemplo, nos Estados Unidos pelo *Federal Activities Inventory Reform Act (FAIR ACT)* de 1988, enquanto que, na Grã-Bretanha, a política de *Private Finance Initiative* é objecto de uma publicação que contém as linhas orientadoras, tendo sido criado um serviço público especializado na matéria [502].

---

[499] *Draft Guidelines on Best Practice for the Audit of Economic Regulation and Best Practice for the Audit of Public/Private Finance and Concessions.*

[500] Serão recordados alguns antecedentes, tais como os de diplomas específicos sobre determinadas operações realizadas neste domínio (Ponte Vasco da Gama, Fertagus, e as referências feitas no Plano Nacional de Desenvolvimento Económico 2000-2006, assim como a portaria n.º 680-A/2000, de 29 de Agosto, que estabelece regras de implementação de parcerias para obtenção de apoios do Programa Operacional de Economia (POE). Será ainda recordada a criação, pela Resolução do Conselho de Ministros n.º 162/2001 de 16 de Novembro, de uma estrutura denominada Parcerias na Saúde, destinada a desenvolver e implementar projectos desta natureza na área da saúde.

[501] Para uma análise deste diploma, vd. EDUARDO PAZ FERREIRA – MARTA REBELO, «O Novo Regime Jurídico das Parcerias Público-Privadas em Portugal», *Revista de Direito Público da Economia*, n.º 4 (2003), pp. 63 e segs..

[502] Sobre a experiência inglesa, vd. GRAHAM VINTER, *Project Finance (a Legal Guide)*, 2.ª edição, Sweet and Maxwell, London, 1998 e uma versão sintética em JEFFREY GOH, «Avances en la Colaboración de los Sectores Público y Privado para la Provisión de Dotaciones y Servicios en El Reino Unido: El "Private Finance Initiative" y su Régimen Jurídico», in ALBERTO RUIZ OJEDA e outros, *La Participación del Sector Privado en la Financiación de Infraestructuras y Equipamentos Públicos: Francia, Reino Unido y España*, Instituto de Estudios Económicos, Madrid, 2000, pp. 95 e segs..

Serão, no entanto, questionadas as vantagens desse tipo de legislação, uma vez que se me afigura que, tratando-se de figuras dotadas de grande maleabilidade, seria preferível omitir a legislação genérica de enquadramento, pela sua susceptibilidade de diminuir as potencialidades do recurso às parcerias, sendo suficiente e necessário que, em cada operação concreta, existisse um diploma legal, fixando os aspectos básicos da operação e as formas de salvaguarda do interesse público.

Tendo vingado a opinião contrária, seria porventura útil a definição de sectores vedados a parcerias público-privadas, recordando-se que, diferentemente do que acontece ente nós, o *FAIR ACT* prevê expressamente a existência de áreas tão directamente ligadas ao interesse público que exigem a presença da Administração Pública, não podendo ser objecto de parcerias com os privados.

É certo que a grande volatilidade dos conceitos e práticas nesse domínio implicariam algum risco em tal fixação mas, ainda assim, entendo que deveria ser marcada essa reserva pública.

A apreciação dos casos portugueses de execução de parcerias público-privadas levar-nos-á até uma das experiências que levanta maiores dúvidas – a das SCUT – também ela uma importação de técnicas já ensaiadas noutros países [503].

De facto, no caso das SCUTS, embora o Estado não realize qualquer investimento para a construção de lances de auto-estrada, que é assegurada por uma empresa privada, terá de ressarcir a empresa, no futuro, através do pagamento de uma importância calculada em função dos valores de tráfego registados.

Está-se, pois, numa área em que se poderá pensar que basicamente se assiste a uma operação de engenharia financeira, conducente a uma situação de desorçamentação, com todos os problemas que levanta e que foram já objecto de análise [504].

Para além da publicação de uma lei-quadro, que regula especificamente as parcerias, haverá que sublinhar o modo como a Lei de Enquadramento Orçamental veio disciplinar esta matéria, sob o ponto de vista financeiro, em termos que podem ser considerados rigorosos, ainda que a

---

[503] Vd. EDUARDO PAZ FERREIRA, *Direito da Economia*, cit, pp. 387-388.

[504] Uma modalidade extremada deste tipo de operação é, porventura, a VIALITORAL, na Região Autónoma da Madeira (Decreto Legislativo Regional n.º 21-A/99/M, de 24 de Agosto).

Experiência seja, por enquanto, insuficiente para se apreciar o seu resultado prático.

Importará, então, salientar que a desorçamentação passará a ser bastante mais difícil do que anteriormente, na medida em que o artigo 15.º vai exigir a inscrição orçamental das despesas resultantes dessas operações, prevendo, a alínea d) do n.º 3 dessa disposição, a integração em programas das "despesas correspondentes a contratos de prestação de serviços em regime de financiamento privado ou outra forma de parceria dos sectores público e privado".

A disposição chave é, no entanto, a do artigo 16.º, n.º 2, que determina que "a avaliação da economia, a eficiência e a eficácia de programas com recurso a parcerias do sector público e privado tomará como base um programa alternativo visando a obtenção dos mesmos objectivos com exclusão de financiamentos ou de exploração a cargo de entidades privadas, devendo incluir, sempre que possível, a estimativa da sua incidência orçamental líquida".

A esta deverão, ainda, ser adicionadas as normas constantes do artigo 28.º, alínea e) e do artigo 42.º, que contribuem para a definição de um quadro financeiro adequadamente rigoroso.

Na Lei de Enquadramento Orçamental parece, por outro lado, assumir-se uma posição de princípio neutra em matéria de parcerias, não estimulando o seu aparecimento, contrariamente ao *FAIR ACT*, mas antes sujeitando a um rigoroso escrutínio a sua justificação, que terá de ser encontrada na demonstração da superioridade da solução, em termos de economia, eficiência e eficácia.

6. O pagamento dos serviços públicos

Como foi amplamente assinalado ao longo do curso, o financiamento dos serviços públicos é assegurado, no essencial, pelo recurso aos impostos, ainda que, desde sempre, as taxas tenham tido um papel nesse financiamento.

Tem-se assistido, no entanto, nos últimos tempos, ao surgimento de dúvidas crescentes quanto à legitimidade do financiamento por impostos, quando os serviços prestam utilidades divisíveis, defendendo-se que o custo do serviço, ou pelo menos uma parte significativa, deverá ser assegurada pelos utentes.

Um tanto paradoxalmente, entre nós, a ideia de pagamento, pelo menos parcial, dos serviços pelos utentes, continua ligada a uma consideração da capacidade contributiva, na medida em que se avança no sentido da admissão de contribuições diversificadas em função do nível de rendimentos, o que implicará uma duplicação da progressividade.

Tal objectivo é expressamente assumido no preâmbulo do Decreto-Lei n.º 173/2003, de 1 de Agosto, que regula actualmente as taxas moderadoras e no qual se pode ler "... torna-se necessário proceder a uma dinamização deste instrumento de política da saúde, o que pressupõe um processo que evolua, futuramente, no sentido da redefinição dos valores das taxas, assente em critérios de proporcionalidade e adequação ao rendimento dos utentes".

Três alternativas são, então, possíveis: a manutenção da gratuitidade do fornecimento do serviço, sendo o financiamento assegurado por impostos, o pagamento de um valor abaixo dos custos de funcionamento, ou a cobertura total pelos utentes.

Será chamada a atenção para a multiplicidade das razões que estão na base deste debate, entre as quais sobressai, seguramente, a tentativa de contenção de despesa pública, mas à qual se juntam considerações de justiça, que recuperam parcialmente o princípio do benefício.

Da mesma forma, não podem ser ignorados os argumentos de eficiência económica, que vêm sendo agitados no sentido de evitar situações de congestionamento.

Será sublinhado que o debate se tem orientado, sobretudo nos Estados Unidos, no sentido de contemplar a criação de alternativas de produção privada dos bens que, no entanto, beneficiassem igualmente da intervenção pública, expressa na concessão de subsídios à produção, subsídios aos consumidores, distribuição pública de bens produzidos privadamente ou sujeição a regulação.

A justificação para o recurso à produção privada de bens públicos encontra-se quer na maior eficiência, que seria apanágio do sector privado, quer no aumento da liberdade de escolha dos cidadãos contribuintes, em matérias como, por exemplo, o ensino.

Esse leque de alternativas leva a que as opções a fazer pelos Governos sejam muito mais complexas e sofisticadas do que eram os tradicionais programas de despesa pública, envolvendo a necessidade de determinar a existência de uma razão para a intervenção pública e de uma falha de mercado, a identificação de meios alternativos para a sua resolução e a

Ensinar Finanças Públicas numa Faculdade de Direito   247

apreciação dos seus efeitos, nomeadamente no domínio da equidade e da eficiência [505].

Se essa evolução não é muito difícil de compreender nos Estados Unidos, em face da já assinalada posição do Estado em relação à actividade económica, encontra maiores dificuldades nos Estados europeus, na sua generalidade herdeiros de uma forte tradição estatista e de um modelo de Estado de Bem-estar largamente consolidado.

A opção no sentido da alteração das regras de jogo em matéria de financiamento desses serviços pode aí aparecer como violadora do pacto social em que se fundam as comunidades políticas, podendo ainda ser questionada na perspectiva da ordem constitucional.

Entre nós, a questão é especialmente complexa em face da existência de um conjunto de direitos sociais e culturais garantidos na Constituição, entre os quais se recordará, como exemplos simbólicos, e que têm dado origem a viva polémica, a saúde e o ensino superior.

De facto, ainda que a revisão constitucional de 1989 tenha substituído a garantia de acesso gratuito aos cuidados de saúde por um acesso tendencialmente gratuito (artigo 64.º, n.º 2, alínea a)) e em relação ao ensino superior apenas se exija a garantia de igualdade de oportunidades e a democratização (artigo 76.º, n.º 1), não há dúvida que se colocam alguns limites de ordem jurídica à liberdade de configuração do legislador.

No que respeita aos cuidados de saúde, lembrar-se-á como o problema foi introduzido pela decisão de criar taxas moderadoras no acesso ao serviço nacional de saúde, consubstanciada no Decreto-Lei n.º 330/88, de 11 de Abril [506], que viria a motivar aceso debate, sendo a sua constitucionalidade confirmada pelo Acórdão do Tribunal Constitucional n.º 330/89, de 11 de Abril de 1989 [507].

Será recordado como o acórdão em questão avançou com uma interpretação extremamente hábil da exigência de gratuitidade dos cuidados de saúde, considerando que tal conceito "... ao ser assumido pela Consti-

---

[505] Segue-se aqui uma versão simplificada de STIGLITZ, *Economics of the Public Sector*, cit., pp. 247 e segs.

[506] Uma tentativa anterior de criação de taxas moderadoras por despacho do Ministro dos Assuntos Sociais foi declarada inconstitucional, por razões formais, pelo Acórdão n.º 92/85, de 18 de Julho, in *Acórdãos do Tribunal Constitucional*, volume 5.º, pp. 289 e segs..

[507] In *Acórdãos do Tribunal Constitucional*, volume 13.º, tomo I, 1989, pp. 419 e segs..

tuição, ganha uma conotação "normativa" (lato sensu) e com isso perde a "determinação" absoluta de que aparentemente se revestia". Para o Tribunal não seria aceitável a transferência integral dos custos para os utentes, mas o mesmo não sucede quando se lhes pede uma contraprestação que tem por objectivo a garantia da racionalização do serviço, procurando limitar a sua procura, em casos de desnecessidade.

Será entretanto realçado que, mais importante ainda do que a solução adoptada no caso concreto, é a concepção de direitos económicos e sociais subjacente ao referido aresto e que assenta numa clara distinção do regime dos direitos, liberdades e garantias individuais.

Entendeu, de facto, o Tribunal, coerentemente com o que fizera já em outros casos, que os direitos sociais são direitos, "... cuja *precisa* dimensão está dependente de uma "interposição legislativa", isto é, de uma intervenção subsequente do legislador que a *concretize* (isto é que venha definir as *concretas* faculdades que integram o direito e os *concretos* meios postos para a respectiva satisfação) e, assim, viabilize efectiva e praticamente a possibilidade do exercício do mesmo direito".

Ora, tal leitura, que faz a jurisprudência portuguesa, confrontada com um dos textos constitucionais mais avançados neste domínio, alinhar com as posições tradicionais defendidas pelos sectores mais conservadoras, permite concluir que, no plano jurídico, o decisor financeiro não se debaterá com especiais constrangimentos na eventual reformulação do Estado de bem-estar, como foi sendo construído nas últimas décadas.

É certo que essa interpretação é, de alguma forma minimizada pela circunstância de naquele acórdão se admitir que a Constituição fixa determinadas balizas ou limites à acção do legislador ordinário. Porém, só no Acórdão n.° 148/94, de 8 de Fevereiro de 1994 [508], o Tribunal viria a fazer, a propósito da questão das propinas no ensino superior, uma tentativa para precisar esses limites [509].

Continuando a admitir a possibilidade de este tipo de prestação pública não ser gratuita, o Tribunal fixou como limite a impossibilidade de o legislador ordinário subverter o funcionamento do sistema de ensino

---

[508] In *Acórdãos do Tribunal Constitucional*, volume 27.°, 1994, pp. 77 e segs..

[509] Com voto contra do relator do anterior acórdão, Conselheiro CARDOSO DA COSTA que parece encaminhar-se no sentido de recusar qualquer densidade vinculativa à disposição constitucional que aponta para um ensino tendencialmente gratuito em todos os graus.

Ensinar Finanças Públicas numa Faculdade de Direito 249

público consagrado na Constituição. Para o Tribunal, fundamental é que a actualização do valor das propinas "não atinja aumentos dramáticos".

Será recordado que a questão das propinas, do seu valor e destino, tem continuado a gerar viva polémica no plano jurídico, de que é exemplar o parecer do Conselho Consultivo da Procuradoria Geral da República, de 25 de Setembro de 1995, que considerou inválida uma deliberação do Senado da Universidade de Lisboa que criava um incentivo a atribuir a cada aluno em função dos resultados escolares, dele podendo resultar a devolução das propinas.

Importará, no entanto, não reduzir a questão das propinas do ensino superior público à sua dimensão jurídica, mas antes apreciar as opções políticas e económicas que lhe estão subjacentes, esperando-se que este possa ser um bom tema para discussão com os estudantes.

Como ponto de partida, utilizar-se-ão algumas passagens de um estudo que esteve na origem da alteração do sistema das propinas – *o Livro Branco sobre o Financiamento Público do Ensino Superior. Relatório Preliminar* [510]– designadamente aquela em que os respectivos autores afirmam:

"a gratuitidade do ensino superior, com a actual composição social da população universitária, traduz-se numa distribuição socialmente injusta de rendimentos, motivo pelo qual se entende que a melhor forma de garantir a igualdade de oportunidades é a de fazer recair sobre os utentes e beneficiários das prestações de ensino uma parte não despiciente dos custos, desde que acompanhada por uma política compensatória de bolsas".

O debate assim iniciado, seguramente da maior actualidade e interesse para os alunos, permitirá não só uma apreciação das questões éticas relacionadas com o financiamento, mas também das condições ideais para garantir o melhor aproveitamento do sistema público de ensino superior.

7. A segurança social

Ficou anteriormente analisado, em termos genéricos, o sistema português de segurança social e a forma como a Constituição consagrou a segurança social entre os direitos sociais.

---

[510] Afonso de Barros, Daniel Bessa, José Gomes Canotilho, António Almeida Costa, Diogo de Lucena, Manuel Porto e José Tribolet, Lisboa, Mimeo, 1990.

A solução da Constituição que, em muitos aspectos, constituiu um corte radical com o anterior sistema de previdência, de base corporativa, inseriu-se naquilo que se pode considerar ser o modelo social europeu e sofre o mesmo tipo de contestação que esse modelo tem experimentado por toda a parte.

Nessa contestação conjugam-se posições de natureza ideológica, ligadas à concepção do próprio Estado e preocupações financeiras, resultantes do que se considera ser a insustentabidade do sistema, em resultado das profundas alterações demográficas e da possibilidade de elas virem a ter um impacte negativo no contrato intergeracional em que até agora assentou o sistema de segurança social.

No essencial, tem vindo a desenvolver-se uma ideia de transferir o sistema de segurança social do sector público para o privado, de forma total ou, pelo menos, parcial.

Essa transferência poderia vir a concretizar-se designadamente através do recurso a soluções como a do *opting-out*, que permite aos potenciais beneficiários de um serviço público a ele renunciarem, recebendo recursos que poderão afectar à satisfação privada de necessidades.

Num certo sentido, poderá pensar-se que uma solução deste tipo, na medida em que proporcionasse a introdução de factores de concorrência entre o sector público e privado, poderia ser susceptível de permitir eventuais ganhos de eficácia.

Tais ganhos não se apresentam, no entanto, como suficientemente importantes para justificar a minimização do aparecimento de situações de desprotecção social, resultantes do abandono da posição tutória do Estado, (tantas vezes tão severamente criticada).

Será sublinhado como, na sua versão mais trabalhada, a ideia de transformação do sistema de segurança social assenta na teoria dos três pilares, mantendo-se um primeiro pilar de natureza pública apenas destinado a garantir pensões mínimas e tendencialmente uniformes, enquanto que os dois outros pilares seriam reservados, respectivamente, para os sistemas colectivos de segurança social privada e para os sistemas de pura iniciativa individual [511].

---

[511] Esta ideia foi especialmente desenvolvida num estudo do Banco Mundial, *Averting the Old Age Crisis – Policies to Protect the Old and Promote Growth*, Oxford University Press, 1994.

Dar-se-á conta do modo como a ideia tem ganho crescentemente adeptos em Portugal, num movimento que transcende as fronteiras partidárias e que começou por ter expressão no Livro Branco sobre o Financiamento da Segurança Social.

A transformação pretendida justificar-se-ia em face da aparente iniquidade de um sistema que garante o pagamento público de pensões de montante particularmente elevado, mas, sobretudo, pela necessidade de assegurar que as alterações demográficas e a deterioração da relação população activa/população inactiva não viesse a determinar, no longo ou mesmo médio prazo, a ruptura financeira do sistema.

Subjacente está também a ideia de que a canalização de importantes somas, ainda que de origem pública, para instituições financeiras, implicará uma maior capacidade de investimento daquelas, susceptível de melhor garantir o pagamento das pensões e de auxiliar o crescimento económico.

Embora essas alterações no modo de conceber o sistema de segurança social se tenham baseado em cenários mais ou menos apocalípticos, parcialmente ultrapassados por razões para que será chamada a atenção – incluindo as que resultaram de processos significativos de migração de populações trabalhadoras – nem por isso se tem assistido a uma tentativa de reconverter essas indicações, globalmente coerentes com o modelo social que se pretende fazer substituir o Estado de Bem-estar.

Será, no entanto, apresentada aos alunos a perspectiva dos que defendem que a segurança social pública pode obter ganhos significativos de gestão e aprofundar a componente de capitalização do sistema, o que permitirá desdramatizar substancialmente o tema, apontando para um sistema em que o Estado mantenha uma posição mais activa.

Finalmente não serão ignoradas, também neste domínio, as dificuldades de índole jurídica, que têm configuração análoga à das discutidas a propósito do ensino superior ou da saúde.

CAPÍTULO II

Os Novos Desafios da Fiscalidade

1. As novas Questões Fiscais

Uma parte significativa dos problemas que modernamente se colocam às finanças públicas situa-se no domínio da fiscalidade, na medida em que crescentemente se verifica que os sistemas fiscais não conseguem dar resposta às necessidades de financiamento da despesa pública, ainda que assentem, genericamente, em cargas fiscais elevadas.

As dificuldades na obtenção de receitas são hoje ainda aumentadas pelo processo de globalização, que obriga a uma adaptação dos quadros tradicionais da fiscalidade, traçados em tempos de muito maior estabilidade – tarefa que ainda não encontrou uma resposta satisfatória.

Por outro lado, a já assinalada quebra de consensos, em torno da utilidade e dos níveis da despesa pública, vem agravar um quadro em que a manutenção de sistemas fiscais de tipo tradicional se apresenta cada vez mais difícil, por ser questionável a sua adequação em termos de rendimento e de justiça na distribuição da carga fiscal.

O domínio desta problemática, em toda a sua dimensão, pressupõe conhecimentos sólidos de direito fiscal. Crê-se, no entanto que, ao concluir a leccionação de finanças públicas, se estará em condições de introduzir o debate sobre algumas questões, cuja actualidade é por demais evidente.

A enunciação do tema novos desafios da fiscalidade aponta para um universo em que convive uma pluralidade de opções.

Seguindo por um desses caminhos, enveredar-se-ia por uma análise centrada apenas na situação da fiscalidade portuguesa, confrontada, nos últimos anos, com movimentos erráticos de alteração das linhas da

Reforma Fiscal de 1988 que, na sua generalidade, se limitaram a criar um clima de instabilidade e insegurança pouco propício aos interesses do Estado e dos contribuintes.

Tratar-se-ia, então, de descrever e analisar a experiência fiscal portuguesa recente, com a recensão das zonas de maior controvérsia, quer ao nível da concepção do sistema e das áreas de elisão que parece comportar, quer do funcionamento dos tribunais tributários e da Administração Fiscal, dotada porventura de poderes excessivos e afectada por uma acentuada instabilidade, que atinge sobretudo o topo da carreira.

Esta é, no entanto, uma perspectiva que apenas surgirá de forma marginal e por remissão para alguma bibliografia importante [512].

Sob um segundo ângulo, poder-se-ia identificar a redução da margem de manobra dos decisores financeiros nacionais, confrontados com o florescimento de uma fiscalidade infra-estadual e com a tendência para a internacionalização e comunitarização dos problemas fiscais. Porém, estes aspectos foram já objecto de estudo noutro ponto do programa [513].

Este capítulo visa uma análise numa perspectiva mais ampla, partindo de uma base mais genérica e abstracta e procurando identificar um conjunto de problemas que se colocam a todos os sistemas fiscais e de cuja resolução irá depender largamente a capacidade de continuar a financiar níveis aceitáveis de despesa pública, que permitam a cada comunidade prosseguir adequadamente os seus objectivos.

Três aspectos fundamentais serão, então, objecto de estudo. O primeiro, relaciona-se com o sentimento de desencanto e revolta que parece atingir a generalidade dos contribuintes; o segundo, lida com os efeitos da globalização no plano da fiscalidade, enquanto que o terceiro, integra os efeitos das novas tecnologias sobre os modelos tradicionais de tributação e sobre conceitos de há muito estabelecidos.

Da avaliação destes factores resultam importantes reflexos na forma como estão a ser perspectivadas as reformas fiscais – quer aquelas que têm sido implementadas nos últimos anos, quer as que se encontram actualmente em estudo – de que se procurará traçar os aspectos mais significativos.

---

[512] Vd. Paulo Pitta e Cunha, *a Fiscalidade dos Anos 90*, cit. e António Carlos Santos, Reforma Fiscal, cit..

[513] Cfr. Supra.

Ensinar Finanças Públicas numa Faculdade de Direito 255

A terminar o nosso estudo será isolada uma área específica – a da fiscalidade ecológica – que talvez não possa alcançar os resultados que há alguns anos se esperava, mas nem por isso deixa de corresponder a uma área em expansão e de ir de encontro a uma necessidade de afirmação de valores éticos, tão caros à nossa concepção de finanças públicas.

2. Mal Estar Fiscal e alternativas de política tributária

O descontentamento fiscal sente-se de uma forma generalizada em relação a modelos de tributação que apresentam semelhanças profundas, assentando genericamente numa combinação entre tributação de rendimento e consumo e, mais moderadamente, de património.

Compreende-se, assim, que nos últimos tempos se tenham desenhado projectos de reforma fiscal baseados em alterações radicais, que vão, aliás, de encontro às tendências de política económica dominantes.

De todo o modo, a evidente rigidez de vastos sectores da despesa pública, conjugada com a necessidade de obediência a metas de equilíbrio orçamental, tem patenteado as dificuldades de concretização de alterações significativas na área fiscal, que não determinem o aumento do défice orçamental, em termos incompatíveis com as concepções dominantes ou com os compromissos assumidos internacionalmente[514].

A crescente complexidade dos sistemas fiscais, determinada em larga medida pelos objectivos de justiça fiscal e personalização dos impostos, dá uma contribuição decisiva para a criação de um corte entre os contribuintes e a Administração Fiscal.

Esse condicionalismo determinou o renascer de debates que se pensaria ultrapassados, com relevo para a discussão sobre as alternativas de financiamento dos serviços públicos através de impostos ou do pagamento de preços, numa aparente renovação da teoria do benefício, anteriormente abandonada por considerações de justiça social.

A circunstância de alguns sistemas fiscais, com destaque para o norte-americano se caracterizarem por uma grande complexidade [515], tem

---

[514] Veja-se, por exemplo, como o PSD, depois de na campanha eleitoral para as legislativas de 2002 ter prometido um "choque fiscal", através de significativas reduções de impostos, abandonou tal ideia no Programa do XV Governo Constitucional.

[515] Para uma descrição sintética, vd. HARVEY ROSEN, *Public Finance*, cit., pp. 359 e segs..

contribuído, aliás, de modo decisivo, para o sucesso das correntes conservadoras, que dão especial ênfase à ideia de simplificação, assim se aproximando de um sentimento generalizado entre os contribuintes.

A reposição da transparência dos sistemas fiscais e a sua orientação de harmonia com uma lógica que permita uma clara percepção pelos contribuintes do sentido das opções feitas, constitui um passo indispensável à renovação do pacto que tem de existir entre cidadãos e Fisco.

Defendemos, assim, a importância da transparência, não só do sistema fiscal mas das finanças públicas, no seu conjunto, assegurando a identificação dos montantes e prioridades da despesa pública e a garantia da responsabilização, em casos de má utilização dos dinheiros públicos.

A solução para este complexo feixe de dificuldades passa pelo estreito caminho do redimensionamento da despesa pública, não pondo em causa os factores essenciais da coesão nacional e pela eliminação dos factores de irracionalidade e desperdício, por forma a induzir nos contribuintes um sentimento de razoabilidade do esforço que lhes é pedido.

As experiências de "fiscal federalism", associadas a uma responsabilização efectiva dos responsáveis políticos locais, podem também contribuir para uma maior proximidade entre os contribuintes e a decisão financeira e para uma consequente maior responsabilização dos decisores.

O recurso, ainda que com limites, à técnica de *earmarking* ou *hypothecation*, afectando as receitas ou parte das receitas de certos impostos a determinadas modalidades de despesa, como sucede já, entre nós, com o IVA social, num movimento que tem sido especialmente defendido por Hills [516], é ainda uma possibilidade que se não pode negligenciar.

Estas respostas, constituindo embora pequenos passos, poderão contribuir para melhorar uma situação que se aproxima da insustentabilidade, mas não excluem a necessidade de alterações mais profundas, designadamente em resultado das consequências do processo de globalização económica.

Provavelmente, o mal estar fiscal, que se sente de forma generalizada, encontra as suas raízes na crise do Estado de Bem-estar e na convicção, aparentemente também generalizada, de que as respostas públicas são excessivamente caras e ineficientes.

---

[516] "Funding the Welfare State", *Oxford Review of Policy*, 11 (1995), pp. 27 e segs..

Não se pode, no entanto, deixar de registar que muito desse mal-estar provém de níveis cada vez mais elevados de rendimento e de qualidade de vida alcançado por parcelas significativas da população, que se deixaram de reconhecer nos tradicionais contratos sociais e nos objectivos de redistribuição que os favoreceram no passado[517].

Uma política fiscal que prossiga objectivos de redistribuição, tradicionalmente do maior relevo – sendo profundamente legitimada no seu fundamento ético, como vieram demonstrar de forma especialmente persuasiva LIAM MURPHY E THOMAS NAGEL [518] – é, todavia, confrontada com profundas dificuldades, a exigir do Estado respostas cada vez mais originais.

A circunstância de a liberdade de circulação de capitais avançar de modo aparentemente irreversível parece, por outro lado, aconselhar a que mesmo os defensores de um modelo de justiça distributiva caminhem no sentido de aceitar que, de um ponto de vista fiscal, o Estado se concentre preferencialmente no objectivo de obtenção de receita, operando a redistribuição com recurso a outros instrumentos.

A fiscalidade atravessa um momento especialmente difícil, resultante da verificação de que os impostos são demasiados altos e de que existe um afastamento entre os cidadãos e o dever de contribuir para a cobertura dos encargos públicos.

Num relatório inglês [519], para cuja importância se terá ocasião de chamar a atenção, pôde-se, aliás, escrever, a este propósito: "altough attitudes towards taxation differed within and between each of the discussion groups, some strong common themes emerged in all of them. The most pervasive was what might be described as a sense of *alienation* from the whole subject of taxation. Taxes were not mere unpopular: they were perceived as an unpleasant subject to discuss altogether, invoking negative feelings even amongst those who accepted their legitimacy in principle. Almost everyone acknowledged that taxes were necessary to pay for public services; but a commonly used phrase was "necessary evil", and

---

[517] FANTOZZI-NARDUZZI, *Il Malessere Fiscale. Governare il Fisco nel Duemila*, Laterza, Roma-Bari, 1996.

[518] *The Mith of Owenership: Taxes and Justice*, Oxford University Press, 2002.

[519] The Comission on Taxation and Citizenship, *Paying for Progress. A New Politics of Tax for Public Spending*, Fabian Society, London, 2000.

the stress was generally on the evil. Taxation, it was widely remarked, has an almost punitive feeling ..." [520].

Essa situação de mal-estar fiscal comporta pesados riscos do ponto de vista do Estado democrático e da subsistência de alguns princípios fiscais clássicos que a ele se associam intimamente.

Entre os riscos que se advinham figura o de substituição da autorização parlamentar dos impostos por regras fixas, que crescentemente encontram o seu campo nas finanças públicas [521] e que, neste caso, irão determinar limites inultrapassáveis à carga fiscal, ou a interdição de lançamento de determinado tipo de impostos, na linha que vem sendo defendida por alguns autores[522].

Não sendo novas, estas soluções não parecem também ser suficientes ou sequer eficientes no actual estado de coisas, diminuindo a capacidade de resposta e de adaptação dos Estados aos novos problemas e, sobretudo, às consequências da internacionalização e das inovações tecnológicas.

Acresce que, a vingarem, se introduzirá mais um inexplicável factor de condicionamento dos representantes populares livremente eleitos, o que não poderá deixar de reforçar a imagem do imposto como um "mal necessário", concepção profundamente negativa do ponto de vista do Estado de Direito.

3. Tributação e inovações tecnológicas

Obrigado a lidar com uma crise nos consensos internos sobre os impostos e confrontado com uma situação de desagrado (oposição) crescente em relação ao seu pagamento, o Estado vê-se a braços com outra dificuldade, porventura de dimensões muito mais radicais e que resulta da emergência de espaços de diminuta visibilidade, onde dificilmente exerce o seu poder de soberania, mas onde ocorrem fenómenos tradicionalmente objecto de tributação [523].

---

[520] Idem, p. 45.

[521] Parte I, capítulo I.

[522] FANTOZZI- NARDUZZI, *ob. cit.*, pp. 12 e segs..

[523] Vd, entre nós, o conjunto de estudos inseridos nas actas da Conferência Técnica do Centro Interamericano de Direito Tributário (CIAT) realizada no Porto em 1999 e

Ensinar Finanças Públicas numa Faculdade de Direito

É, portanto, numa situação debilitada pela ausência de consenso e de solidariedade dos seus contribuintes que o Estado parte para um combate eivado de dificuldades, resultantes da absoluta novidade do tema e da multiplicidade de valores que nesta matéria se entrecruzam [524].

O desafio fundamental que se coloca aos Estados é o de lidar com as consequências da evolução das novas tecnologias e dos seus reflexos tributários [525], situação que é necessário tratar numa perspectiva mais ampla, cortando com a tendência de redução destas preocupações ao comércio electrónico e às trocas de mercadorias [526].

Sem embargo, o desenvolvimento do comércio electrónico, com a rapidez sem precedentes que o caracteriza e que lhe permitiu ganhar uma parcela importante da quota das transacções comerciais, tem feito convergir as atenções dos fiscalistas.

A emergência do comércio electrónico foi saudada como um factor extremamente positivo, atitude que foi acompanhada de uma preocupação em assegurar que a fiscalidade não introduzisse qualquer dificuldade à sua expansão.

Foi essa designadamente a orientação saída da conferência ministerial da OCDE de Otawa consagrada ao tema, e que se saldou pela proclamação da neutralidade e subsidiariedade fiscal, envolvendo a recusa da criação de qualquer imposto novo.

Os Estados Unidos assumiram uma posição fortemente favorável ao aligeiramento fiscal do comércio electrónico, tendo a Comunidade Europeia assumido uma postura menos liberal no que diz respeito ao IVA, tra-

---

publicados pelos *Cadernos de Ciência e Técnica Fiscal*, sob o título *A Tributação face às Relações Internacionais e à Utilização das Novas Tecnologias*, Lisboa, 2000 e os estudos incluídos em Administração Geral Tributária, *Colóquio: os Efeitos da Globalização na Tributação do Rendimento e da Despesa, Cadernos de Ciência e Técnica Fisca*, n.º 188, 2000.

[524] Ainda que JEAN CLAUDE-MARTINEZ, prefácio a FRÉDERIC HUET, *La Fiscalité du Commerce Électronique*, LITEC, Paris, 2000, ironize, falando em «contra-ataque do império», a propósito da reacção a que se estaria a assistir por parte dos Estados, depois de um período de paralisia inicial.

[525] Vd. DIOGO LEITE DE CAMPOS, "A Internet e o Princípio da Territorialidade dos Impostos", *Revista da Ordem dos Advogados*, ano 58 (1998), vol II, pp. 637 e segs..

[526] Vd., por exemplo, CASALTA NABAIS, «Alguns Desafios Actuais da Tributação», *Fiscalidade*, n.º 6, 2001, pp. 33 e segs. e *Direito Fiscal. Relatório sobre o seu Programa, os seus Conteúdos e os seus Métodos de Ensino*, Coimbra, 2000, pp. 31 e segs..

260 Eduardo Manuel Hintze da Paz Ferreira

duzida nas directivas 2001/115/CE, do Conselho, de 20 de Dezembro [527], e 2002/38/CE, de 7 de Maio [528], já transpostas para o direito interno, respectivamente pelos Decretos-lei n.ºs 256/2003, de 21 de Outubro e 130/2003, de 28 de Junho, e no Regulamento (CE) n.º 792/2002 do Conselho, de 7 de Maio [529].

Neste contexto, entram necessariamente em crise toda uma série de conceitos tradicionais, com relevo para o da territorialidade do imposto, que terá de ser objecto de profunda reformulação, o mesmo se podendo dizer de noções como a de local de entrega ou de consumo.

A mesma lógica tende também a estender-se aos impostos sobre sociedades, que não suscitariam especiais problemas, na medida em que estas conservam os registos das transacções. A questão seria apenas a de determinar a jurisdição fiscal competente, uma vez que podem estar em jogo pelo menos três diferentes critérios: o da sede da empresa vendedora, o do domicílio do consumidor, ou o do local que abriga o servidor electrónico [530].

As orientações da OCDE nesta matéria consistem basicamente em reconhecer as possibilidades de utilização das novas tecnologias para melhorar as relações entre o Estado e os contribuintes; em garantir que os Estados apliquem ao comércio electrónico o mesmo tratamento dado ao comércio tradicional e em assegurar que se mantenha a soberania fiscal dos vários países, numa base justa de partilha de tributação [531].

No essencial poderá, pois, dizer-se que a reacção dominante até este momento vai no sentido da salvaguarda dos quadros tradicionais do direito fiscal, embora com algumas adptações [532].

---

[527] In *JO* L 15/24, de 17 de Janeiro de 2002.

[528] In *JO* L 128 de 15 de Maio de 2002.

[529] Sobre este ponto, ver o conjunto da artigos de CLOTILDE PALMA, «A Facturação em Matéria de Imposto sobre o valor Acrescentado – Linhas Gerais da Directiva n.º 2001/115/CE», «O IVA e as Operações Efectuadas Via Electrónica – alterações introduzidas através do Decreto-lei n.º 130/2003» e «A Facturação em Sede de IVA – Principais Alterações do DL n.º 265/2003», todos na *Revista da CTOC* (n.ºs 25, 43 e 45).

[530] *Payng for Progress...*, cit., pp. 268 e segs..

[531] Cfr. JEFFREY OWENS, «O Comércio Electrónico e a Fiscalidade», in *A Tributação Face às Relações Internacionais e à Utilização das Novas Tecnologias*, cit., pp.54-88.

[532] A fiscalidade do comércio electrónico tem dado origem a vasta bibliografia da qual se recorda, para além de alguns títulos já citados, RAFAEL OLIVER CUELLO, *Tributa-*

Sintomático disso é o Relatório da OCDE de Fevereiro de 2001 que, em matéria de impostos sobre o consumo, inclui recomendações quanto às regras relativas ao local da tributação e à simplificação de procedimentos, clarifica o entendimento a dar à noção de estabelecimento estável, para efeitos de tributação directa das empresas e apela a uma maior cooperação internacional das autoridades fiscais [533].

4. A Globalização e os Sistemas Fiscais

Não parece, todavia, que os problemas que o desenvolvimento dos negócios na Internet coloca possam prescindir de uma reflexão mais profunda acerca das suas consequências sobre os sistemas fiscais.

Num texto inovador entre nós, Sousa Franco introduziu o tema em tons de dramatismo, que parecem, no entanto, perfeitamente adequados, escrevendo: "… tem-se o cenário de um pesadelo para um fiscalista, um *Apocalipse* tributário. E conforta pouco o facto de haver outra entidade em situação mais angustiada do que os fiscalistas – o Estado, na sua veste de polícia. Mas, não nos iludamos, também o Estado Social, pois a redistribuição da riqueza é colocada em causa de forma quase irreversível"[534].

De facto, se as novas tecnologias vieram criar problemas com que os Estados e as próprias organizações internacionais têm dificuldade em lidar, é sobretudo no domínio das operações financeiras que as dificulda-

---

ción del Comercio Electrónico, Valencia, Tirante lo Blanch, 1999, RICHARD L. DOERNBERG e LUC HINNEKENS (orgs.), *Electronic Commerce and International Taxation*, IFA-Kluwer, 1999, KARL FRIEDEN, *Cybertaxation. The Taxation of E-Commerce*, ARTHUR ANDERSON – CCH, 2000, JOSEBA A, ECHEBARRÍA SÁENZ (org,), *El Comercio Electronico*, Madrid, Edisofer, 2001 e, entre nós, GLÓRIA TEIXEIRA (org.), *O Comércio Electrónico. Estudos Jurídico-Económicos*, Coimbra, Almedina, 2002, PEDRO PAIS DE ALMEIDA, «Direito Fiscal e Internet», in *Direito da Sociedade da Informação*, vol. II, Coimbra, Coimbra Editora, 2001, pp. 41-55, VASCO GUIMARÃES, «A Tributação do Comércio Electronico: Uma Perspectiva Jurídico-Fiscal», *Ciência e Técnica Fiscal*, n.º 403, Lisboa, 2001, pp. 7-34 e ADÉRITO VAZ PINTO, «A Tributação do Comércio Electrónico» in *BCE*, vol. XLV (2002), pp. 379 e segs..

[533] *Taxation and Electronic Commerce. Implementing the Ottawa Taxation Framework Conditions.*

[534] «O Novo Ambiente Tecnológico e o Direito Fiscal», in *A Tributação Face às Relações Internacionais e à Utilização das Novas Tecnologias*, cit., p. 37.

des vão atingir o seu auge e em que as consequências podem ser mais complexas.

O ambiente geral é de uma enorme mobilidade dos meios de produção e das operações de consumo e de aplicação de poupanças, o que corresponde à já assinalada atribuição de uma nova liberdade de escolha aos agentes sociais e económicos, que passam a dispor de condições impares para buscarem regimes fiscais mais favoráveis, o que proporciona um efeito generalizado de "deslocalização", em função da competitividade fiscal, que vai muito para além do que pensou Tiebout, com a sua sugestiva imagem da "votação com os pés".

De facto, está agora apenas em causa o recurso a tecnologias da informação, passando a escolha dos contribuintes por uma simples operação informática.

Poder-se-á pensar que os contribuintes – ou pelo menos a faixa mais conhecedora da fiscalidade, tendencialmente identificada com as camadas da população com maiores rendimentos – depois de um período em que se sentiam totalmente sujeitos aos ditames do Fisco, passaram, graças ao processo de globalização económica, a sentir-se senhores do seu próprio destino, podendo gerir as suas posições fiscais de harmonia com diversas alternativas.

As várias liberdades de circulação que foram sendo afirmadas e não encontraram contrapartida nem numa fiscalidade multinacional, nem sequer em adequadas formas de cooperação entre Administrações, vieram criar um quadro especialmente favorável a certos grupos de contribuintes, enquanto que outros viram a sua situação cada vez mais sobrecarregada.

A acrescida capacidade de "deslocalização" não está igualmente repartida, sendo especialmente evidente em relação ao capital, enquanto que certas formas de prestação de trabalho, de propriedade imobiliária, intelectual ou industrial, poderão não encontrar a mesma facilidade de fuga.

Daqui resultam evidentes consequências negativas no plano da justiça dos sistemas fiscais, com o agravamento da tendência para reforçar a tributação sobre o rendimento ou a riqueza insusceptíveis de beneficiar do aproveitamento do novo ambiente tecnológico.

A escolha de um regime fiscal mais favorável pode ser extremada, tornando-se na opção por um espaço de paraíso ou neutralidade fiscal absoluta, já não na forma de utilização das possibilidades abertas pelos *off-shores*, mas sim no recurso ao ciberespaço, o que obrigará os Estados

Ensinar Finanças Públicas numa Faculdade de Direito 263

a considerarem as suas posições recíprocas e a concertarem-se quanto às formas de regulação fiscal, deixando de parte as convenções de dupla tributação, cujo modelo clássico se revela absolutamente incapaz de dar respostas adequadas.

Essa hipótese, que vem na linha desenvolvida por Sousa Franco, tem efeitos profundamente negativos não só no plano da fiscalidade como mais genericamente no da estabilidade económica, que pode ser ilustrada com a evocação das dificuldades criadas por movimentos especulativos de capital.

Foram ensaiadas, ainda que timidamente, sob a égide das organizações económicas internacionais, algumas reacções visando encontrar uma resposta eficaz para o que é unanimemente reconhecido como um problema com potencialidades para pôr em causa o contrato social em que assentam as nossa sociedades.

A proposta formulada por James Tobin, no sentido da tributação das transferências de carácter especulativo – a chamada "taxa Tobin – que ganhou grande popularidade entre os movimentos antiglobalização, tem sido genericamente considerada inaplicável, na ausência de um compromisso de todos os Estados e de uma autoridade supranacional com poderes para controlar a sua aplicação e gerir a sua distribuição [535].

O falhanço da "taxa Tobin" é paradigmático das dificuldades na criação de uma fiscalidade internacional efectiva, pressuposto necessário de outras propostas por vezes avançadas, como as taxas sobre as facturas das telecomunicações, ou até da aquisição de computadores, ao mesmo tempo que limita o campo de acção para as reformas ecológicas, de que se falará mais adiante.

A busca de soluções para estes problemas depara-se, aliás, com dificuldades acrescidas, em face das regras do GATT, marcadas por uma excessiva preocupação de excluir qualquer proteccionismo, elevando a neutralidade fiscal a valor absoluto.

Este conjunto de sinais, de sentido por vezes contraditório, reforça a interrogação que vimos fazendo [536], sobre se se estará a assistir ao aparecimento de um novo direito fiscal, com uma fortíssima componente

---

[535] Para uma apreciação sintética vd. EDUARDO PAZ FERREIRA, *Valores e Interesses. Desenvolvimento Económico e Política Comunitária de Cooperação*, cit., pp. 350 e segs..
[536] «Em Torno das Constituições...», cit.

internacional, ou se, pelo contrário, se caminha para ajustamentos dos actuais sistemas.

5. Perspectivas de Reforma Fiscal

A análise até agora feita parece confirmar que as perspectivas de reforma fiscal se encontram hoje fortemente condicionadas. Ainda assim e em resposta às dificuldades que os Estados vêm sentido na matéria, tem-se assistido nos últimos anos a uma multiplicação de reformas fiscais, concebidas com o objectivo de melhorar as respostas dos Estados em relação às novas realidades.

Seria, naturalmente, impossível introduzir no programa uma recensão pormenorizada das reformas dos últimos anos, mas procurar-se-á surpreender as suas linhas gerais, sublinhando a forma como representam um corte radical com as concepções tradicionais do que seria uma boa reforma fiscal.

Na síntese de Richard Musgrave, estarão aqui em debate três questões fundamentais: a de substituição do rendimento pelo consumo, como base do sistema; a de um eventual abandono da progressividade fiscal e a do sacrifício do objectivo de personalização do imposto ao da simplificação [537].

A exposição precedente permitirá compreender as razões do relançamento de alguns destes temas em termos que a evolução anterior não fazia prever, sendo de acentuar que essas questões têm estado no centro das reformas levadas por diante, quer nos países desenvolvidos quer nos países em vias de desenvolvimento, num modelo que apresenta alguma uniformidade.

O aspecto porventura fulcral desses processos de reforma fiscal é o sacrifício da personalização do imposto e a sua simplificação, tema que encontra a sua origem em particular nos Estados Unidos, pelas razões que ficaram referenciadas.

No essencial, assiste-se, numa primeira fase, a uma tentativa de substituição do imposto progressivo sobre o rendimento por aquilo que normalmente é designado por "flat tax" e corresponderia a um imposto proporcional, com uma base alargada de tributação, tentativa que seria, depois, alargada à própria tributação do consumo.

---

[537] *Public Finance and Public Choice…*, cit., p. 77.

A "flat tax" tem basicamente como característica uma taxa única para todos e para todas as componentes do rendimento e uma redução drástica das deduções permitidas, reconduzidas apenas a despesas pessoais estritamente necessárias, ou despesas das empresas relacionadas directamente com a produção.

A taxa normalmente proposta oscila entre 17 e 19 por cento, o que representaria uma significa redução para os escalões mais elevados de rendimento.

A defesa desta solução é feita a partir da convicção do excessivo peso da carga fiscal, dos seus efeitos perniciosos no investimento, da potencialidade para reduzir a evasão fiscal e da substancial simplificação do sistema, enquanto que as críticas assentam, essencialmente, na injustiça que representaria em termos de redistribuição de riqueza.

A opção por um modelo do tipo "flat tax" inspirou, em certa medida, o *Tax Reform Act of 1986 (TRA86)*, nos Estados Unidos [538], reduzindo a taxa máxima de cinquenta para vinte e oito por cento e reduzindo substancialmente o número de deduções permitidas, que viriam, no entanto, a ser repostas em larga medida nos anos da Administração Clinton, através do *TaxPayer Relief Act of 1997* [539]. Essa opção foi também debatida em Portugal, aquando dos trabalhos preparatórios da Reforma Fiscal de 1988-89.

Se com a reforma de 1986 se pode dizer que se procurava simultaneamente um objectivo de desagravamento fiscal e de simplificação do sistema, o mesmo não pode ser dito da Reforma Bush – *Economic Growth and Tax Relief Reconciliation Act of 2001(EGTRRA)* – que se traduziu no corte mais radical dos impostos posto em prática nos Estados Unidos [540], mas que veio aumentar significativamente a complexidade do sistema, criando uma série de deduções faseadas e uma forte incerteza quanto ao que se passará após o termo do seu horizonte temporal em 2010.

---

[538] Vd. ALAN AUERBACH e JOEL SLEMROD, «The Eonomic Effets of the Tax Reform Act of 1986», *Journal of Economic Literature*, vol. XXXV (1997), pp. 589-632

[539] Para uma apreciação vd., DAVID ALTIG e outros, «Simulating Fundamental Tax Reform in the United States», *The American Economic Review*, vol. 91, n.º 3 (2001), pp. 574-595.

[540] Com consequências conhecidas no plano do défice orçamental. Vd. WILLIAM GALE e SAMARA POTTER, «An Economic Evaluation of the Economic Growth and Tax Relief Act of 2001», *National Tax Journal*, vol. LV, n.º 1 (2002), pp. 133-186.

Entretanto, a "flat tax" continuou a constituir um importante elemento de referência no discurso político [541], ao mesmo tempo que era retrabalhada e aprofundada no sentido da sua extensão aos impostos sobre o consumo [542].

Nos últimos anos, viria a acentuar-se o interesse por este modelo – na sequência da sua introdução nos chamados países da transição, com relevo para a Rússia [543], Ucrânia e Checoslováquia e com o anúncio de que a China poderia vir a adoptar uma solução idêntica [544] – interesse que parece ir de encontro à percepção das dificuldades identificadas no modelo clássico e que vem induzindo a revisão de posições de alguns autores inicialmente muito críticos desta via[545].

Independentemente da opção por um modelo susceptível de ser reconduzido à noção de "flat tax", o traço mais evidente de união entre as várias reformas fiscais recentes e, designadamente, das que ocorreram no espaço da União Europeia, apesar das exigências do Pacto de Estabilidade, é o desagravamento fiscal, sobretudo em relação aos rendimentos mais elevados [546].

Na impossibilidade de referenciar todas essa reformas, serão objecto de atenção particular a da Alemanha [547] e a da Itália, alvo de viva contes-

---

[541] Por exemplo, na candidatura da STEVEN FORBES pelo Partido Republicano nas presidenciais de 2000.

[542] Designadamente por ROBER HALL e ALVIN RABUSHKA, *The Flat Tax*, 2.º edição, Stanford, Hoover Institution Press, 1995.

[543] Sobre a experiência russa, aparentemente a de maior sucesso, vd. BORIS MASRENKO, «Russia to Attract Foreign Investors with Transparent Tax Regime», *European Taxation*, vol. 43, n.º5 (2003), pp. 157 e segs. e ANDREI BELINSKI e ARINA MOROZOVA, «Recent Corporate Changes in Russia: Something Old, Something New, Something Brrowed», *Bulletin for International Fiscal Documentation*, vol. 57, n.º 2 (2003), pp. 59 e segs...

[544] Já existente, de resto, em Hong-Kong.

[545] Como sucede, por exemplo, entre nós com JOÃO AMARAL TOMÁS. Vd. *A Renovação do Interesse Mundial sobre a Flat Tax*, comunicação inédita, Maio de 2004.

[546] A este propósito, vd. LUIGI BERNARDI, PAOLA PROFETA (orgs.), *Tax Systems and Tax Reforms in Europe*, London, Routledge, 2004 e ISABELLE JOUMARD, *Tax Systems in European Union Countries*, OCDE, Economic Departmente Working Papers, n.º 301 (2001).

[547] Vd. HANNO KUBE e ULRICH PALM, «The Unified Income Tax – An Initiative to Reform Income Tax Law in Germany», *Intertax*, vol. 31, n.º 1, pp. 12 e segs. e ELEONOR RONGE, «German Tax Reform», *Intertax*, vol. 31, n.º s 8-9, pp. 280 e segs..

tação política e académica, exemplar de muitas condicionantes deste tipo de reforma[548].

Uma breve alusão às reformas em curso em outros espaços, como o Japão, Israel e África do Sul, servirá para confirmar a crescente importância associada a esta problemática, a forma como o mesmo tipo de preocupações se impõe e como a globalização acaba por conformar de modo decisivo a margem de manobra dos Estados.

6. A Fiscalidade Ecológica

6.1. Aspectos gerais

A fiscalidade ecológica será, dos novos temas surgidos nesta área, o que utilizaremos para concluir o curso. Em primeiro lugar, porque nos aproxima de algumas questões centrais das finanças públicas, designadamente, do papel da ética na gestão financeira pública. Em segundo, porque ilustra uma profunda evolução das concepções sobre os impostos e o seu papel nas sociedades modernas e, finalmente, porque surge como uma das raras tentativas globais de resposta à situação de mal-estar fiscal que ficou assinalada.

A tutela do ambiente pela via fiscal, ou mais amplamente, pela via das finanças públicas, implica a aceitação de que a decisão financeira comporta uma forte componente ética, que se coloca quer no domínio da justiça intrageracional, quer no da justiça intergeracional [549].

Parte-se do princípio de que a decisão financeira se deve orientar no sentido de assegurar que as gerações presentes tenham condições para desfrutar do meio ambiente e de o transmitir às gerações futuras, em termos que permitam a estas um grau de gozo dos bens colectivos pelo menos idêntico àquele que actualmente é proporcionado.

---

[548] SILVIA GIANNINI, «Etica e Giustizia nella "Nuova" Riforma Tributaria», *Diritto e Pratica Tributaria*, vol. LXXV, n.º 1 (2004).

[549] Sobre as várias implicações éticas da política do ambiente, vd., JOHN ALDER e DAVIS WILKINSON, *Environm*ental Law and Ethics, MacMillan, 1999, pp. 37 e segs.. Sobre as implicações financeiras da problemática da justiça intergeracional, cfr. EDUARDO PAZ FERREIRA, *Da Dívida Pública e das Garantias dos Credores do Estado*, cit., pp. 69 e segs..

Trata-se de uma problemática que não se colocava, ou se colocava com pouca acuidade, quando o ambiente podia ser livremente desfrutado por todos, mas que o desenvolvimento económico veio trazer para a primeira linha, tornando patente que certas formas de utilização implicavam um desgaste anormal do meio ambiente, comprometedor da continuidade da fruição colectiva.

A ética não é, contudo, o único factor a determinar a importância que a defesa do meio ambiente vem assumindo, movendo-se nesta área grandes interesses económicos, em termos de se poder concluir que ética e lucro se podem dar mãos.

6.2. Os instrumentos de fiscalidade ecológica

Os benefícios fiscais visando compensar os contribuintes especialmente virtuosos constituem os instrumento fiscal de protecção ecológica com mais expressão entre nós, ainda que traduzam também a forma mais embrionária desse tipo de instrumentos.

Porém, a referência a tributação ecológica ou a tributos ecológicos não aparece normalmente associada aos benefícios fiscais, mas à utilização da carga fiscal como forma de garantir que não seja a comunidade a suportar os custos resultantes de acções individuais.

Com a tributação ecológica pretende-se penalizar os agentes que, no exercício da sua actividade e por causa dela, provocam especial desgaste ou danos ambientais e/ou impedi-los de continuar com essa acção, valorada socialmente de forma negativa.

A concentração na componente essencial da fiscalidade ambiental – que lida com a possibilidade de utilização de impostos com a finalidade de protecção do ambiente – pressupõe uma prevenção de natureza terminológica, relacionada com o conceito de imposto, que tem na doutrina portuguesa um significado técnico preciso, opondo-se a duas outras figuras de natureza tributária: a das taxas e a das contribuições especiais [550].

Trata-se de um problema que se não coloca noutros ordenamentos, que não conhecem essa distinção, que não será aqui evocada de novo, embora haja que assinalar que tem sido sobretudo no domínio das taxas

---

[550] Cfr. Parte II, Capítulo II.

que mais se tem avançado entre nós na protecção do ambiente. Bastará recordar, por exemplo, a taxa de renovação das infraestruturas urbanísticas, criada por vários municípios com base na lei de finanças locais [551], a taxa de recolha de resíduos urbanos e a taxa de recolha de embalagens descartáveis.

Por economia de exposição, concentrarnos-emos, no entanto, na figura dos impostos ecológicos, que constituem um instrumento de protecção do ambiente bem mais ambicioso do que as taxas.

Os impostos ecológicos serão definidos como aqueles que o Estado lança sobre a utilização do ambiente, entendido como um bem colectivo que, a partir de certos níveis ou modalidades de utilização, conhece um desgaste que não permitirá ao conjunto da colectividade continuar a utilizá-lo nos termos em que o fazia anteriormente [552].

A opção pela fiscalidade ecológica introduz-nos, de pleno, no domínio da fiscalidade extra-financeira, em que a manipulação dos instrumentos tributários se afasta, em muito, do objectivo de simples recolha de receitas, o que gera naturais dificuldades.

A Constituição Portuguesa é, aliás, expressa ao admitir, ou até estimular, os fenómenos de extra-fiscalidade, proclamando, no artigo 103.º, n.º 1, que "o sistema fiscal visa a satisfação das necessidades financeiras do Estado e outras entidades públicas e uma repartição justa dos rendimentos da riqueza".

Poderia – é certo – argumentar-se que no texto constitucional a extra-fiscalidade surge apenas associada a finalidades redistributivas. Esta interpretação, no entanto, mostrar-se-ia excessivamente restritiva e ignoraria a instrumentalidade da constituição financeira e fiscal em relação à constituição económica – que se caracteriza por atribuir ao Estado, entre as incumbências prioritárias, a de "promover o aumento do bem estar social e económico e da qualidade de vida das pessoas, em especial das mais desfavorecidas, no quadro de uma estratégia de desenvolvimento

---

[551] Cfr., a este propósito, ANÍBAL ALMEIDA, «Sobre a Natureza Jurídica das "Taxas pela Realização de Infra-Estruturas Urbanísticas"», in *Estudos de Direito Tributário*, cit. e EDUARDO PAZ FERREIRA, «Ainda a Propósito da Distinção entre Impostos e Taxas: O Caso da Taxa Municipal Devida pela Realização de Infra-Estruturas Urbanísticas», cit., pp. 59 e segs..

[552] Cfr. ALAIN LIPIETZ «Économie Politique des Écotaxes», in *Fiscalité de L' Environnement*, Conseil d' Analyse Économique, Paris, 1998.

sustentável" [553] –, bem como que, a partir da revisão de 1989, a Constituição, passou a considerar tarefa do Estado "assegurar que a política fiscal compatibilize desenvolvimento com protecção do ambiente e qualidade de vida" (alínea h) do número n.º 2 do artigo 66.º).

A defesa do ambiente por via fiscal induz, no entanto, um conjunto de interpelações ao sistema fiscal: uma primeira ordem de dificuldades é constituída pelas questões técnicas relacionadas com a adequação do instrumento fiscal aos fins previstos, enquanto que a segunda se relaciona com a definição do melhor espaço fiscal para o lançamento deste tipo de tributos.

Não cuidaremos especialmente da primeira dessas vertentes, que nos remeteria para uma análise de técnica fiscal e para um estudo de direito comparado, mas sempre advertiremos para que se trata de fazer opções sobre métodos de incidência, escolha de elementos de conexão, ou mesmo quanto à criação de impostos específicos ou à adaptação de impostos já existentes no sistema fiscal, à semelhança do que acontece com muitos tributos municipais.

6.3. Os objectivos da fiscalidade ecológica

Os impostos ecológicos são figuras que se não destinam à cobertura da generalidade das despesas públicas, antes tendo como finalidade, na sua origem, contribuir para a cobertura de certos custos específicos da política de ambiente ou, mais recentemente, para a prossecução de objectivos dessa mesma política, ou até para a criação de uma alternativa global ao modelo tradicional de tributação.

São tradicionalmente reconhecidos três grandes objectivos à política fiscal ambiental: a contribuição para o financiamento da política ambiental; o desejo de fazer o poluidor pagador suportar uma parcela das despesas dessa política e o incitamento a comportamentos considerados mais favoráveis ao ambiente ou à renúncia a actividades nocivas [554].

---

[553] Sobre as relações entre a constituição financeira e a constituição económica, cfr. EDUARDO PAZ FERREIRA, *Direito da Economia*, cit. e, com uma perspectiva diversa, SOUSA FRANCO – OLIVEIRA MARTINS, *A Constituição Económica Portuguesa. Ensaio Interpretativo*, Almedina, Coimbra, 1995.

[554] Cfr. BENOÎT JADOT, «Les Taxes Environnementales: Objectifs et Principes», in *Fiscalité de L'Environnement..*, cit, pp. 9 e segs..

Em todos esses casos, o traço de unidade das diferentes figuras tributárias que lhe surgem associadas é a sua concepção como instrumento ao serviço da política ambiental, elemento cuja presença é tão intensa que, por vezes, o objectivo de obtenção de receita é totalmente posto em causa, sendo substituído por objectivos de orientação, que podem levar à obstaculização da instalação de determinadas indústrias consideradas especialmente desgastantes do meio ambiente, impedindo, consequentemente, o aparecimento de novos rendimentos tributáveis.

Nas origens da formulação de uma política fiscal do ambiente surge o conceito do poluidor pagador, que assenta numa análise económica que já conhecemos e cujos fundamentos remontam a PIGOU e aos ensinamentos da economia de bem estar [555].

O princípio do poluidor pagador, evocado pela primeira vez pela OCDE num estudo dos anos setenta [556], veio a ser retomado com especial vigor numa recomendação comunitária de 1975 – a Recomendação do Conselho 75/436/Euratom/CECA/ CEE de 3 de Março.

Na profunda evolução que se tem verificado nesta matéria, desenha-se nos últimos tempos, com grande nitidez, a ideia da existência de um duplo dividendo em matéria de fiscalidade ecológica [557], acentuando a possibilidade de serem prosseguidos outros objectivos, como o de redução da carga fiscal em outras áreas, que beneficiariam das receitas obtidas pelos impostos ecológicos.

De facto, tem vindo a ser defendido, em especial nos meios comunitários, que mais do que a possibilidade de afectação directa de receitas à política de ambiente, os recursos proporcionados por este tipo de impostos deveriam ser dirigidos à cobertura da despesa pública em geral, permitindo, por exemplo, a redução da tributação sobre o trabalho ou a diminuição das cotizações sociais, por forma a estimular o mercado do emprego.

Convirá, ainda, reter outro plano em que a discussão sobre a legitimidade dos impostos ecológicos se pode colocar: o dos seus efeitos redistributivos.

---

[555] Vd. em especial, *The Economics of Welfare*, cit..

[556] *Le Principe du Pollueur-payeur*, Paris, 1975.

[557] A bibliografia sobre o duplo dividendo é já muito vasta. Por todos, vd. GOULDER, «Environment Taxation and the Double Dividend. A Reader's Guide», *50th Congress of the IIPF*, Harvard University (1994).

É recorrente a ideia que a fiscalidade ecológica envolve a opção por uma solução que faz pagar os pobres, ou que permite aos ricos comprar o direito de poluir. Poderá admitir-se algum fundamento para esse juízo nas hipóteses em os impostos de protecção do ambiente recaiam de forma igual sobre todos os membros da comunidade.

Contudo, importa sustentar que a utilização dos bens naturais se reveste, por via de regra, de uma maior importância para os pobres do que para os ricos, que gozam designadamente de um grau de mobilidade muito superior.

Na impossibilidade de examinar exaustivamente todas as principais iniciativas ou debates em matéria de impostos ecológicos, justifica-se uma referência pelo menos à tributação da energia e das descargas de dióxido carbónico, duas áreas de grande actualidade e impacto a nível internacional.

A mais importante linha de evolução da tributação ecológica, nos nossos dias, é a que ambiciosamente preconiza o que se designa por reformas fiscais limpas, em concretização do já assinalado princípio do duplo dividendo.

Nesta concepção, tratar-se-ia de implementar uma reforma fiscal que assentasse fortemente em impostos ecológicos, susceptíveis de produzir receitas significativas para o Estado, que lhe permitiriam reduzir outras cargas e figuras tributárias, propostas que se desenvolvem, particularmente, a partir de um artigo de Pearce no *Economic Journal,* em 1991 [558].

Estas ideias tiveram concretizações significativas nalguns Estados do Norte da Europa e ficam a constituir um dos caminhos por que mais legitimamente se pode esperar que evolua no futuro a fiscalidade, confrontada hoje com dificuldades que podem levar à descrença de quantos se bateram pela sua utilização como instrumento de uma sociedade mais justa, ou de um melhor funcionamento do sistema económico.

---

[558] «The Role of Carbon Taxes in Adjusting to Global Warning", *Economic Journal*, n.° 101, pp. 938 e segs..

IV

CALENDARIZAÇÃO

A interpretação que tem sido feita da exigência legal em matéria de apresentação deste Relatório orienta-se no sentido de envolver, também, a calendarização do ensino.

Estabelecidos os conteúdos do ensino e explicitada a importância atribuída a cada um dos segmentos da matéria, estamos em condições de tentar afectá-los ao tempo lectivo disponível.

Trata-se, no entanto, de uma tarefa claramente estéril, por duas ordens de razões que passamos a enumerar.

Quanto à primeira, limitar-nos-emos a parafrasear PAULO OTERO[559] a propósito das vantagens em proceder a essa distribuição apenas no início do ano lectivo, quando já é mais claro o número de aulas disponíveis.

Julgo, aliás, que a afectação dos temas às aulas disponíveis não deve ser feita em termos excessivamente rígidos, uma vez que só com uma percepção mínima do nível médio dos alunos, da preparação de que dispõem em áreas afins e da sua motivação para o estudo da disciplina, se pode proceder a um ajustamento final do calendário idealizado.

A segunda ordem de razões respeita à própria incerteza quanto ao número de aulas, face às alterações que se têm verificado nos últimos anos e àquelas que se perspectivam para um futuro próximo.

Porém, na medida em essas alterações revelam uma tendência para o aumento do tempo para a leccionação, iremos partir de um pressuposto,

---

[559] *Direito Administrativo Relatório*, Suplemento à *Revista da Faculdade de Direito da Universidade de Lisboa*, 2001, p. 218.

optimista, de que se poderá contar com trinta aulas para uma disciplina semestral.

Nessa hipótese, procederíamos à distribuição da matéria do seguinte modo:

Quatro aulas seriam consagradas à introdução, que envolve uma problemática muito vasta, mas que, em muitos casos, constitui apenas uma antecipação de matérias, ou uma tentativa de fornecer informação genérica sobre alguns temas.

Para a parte primeira, seriam reservadas doze aulas, tendencialmente distribuídas do seguinte modo: duas para o capítulo I, três para o capítulo II, cinco para o capítulo III e duas para o Capítulo IV.

A segunda parte disporia de dez aulas, ficando duas para a leccionação do capítulo I, cinco para o capítulo II e três para os capítulos III e IV.

As quatro aulas restantes seriam utilizadas para a terceira parte.

Admitindo que, na realidade, apenas se viesse a dispor de vinte e seis aulas – o que corresponderia mais aproximadamente ao calendário actual, seria retirada uma aula à introdução e uma a cada uma das partes restantes do programa, acomodando-se a exposição a este constrangimento temporal suplementar.

V

MÉTODOS DE ENSINO

1. Questões introdutórias

A lei prevê, igualmente, que o Relatório a apresentar pelo candidato se debruce sobre os métodos de ensino, exigência que deve ser interpretada, como notou MARTIM DE ALBUQUERQUE[560], como abrangendo quer a metodologia científica, quer a metodologia pedagógica.

A generalidade dos autores de relatórios apresentados, tanto em concursos para associado, como nas provas de agregação, ocuparam-se neste ponto essencialmente dos métodos pedagógicos, levando em consideração o que haviam anteriormente escrito a propósito dos conteúdos, opção que se afigura correcta, por respeitar os pressupostos antes enunciados e que será também aqui seguida.

Como assinalámos no concurso para Professor Associado, a exigência de descrição dos métodos de ensino tem sido quase uniformemente entendida no sentido de compreender, para além dos regulamentos da Escola, as circunstâncias concretas em que o ensino é ministrado (número de alunos, aulas disponíveis para a leccionação, métodos de avaliação em vigor, etc).

Considerando a identidade de conteúdo, torna-se especialmente penosa a repetição do Relatório nos dois concursos, optando a generalidade dos professores que já passaram por esta experiência por reproduzir, com alterações de pormenor, o que fizeram na primeira prova realizada.

---

[560] *História das Instituições. Relatório sobre o Programa, Conteúdo e Métodos de Ensino*, *Revista da Faculdade de Direito da Universidade de Lisboa,*, vol. XXV (1984), p. 173.

Também o autor do presente Relatório não tem alterações substanciais a introduzir, relativamente ao que escreveu aquando do concurso para associado e, seguramente, mal lhe ficaria que as suas convicções sobre matérias tão importantes se tivessem alterado, de modo radical, no espaço de cinco anos.

De igual modo, não se registaram alterações significativas no Regulamento da Avaliação, que permitam um maior espaço de criatividade aos docentes, espartilhados por uma exigência de separação entre as aulas teóricas e as aulas práticas, consagradas à avaliação contínua.

A apreciação do significativo conjunto de relatórios referentes a disciplinas de diferentes grupos permite, aliás, detectar uma grande unanimidade de pontos de vista sobre a matéria que, de alguma forma, correspondem a uma "cultura da casa" [561], ainda quando seja possível detectar sensibilidades ligeiramente diversas quanto a temas como o da importância das aulas teóricas ou o da necessidade de fornecimento de elementos de estudo escritos e se assista a um esforço dos docentes mais novos, no sentido de revalorizar esta parte do Relatório com reflexões de âmbito mais genérico[562], ou à tentativa de outros, para formularem sugestões práticas visando a melhoria das condições de ensino[563].

2. Problemas gerais do ensino nas Faculdades de Direito

A descrição dos métodos de ensino a seguir na disciplina escolhida não se pode abstrair de algumas considerações sobre a problemática geral do ensino nas faculdades jurídicas, num momento em que a recorrente

---

[561] Nesse sentido, vd. SÉRVULO CORREIA, *Direito Administrativo II (Contencioso Administrativo). Relatório sobre o Programa, Conteúdo e Métodos de Ensino*, Revista da Faculdade de Direito da Universidade de Lisboa, vol. XXXV, n-.º 1 (1994), p.311.

[562] Vd. VASCO PEREIRA DA SILVA, *Ensinar Direito (a Direito) Contencioso Administrativo, Relatório sobre o Programa, Conteúdo e os Métodos de Ensino da Disciplina de Direito Administrativo II*, Coimbra, Almedina, 1999.

[563] Caso das sugestões formuladas por FAUSTO DE QUADROS no sentido da distribuição atempada do serviço docente; prévia afixação do programa da disciplina e diversificação do programa. *Direito Internacional Público. O Programa, Os Conteúdos e os Métodos de Ensino, Revista da Faculdade de Direito da Universidade de Lisboa*, vol. XXXII, n.º 1 (1991) e reafirmadas em *Direito Comunitário I Programa, Conteúdos e os Métodos de Ensino*, Coimbra, Almedina, 2000.

Ensinar Finanças Públicas numa Faculdade de Direito 277

disputa sobre a crise da justiça e do direito[564] parece projectar a sua sombra sobre as próprias condições em que se ministra esse ensino.

Paralelamente, no sempre desejável diálogo entre a Universidade e a sociedade, desenha-se com cada vez maior nitidez uma tendência de entidades externas à Faculdade para valorarem esse ensino e para pressionarem no sentido de este ser dotado de um carácter mais profissionalizante.

Entendo que a Universidade não pode ignorar a complexa questão das saídas profissionais dos alunos e desde sempre defendi um ensino em que a elaboração teórica vá de par com um conhecimento, tão aprofundado quanto possível, da realidade sobre a qual os futuros alunos serão chamados a exercitar os seus conhecimentos.

Nada disso exclui a preservação da componente cultural que a Universidade e, em especial, as Faculdades de Direito sempre procuraram transmitir aos seus alunos, a qual, mesmo no plano das saídas profissionais, os deixa numa posição muito mais favorável do que aquela em que estariam como meros profissionais do direito, formados num modelo que se chegou a esboçar na década de sessenta do século passado.

Nessa perspectiva, a cadeira de finanças públicas assume uma importância crucial, permitindo a quem a frequentou, com aproveitamento e empenho, um conhecimento dos mecanismos e processos da decisão financeira pública e dos seus reflexos sobre a economia em geral e sobre os cidadãos individualmente considerados, o que constitui uma fonte inestimável de compreensão dos fenómenos e de interpretação das leis [565].

Também não se pode deixar de ter presente, nesta abordagem, que Direito constituiu, desde sempre, uma das mais prestigiosas licenciaturas das Universidades portuguesas e a licenciatura escolhida por figuras cimeiras da política e da cultura em Portugal, sendo de assinalar que, apesar da proliferação das licenciaturas em Direito, fruto da abertura de novas escolas e da profunda alteração do quadro regulamentar do ensino superior, a Faculdade de Direito da Universidade de Lisboa manteve uma

---

[564] Tema sobre o qual me permito remeter para o meu texto, «A Crise. O Essencial e o Acessório», in ANTÓNIO BARRETO (org.) Justiça em Cise. Crise da Justiça, Lisboa. Dom Quixote, 2000.

[565] Nesse sentido, GIORGIO RAMPA, «L'Insegnamento della Teoria Económica nelle Facoltà Giuridiche», in GIORGIO REBUFFA e GIOVANNA VISINTINI (orgs.), L'Insegnamento del Diritto Oggi, Milano, Giuffrè, 1995, pp. 181-191.

posição ímpar, atestada no sucesso profissional dos seus licenciados e na procura nos sucessivos anos escolares.

Tal circunstância não deve, contudo, induzir uma atitude imobilista, assente na ideia de que a tradição será suficiente para assegurar a perenidade do curso e o seu prestígio, antes devendo constituir um estímulo permanente à reflexão sobre os problemas que se colocam ao ensino do Direito e sobre as dificuldades com que o mesmo é, ou pode vir a ser, confrontado.

Se já se referiu a tendência que existe entre os docentes da generalidade das faculdades jurídicas no sentido de não debater os problemas do ensino, também não pode deixar de se pensar que, da parte do corpo de alunos, deixou de existir um estímulo forte para essa reflexão, apesar das tentativas meritórias do Conselho Pedagógico e das direcções associativas.

De facto, a contestação estudantil, tem-se orientado prioritariamente para questões como a do financiamento do ensino – de que o custo das propinas será a face mais visível – ou para a crítica de situações pontuais, normalmente relacionadas com comportamentos de docentes perfeitamente individualizados, tudo isto num ambiente em que a questão das saídas profissionais parece ser a única capaz de determinar uma maior mobilização de esforços.

Este estado de coisas, fomentando a superficialidade e a apatia, é propício ao germinar de uma sensação de desnecessidade de reflexão, atitude totalmente inadequada, em face de algumas questões com que se confronta o ensino universitário.

Pensa-se aqui, designadamente, na crescente massificação da Universidade, que traz consigo a já assinalada subalternização da sua função cultural – confrontada com o crescente entendimento de que se trata apenas de um ponto de passagem para um percurso profissional a cujo sucesso imediato devem forçosamente ser instrumentalizados os estudos – no caminho de unificação de licenciaturas, determinado pela integração europeia e porventura violador da autonomia universitária, bem como na circunstância de os cursos tecnológicos exercerem um cada vez maior fascínio sobre muitos dos melhores alunos [566].

---

[566] Sobre alguns dos pontos mais importantes da actual situação universitária, remete-se para Conselho Nacional de Educação, *Sucesso e Insucesso no Ensino Superior Português*, Lisboa, 2002.

Todos estes factores, que representam ameaças ao ensino do direito, exigem o seu repensar, em moldes que garantam a preservação dos padrões de qualidade a que a Faculdade de Direito de Lisboa está tradicionalmente associada.

É convicção do autor que, embora num contexto totalmente diverso, nos encontramos de algum modo próximos da situação que levou duas das mais eminentes figuras do direito público francês, GEORGES BOURDEAU e JEAN RIVERO, a introduzirem o debate sobre a necessidade de repensar o ensino do Direito[567].

Eram então aqueles autores confrontados com uma situação de agitação estudantil, com profundas implicações económicas e sociais, caracterizada por uma recusa global do modelo de sociedade e de ensino, que teve a sua expressão mais visível em Maio de 68.

Os desafios que hoje se colocam são – repete-se – de outra natureza, reflectindo, no essencial, o crescente acesso às Universidades e uma radical transformação tecnológica, que caracterizou os últimos anos e à qual são especialmente sensíveis as camadas mais jovens da população.

Este quadro implica, seguramente, um esforço suplementar na busca das vias mais adequadas para chegar aos destinatários do ensino – os alunos – que se sentem cada vez menos estimulados por um ensino teórico e problematizante.

Não se trata de ensaiar respostas globais para um problema que, em muitos aspectos, ultrapassa o âmbito da Faculdade, mas tão só de lançar alguns alertas em relação aos dilemas que se desenham e à necessidade de procurar dar-lhes respostas.

O problema da massificação, por exemplo, coloca questões que passam quer pela própria escolha dos conteúdos do ensino quer também pelos métodos a seguir.

Comentando as possibilidades de reagir aos efeitos da massificação, pertinentemente escreveu MARIA DO PATROCÍNIO PAZ FERREIRA:

> "Para que sejam alcançados os objectivos da Universidade há que proceder à correcta definição dos "curricula" e dos respectivos conteúdos, bem como ao exame profundo dos métodos de ensino e aprendizagem, procurando a *excelência*, primeira prioridade de qualquer instituição universitária.

---

[567] *Mélanges Offerts à Monsieur le Doyen Louis Trotabas*, cit..

A importância desta última vertente ressalta ainda mais evidente quando se tem presente que métodos de ensino inadequados podem conduzir a um baixo nível de eficiência na transmissão dos conteúdos, mesmo que dotados de elevada valia científica"[568].

É certo que a questão dos métodos de ensino não pode ser encarada apenas pelo corpo docente da Faculdade.

Como acentuam PUJOL BALCELLS e FONS MARTIN [569], "entendendo-se a Universidade como lugar de uma educação comunitária, também no estudante terá de surgir a consciência do problema do método. Os métodos mais eficazes não são, então, uma coisa que alguns professores – um pouco diferentes dos demais – 'inventam' para tornar mais ameno o ensino; ou são um trabalho comum ou nenhuma ideia do professor, por brilhante ou profunda que seja, obterá resultados práticos. O estudante não é aquele que sofre uma inovação ou modificação dos métodos didácticos: ou ele intervém activamente nos métodos ou a experiência estará destinada a falhar".

Ocorrendo uma situação de divórcio entre os projectos do corpo docente e as expectativas de um colectivo de discentes conformado, ainda que crítico, molda-se uma realidade em que muito provavelmente se pode parafrasear o título de uma reflexão radical sobre o ensino superior: *eu faço que ensino, tu fazes que aprendes* [570].

Como escreveu MOURA RAMOS, "... o sucesso de um processo educativo pressupõe um empenho total de todos os participantes e o efectivo estabelecimento de uma relação interpessoal caracterizada pela confiança mútua e pelo assumir dos distintos papéis de cada um dos vários intervenientes" [571].

Os professores são, assim, chamados a um esforço permanente de apreensão dos níveis de adequação do seu discurso e do seu método global de trabalho às necessidades e interesses atendíveis dos destinatários do ensino.

---

[568] *A Aula Teórica e os Métodos de Aprendizagem Activa no Ensino do Direito*, texto inédito, apresentado no âmbito do programa de doutoramento da Faculdade de Direito da Universidade Nova de Lisboa, Lisboa, 1999.

[569] *Os Métodos no Ensino Universitário*, trad. port., Lisboa, 1985, p. 136.

[570] HAMILTON WERNECK, *Se Você Finge que Ensina, Eu Finjo que Aprendo*, Petrópolis, Vozes, 1992.

[571] *Direito Internacional Privado*, cit., p. 65.

Ensinar Finanças Públicas numa Faculdade de Direito 281

Esse esforço, envolvendo a auscultação e o diálogo em torno das orientações do ensino, implica necessariamente a existência de um programa claro e de ideias definidas sobre os grandes objectivos do ensino.

No ambiente de massificação que ficou descrito, um primeiro dilema que se coloca a todos os docentes prende-se com a escolha entre a manutenção de níveis elevados de exigência e de qualidade, ou o enveredar por soluções de maior facilidade, acentuando a dimensão prática do ensino.

Não sendo esta questão nova, os contornos que agora apresenta mostram-se radicalizados, sobretudo na medida em que comportam uma crescente heterogeneidade entre a massa dos estudantes, com graus de interesse, preparação e objectivos profundamente diversos.

Os que ensinam, sobretudo nas Universidades e, em particular, nas faculdades de direito, foram sempre confrontados com a dificuldade resultante da existência de níveis de preparação muito diversa entre os alunos, o que envolve necessariamente uma definição dos principais destinatários do discurso do docente, considerando a necessidade da sua adequação ao grupo de receptores privilegiado.

A solução mais elaborada para esta dificuldade dever-se-á porventura ainda a SAVIGNY, cuja indagação no domínio pedagógico tem vindo a ser assinalada nos últimos tempos [572] e que escrevia a este propósito:

"A questão que hoje se coloca é a de saber para que categoria de auditores, o professor deve na realidade conceber o seu curso. Alguns colocam as suas exigências o mais alto possível (...) Para a minoria Deus já providenciou directamente e ela não precisa das nossas instituições. Ela poderia resolver a sua vida sem a Universidade (...) outros pelo contrário colocam as suas exigências no plano mais baixo possível. Numerosos alunos não se mostram absolutamente nada receptivos ao ensinamento universitário qualquer que ele seja (...) Para essa categoria as Universidades são demasiado boas.

Se se excluírem esses dois extremos do destino das Universidades, ainda permanece como verdadeiro objecto da sua actividade a numerosa e respeitável classe média (*Mittelstad*), quer dizer aqueles que, de certo, têm necessidade de incitamentos para fazer melhor mas que, também, na

---

[572] Vd., ALFRED DUFOUR, «Théorie et Pratique de la Recherche et de l'Enseignement. La Conception de l'Université de Savigny», *Droits*, n.º 20 (1994), pp. 43-53.

maior parte dos casos, estão receptivos e, por essa razão, a sua direcção intelectual é tão importante e tão produtiva. É na consagração de todas as forças a esta categoria de auditores que cada professor deve colocar a sua questão de honra, é a eles que deve oferecer o melhor que pode" [573].

Se a solução de ensinar tendo em vista o aluno médio é aquela que, com que mais ou menos agrado, tem vindo a reunir o consenso da generalidade dos docentes e está, por exemplo, subjacente, ao realismo com que alguns deles levam a acentuar a importância dos elementos escritos sobre as aulas [574], nem por isso corresponde a uma opção totalmente motivadora do ponto de vista do docente, tanto mais quanto a massificação acarretou seguramente consigo uma diminuição do nível médio dos alunos.

ANÍBAL ALMEIDA expressou este desconforto de uma forma especialmente impressiva, ao afirmar: "... um professor da Faculdade de Direito de Coimbra terá de resignar-se, por menos que o estime, a um padrão "médio" (modal ou mediano...) de ensino e de aproveitamento muito pouco exigente, para mais num estabelecimento em que já antes do actual regime de frequência livre o ensino se dirigia a um estrato de "alunos voluntários", ausentes do ensino presencial e participado, a quem havia que fornecer *elementos escritos* que lhes pudessem garantir um resultado útil mediante a apreensão das noções registadas nos *elementos...*".

Ainda na descrição viva daquele saudoso Professor, "as desvantagens da situação são óbvias: daí resulta um ensino uniformizado e uniformizante, padronizado – em termos de discurso e em termos de exigência – pelo aludido "aluno médio". Medianamente dotado e interessado, sombriamente utilitário, a quem se endereçam mais respostas prontas do questões estimulantes ..." [575].

A solução do discurso dirigido ao aluno médio continua a prevalecer, por razões que se prenderão com ideias de justiça e com um certo conservadorismo intrínseco da academia, pouco permeável a modelos de ruptura.

Importa talvez pensar quão longe essa opção nos levará.

Para além de todas as reticências que suscita a opção do ensino em função do aluno médio, coloca-se aqui, com especial acuidade, o problema

---

[573] Citado in «Theorie et Pratique de la Recherche et de l'Enseignement... », p. 53.
[574] MENEZES CORDEIRO, *Teoria Geral. Relatório*, cit..
[575] *Relatório*, cit., p. 85.

da percepção daquilo em que se consubstancia essa mediania, ou – numa outra perspectiva – da preparação de que é detentor esse aluno médio.

A revelação do nível de conhecimentos adquiridos no ensino secundário, ou que integram a cultura dos alunos, bem como daqueles que resultaram das cadeiras já frequentadas na licenciatura, é um problema de difícil solução.

Os padrões de exigência no ensino secundário foram-se alterando ao longo dos anos e o conteúdo dos programas das várias disciplinas incluídas nas licenciaturas tem sofrido variações.

No entanto, as menções quantitativas resultantes das exigências de classificação impostas para o acesso à Universidade e o conteúdo de base dos programas das disciplinas ministradas na Faculdade, podem constituir termos de referência a adoptar, ainda que sujeitos a confirmações e ajustamentos.

3. Dos problemas específicos da Faculdade de Direito de Lisboa

A Faculdade de Direito de Lisboa vive uma situação particular, marcada por uma diferença significativa, decorrente da adopção do sistema de avaliação contínua.

Esse factor, permitindo embora marcar uma grande diferença, não constitui solução para todos os problemas antes suscitados, não sendo sequer de excluir que, em certa medida, os agrave, considerando a forma como a avaliação tem funcionado.

A avaliação contínua, pela sua própria natureza, assegura a proximidade e a frequência de relações que propicia um diálogo contínuo entre docentes e discentes, favorecedor do processo de adequação dos métodos pedagógicos às necessidades do colectivo a que o ensino se dirige.

Porém, e sem que isto signifique menor apreço pelo sistema de avaliação contínua – sobre o qual teremos ocasião de nos pronunciar mais adiante – é nossa convicção que alguns aspectos do seu funcionamento apenas contribuem para um abaixamento do nível do ensino, em consequência da sua instrumentalização como forma de obtenção mais fácil de resultados positivos, numa lógica que privilegia a perspectiva da Universidade como mero percurso a caminho da vida profissional.

Está aqui sobretudo em causa a forma como o sistema tem contribuído para sacrificar as aulas teóricas, transformadas pela generalidade dos alunos num elemento acessório da sua preparação.

Paulo de Pitta e Cunha [576] lançou um alerta pioneiro sobre uma consequência da avaliação contínua, consistente em contribuir para uma maior separação entre o professor "... cada vez mais isolado no topo de uma sequência "hierárquica..." e os alunos.

Essa consequência, em si mesma grave, é ainda reforçada pela forma como tem funcionado o sistema de avaliação contínua, assente numa multiplicação de testes escritos, com disciplinas em que praticamente se realiza um teste mensal, desviando os alunos da frequência das aulas teóricas, para responderem à pressão da avaliação [577].

Num ambiente cultural em que as atenções da grande maioria dos alunos estão concentradas na avaliação contínua e na obtenção de uma classificação nesse segmento de avaliação, é natural a subalternização das aulas teóricas, leccionadas por docentes que, em regra, não estão directamente ligados ao processo de avaliação.

4. Da importância das aulas teóricas

A avaliação é objecto de um regulamento que é totalmente omisso quanto às aulas teóricas, remetidas para uma "terra de ninguém" e perdidas num total vazio regulamentar.

Embora não perfilhe o entendimento da obrigatoriedade de frequência das aulas teóricas creio, em coerência com a importância que lhes atribuo no ensino, que não se pode deixar de criticar todas as soluções que objectivamente as desvalorizem, a menos que se opte definitivamente por um ensino de raiz predominantemente prática.

Passados os tempo da caricatura das aulas magistrais e dos "lentes", que se limitavam à leitura das lições impressas [578], as aulas constituem

---

[576] *Direito Internacional Económico*, cit., pág. 95.

[577] A abissal diferença na assiduidade dos alunos às aulas em épocas de "normalidade" ou de "testes escritos de subturma" é um facto conhecido de todos os docentes e até invocado, com frequência, pelos alunos como motivo justificativo das ausências. A situação é agravada pelo facto de, muitas vezes, a descoordenação do trabalho de avaliação permitir que se realizem testes em sobreposição com a hora das aulas teóricas.

[578] Pertinentemente, Miguel Teixeira de Sousa, As*pectos Metodológicos e Didácticos do Direito Processual Civil*, separata da *Revista da Faculdade de Direito da Universidade de Lisboa*, volume XXXV (1994), p. 428, observa que "dificilemnet se encontra

um espaço adequado a dar um contributo decisivo para a formação dos alunos.

A defesa das aulas teóricas, nos termos em que aqui é formulada, tem pressuposta a recusa liminar de uma concepção de aula teórica como espaço de reprodução passiva do conteúdo de elementos de estudo, ou de exposição acrítica da matéria pelos docentes.

As aulas teóricas reúnem um conjunto de características que as tornam insubstituíveis para a formação do jurista e para a aprendizagem da disciplina.

Servem, por um lado, para chamar a atenção dos alunos para os aspectos nucleares da disciplina, permitindo ao professor hierarquizar as matérias expostas, de harmonia com a sua importância e até com a sua actualidade.

Por outro lado, permitem aos seus regentes estimular o interesse dos alunos, introduzindo notas de actualização num programa conhecido previamente.

As aulas teóricas constituem, aliás, um dos raros momentos em que se pode procurar um ensino que vá para além da simples satisfação das necessidades do aluno médio ou menos que médio, que normalmente engrossa o batalhão dos absentistas.

Essas aulas representam, também do ponto de vista dos professores, um momento especialmente importante, que lhes permite conjugar as tarefas docentes com as de investigação, obrigando-os a um esforço permanente de actualização e revisão de conceitos.

Mantêm, a este propósito, plena actualidade as observações de SOARES MARTINEZ, feitas em 1960 [579], quanto às vantagens que os professores retiram da exposição oral, ao afirmar "... quantas vezes uma dúvida, um pedido de esclarecimento, uma incompreensão, uma discordância, de algum escolar, os não força a debruçar-se demoradamente sobre essas noções elementares, em torno das quais se abrigam quase sempre as maiores dificuldades da respectiva disciplina".

---

outro instrumento lectivo que tenha sido tão censurado, criticado, ou mesmo caricaturado como a aula teórica ou catedrática".

[579] Oração "de sapientia" proferida na Sessão de Abertura da Universidade de Lisboa em 1 de Novembro de 1960 e agora publicada com o título «A Universidade Portuguesa e a Ciência Económica», in *Dispersos Económicos*, cit., p. 313.

Impor-se-á, por isso, devolver às aulas teóricas o espaço que a sua função no ensino do direito justifica.

A reabilitação da função das aulas teóricas não resultará, no entanto, de meras afirmações de princípio, implicando um esforço significativo de repensar do ensino, esforço que passa, no essencial, pelas condições do seu exercício e pela atitude dos docentes.

No que respeita às condições, é por demais evidente que o excessivo número de alunos por turma só pode ter consequências nocivas, obrigando o professor a recorrer a técnicas pedagógicas que, não sendo em si mesmas negativas, propendem a conduzir a resultados perversos, na medida em que a necessidade da cativar a atenção pode desviar os esforços da transmissão de conhecimentos.

Como lapidarmente afirmava GEORGES BORDEAU, "... à partir d'un certain chiffre d'auditeurs, le cours cesse d'être un enseignement pour devenir un spectacle: Il faut y introduire du mouvement, des ruptures de ton et d'allure, voire du suspense...», num processo em que a lição acaba por se aparentar à representação de um «one man show à L' Olympia».[580]

A redução do número de alunos por turma é, assim, um pressuposto necessário de uma melhoria da qualidade do ensino e a única via que permitirá ao docente recorrer a métodos de comunicação com recurso às novas tecnologias, nomeadamente a informática, que em muito auxilia a exposição e que constitui um procedimento que a Faculdade só muito ocasionalmente tem experimentado.

O redesenhar do papel das aulas teóricas passa, também, pela atitude dos docentes, a quem é exigível um esforço redobrado para ir de encontro aos interesses dos alunos e à diversidade das suas formações. Para regressar às reflexões de JEAN RIVERO, é necessário que no início de cada ano o professor seja capaz de adaptar as suas certezas e fidelidades e hábitos e tradições ao auditório que se lhe apresenta, com as suas características próprias [581].

Seguramente que esse esforço não significa fazer tábua rasa de quanto está para trás, mas antes que se trata de uma tarefa em que o professor não está sozinho e em que o acompanham, como recordava RUY DE ALBUQUER-

---

[580] «Sur un Enseignement Impossible», cit., p. 43.
[581] «Réflexions sur l'Enseignment du Droit», cit., p. 452.

QUE, os nossos mestres e os professores com que trabalhámos como assistentes e cujos ensinamentos constituem uma fonte inesgotável [582].

Poder-se-á, é certo, perguntar se as vantagens apontadas às aulas teóricas não seriam reforçadas pela sua substituição por aulas teórico-práticas, cuja existência está, aliás, prevista no artigo 3.° do Regulamento da Faculdade.

Trata-se de uma possibilidade que, de facto, estimularia o diálogo científico, mas que é dificultada pelo escasso número de aulas teóricas disponível, factor que impõe o máximo aproveitamento do tempo.

Contudo, a circunstância de se tratar de aulas teóricas não deve impedir totalmente o diálogo, havendo apenas necessidade de se acautelar a confusão com as aulas práticas, já privilegiadas em termos de distribuição de horário.

Pela minha parte, tenho procurado fomentar, sobretudo em disciplinas dos últimos anos do curso, o esclarecimento de dúvidas e a satisfação de necessidades de aprofundamento ou de complemento de informação, relativamente às matérias leccionadas.

Em qualquer caso, a preferência dada em regulamentos de algumas licenciaturas às aulas teórico-práticas[583], aparece mais como uma consequência e compensação pela inexistência de um sistema de avaliação contínua o qual, quando existe, reduz significativamente o impacto desse modelo de aulas.

O Regulamento de Avaliação em vigor na Faculdade estabelece um conjunto de objectivos ambiciosos, proclamando logo no seu artigo 1.°: "a avaliação destina-se a apurar os conhecimentos dos alunos, a sua aptidão para a investigação e a prática jurídica, o seu espírito crítico, a sua capacidade de elaboração pessoal e de solução de problemas, bem como o seu domínio da exposição escrita e oral".

Dificilmente se poderia encontrar melhores palavras para sintetizar a concepção de universidade aqui espelhada que as de JEAN RIVERO, quando escreve: «Enseigner le Droit c'est tout cela. Non pas infuser dans les mémoires un abrégé des principales règles qui régissent la Cité dans le présent immédiat: mettre l'enseigné en mesure de vivre les mutations du

---

[582] *História do Direito Português*, *Revista da Faculdade de Direito da Universidade de Lisboa*, vol. XXV (1984) p. 255.

[583] Ver o artigo 15.° do Regulamento da Faculdade de Direito da Universidade Nova.

288 Eduardo Manuel Hintze da Paz Ferreira

Droit en logeant dans son esprit les notions fondamentales qui assurent l'unité et la continuité du droit national à travers ces mutations, en le formant à une technique de travail et à une méthode de pensée, en élargissant sa connaissance du milieu que le Droit entend régir» [584].

Esse objectivo só será harmoniosamente atingido com uma adequado equilíbrio entre a prelecção rigorosa e exigente dos conteúdos científicos e o exercitar da sua dimensão operativa.

Só com esse ponto de partida se pode encarar seriamente o ensino. Com a percepção clara que se pretende criar quadros com formação teórica sólida e capacidade para interpretar os movimentos sociais, económicos e políticos e de os transmitir à tarefa de produção e interpretação do direito.

Naturalmente que essa preocupação assume uma importância particular para quem se ocupa de uma disciplina com as características das finanças públicas.

5. Da avaliação continua

Se o consenso expresso entre todos os professores que se ocuparam do problema é o de que o ensino do direito não visa formar meros práticos, não deixa de ter a maior importância que o próprio Regulamento de Avaliação compartilhe essa concepção, aproximando-se da percepção tradicional das funções de uma universidade.

De todo o modo e como ficou já referido, assume um papel fundamental na Faculdade o sistema de avaliação contínua, em relação ao qual o artigo 5.º do mesmo Regulamento estabelece que "assenta no diálogo pedagógico ao longo das aulas, tendo como pressuposto a participação assídua, interessada e activa dos alunos".

Trata-se, naturalmente, da expressão de uma orientação a que se pensa que nenhum docente universitário poderá deixar de aderir, reconhecendo que, mesmo quando se aponte mais ambiciosamente para um diálogo científico com os alunos, não se pode esquecer esse diálogo pedagógico.

Poderá, assim, entender-se que o Regulamento quis traduzir expressamente um valor essencial do ensino universitário.

---

[584] «Réflexions sur l'Enseignement du Droit», cit., p. 452.

Nesse sentido, pode concordar-se com MENEZES CORDEIRO quando sustenta que o método de avaliação contínua é um dos raros aspectos positivos que resultou da experiência da Faculdade entre 1974 e 1977[585].

O Regulamento da Avaliação Continua está, no entanto, longe de se ficar por afirmações de princípio, incluindo igualmente normas que respeitam à organização e sistema de trabalho nas unidades de avaliação e procedendo, ainda, a uma "codificação" da experiência pedagógica de vinte anos.

É assim que, o n.° 1 do artigo 16.°, explicita que "o trabalho em subturmas abrange a exposição e a discussão de temas, o comentário de textos, a apreciação de relatórios, a resolução de casos práticos e, necessariamente, a realização de um teste escrito numa disciplina semestral e de dois testes numa disciplina anual", enquanto que o número 2 incentiva a prática dos trabalhos em grupo.

Por seu turno, o artigo 17.°, obriga o regente de cada disciplina a, em conjunto com os assistentes e assistentes estagiários em serviço e com o prévio acordo do professor coordenador, apresentar um plano de trabalho nas subturmas.

Tal como se apresenta neste momento, o Regulamento da Avaliação Contínua significa uma evolução muito sensível em relação aos anos de arranque dessa experiência, assentando excessivamente na realização de testes escritos, em detrimento de outros métodos, que pareceriam mais adequados mas que, porventura, são inviabilizados pelo grande número de participantes em cada unidade de avaliação.

Manda, por outro lado, a verdade, que se diga que o sistema de avaliação continua, que tem sido objecto de apoio expresso de um conjunto significativo de autores de relatórios [586], se tem confrontado com algumas dificuldades, que resultam quer da exiguidade das instalações, quer da indisponibilidade do número necessário de docentes.

Apesar das muitas melhorias verificadas, a circunstância de normalmente não estar definida a totalidade da equipa docente de cada disciplina

---

[585] *Teoria Geral...*, cit., p. 447.

[586] Por exemplo, FREITAS DO AMARAL, *Relatório sobre o Programa, Os Conteúdos e os Métodos do Ensino de uma Disciplina de Direito Administrativo*, 1985, agora in *Revista da Faculdade de Direito da Universidade de Lisboa*, pág. 322, JORGE MIRANDA, *Direitos Fundamentais*, agora in *Revista da Faculdade*, vol. XXVI (1995), págs. 554-555 e MARCELO REBELO DE SOUSA, *Direito Constitucional I*, cit., p. 317.

no início das aulas, a par com o facto de as aulas de avaliação se iniciarem mais tarde, tem constituído um óbice importante ao bom funcionamento da avaliação.

Paralelamente, à relativa facilidade com que durante alguns anos se foi conseguindo alargar o número de assistentes e assistentes estagiários da Faculdade, contrapõe-se a actual dificuldade, que pode fazer perigar o desenvolvimento de um método de ensino com vantagens evidentes[587] e que a Faculdade de Direito de Lisboa manteve durante todos estes anos.

Finalmente, a recorrente questão da formação pedagógica dos docentes.

A integração na carreira docente universitária não pressupõe formação com intervenção de uma componente de pedagogia.

Esta lacuna faz-se sentir, sobretudo, na omissão de experiência que caracteriza o início da carreira reflectindo-se, em particular, na dimensão prática do ensino do direito, assegurada predominantemente por monitores e por um grupo mais restrito de assistentes estagiários.

No quadro actual, a redução drástica do número de monitores, ou a cessação do recurso ao seu recrutamento, tenderá a colocar a avaliação contínua quase exclusivamente a cargo de assistentes estagiários.

Esta mudança, porém, não altera substancialmente os dados do problema, já que mesmo os assistentes estagiários têm, por vezes, muito escassa experiência pedagógica, persistindo, assim a necessidade de se pensar em cadeiras específicas de formação para o ensino do direito [588].

5.1. O Programa de trabalhos da avaliação continua

Com todas as reservas que ficaram expressas, continua a pensar-se que a avaliação contínua constitui um instrumento da maior utilidade para o ensino do Direito.

No quadro já traçado, restará ao candidato, pelo que respeita às aulas práticas, completar as indicações do Regulamento, com a ideia de que estas se devem traduzir num estímulo à criatividade dos alunos e à sua capacidade de questionar o ensino.

---

[587] Devidamente assinaladas pelos Professores referenciados na nota anterior.

[588] Nesse sentido, é de aplaudir a inclusão, no plano do curso de doutoramento em Direito da Faculdade de Direito da Universidade Nova, de uma cadeira de Ensino de Direito.

Uma intervenção com esse objectivo deve, naturalmente, ser antecedida de um trabalho prévio de preparação da equipa e de diálogo científico sobre os temas a leccionar.

A avaliação contínua apresenta-se como um momento especialmente adequado ao estabelecimento da ponte entre o ensino teórico e a necessidade de encarar a realidade prática.

Assim, uma primeira função da actividade desenvolvida nas unidades de avaliação será a de completar e desenvolver as indicações dadas nas aulas teóricas, quanto aos elementos de estudo, quanto à legislação e quanto à jurisprudência.

Concluída essa primeira fase, impõe-se um trabalho intenso com os estudantes, com vista a habitá-los a resolver os casos práticos, aplicando os conhecimentos teóricos entretanto ministrados.

O sentido essencial desse trabalho deve ser o de completar o ensino teórico e, simultaneamente, de permitir uma avaliação do nível de assimilação que os alunos dele fizeram.

Para tanto, antes do início do ano, o responsável pela cadeira deve estruturar, com os elementos da sua equipa docente, os trabalhos das unidades de avaliação, de harmonia com uma calendarização que acompanhe as aulas teóricas.

6. Aspectos particulares do ensino das finanças públicas

Em momento anterior, ficaram já assinalados alguns pressupostos metodológicos do ensino da cadeira de finanças públicas, que são da maior importância para a compreensão do trabalho a realizar.

A adequação do ensino àqueles pressupostos implica uma correlação, que é seguramente importante em todas as cadeiras, mas que aqui assume uma dimensão mais relevante e que tem a ver forma como a disciplina se relaciona e interage com outras já ministradas aos alunos, ou que estão a ser ministradas ao mesmo tempo, como forma de potenciar o interesse e de minimizar as duplicações.

Como escreveu MARCELO REBELO DE SOUSA, "cumpre ainda apontar a unidade substancial do ensino do Direito no "curriculum" da Faculdade de Direito de Lisboa. As diversas menções integram-se numa só licenciatura ..." [589].

---

[589] *Direito Constitucional I. Relatório*, Lisboa, Lex, 1999, p. 68.

Para além da lógica da unidade do curso, a concertação de esforços no seio do grupo de ciências jurídico económicas, afinando a divisão de matérias, clarificando as zonas de fronteira e potenciando os conhecimentos já adquiridos é, assim, fundamental.

Numa colocação no terceiro ano – que reputamos a ideal – os alunos poderiam beneficiar dos conhecimentos fundamentais de economia, da percepção da problemática da globalização e dos seus efeitos financeiros, adquirida na cadeira de relações económicas internacionais, da familiaridade com as formas de relacionamento do Estado com a economia e sua evolução, resultante do estudo do direito da economia.

Paralelamente, essa colocação permitiria encarar a hipótese de divisão de tarefas com as cadeiras de direito comunitário e de direito fiscal, idealmente a leccionar no mesmo ano.

Este esforço não deve ser limitado às cadeiras do grupo de jurídico-económicas, importando acentuar as contribuições que poderão ser recolhidas em disciplinas como ciência política, direito constitucional ou direito administrativo, conforme ficou amplamente demonstrado na análise dos conteúdos do ensino.

A enorme actualidade dos temas de finanças públicas e a circunstância de serem objecto de uma intensa cobertura informativa, pode constituir um factor de estimulo para os alunos, não no sentido da redução do ensino à análise superficial da realidade circundante (discussões sobre o orçamento, decisões sobre níveis de fiscalidade, medidas de cumprimento do Pacto de Estabilidade) mas no do incentivo a um estudo mais aprofundado.

Essa componente de apreciação da realidade terá, aliás, uma expressão especialmente significativa nas aulas de avaliação contínua, de que tivemos já ocasião de nos ocupar.

7. Elementos de estudo

Falou-se já da importância da exposição oral da matéria nas aulas teóricas e da utilização das aulas práticas para o aprofundamento e debate dos diversos segmentos da matéria, mas ainda não se abordou, "ex professo", a questão dos elementos de estudo.

Encontra-se bastante generalizada a ideia de que devem ser fornecidos textos escritos da responsabilidade do docente da cadeira, que acompanhem a matéria dada ao longo do curso.

Poder-se-á questionar se o ensino universitário se harmoniza com uma tal prática, que orientará no sentido de manual único. Porém, certo é que as condições de massa do ensino justificam muitas vezes que se recorra a soluções deste tipo.

A situação em relação às cadeiras leccionadas nos últimos anos, em que o número de alunos permite já outro tipo de trabalho e em que se deve estimular o gosto dos estudantes – quase a saírem para a vida profissional – pela investigação e a pesquisa, será porventura diferente, abrindo ao docente a perspectiva de recurso a outras opções.

Nesse sentido, o fornecimento de elementos de bibliografia de qualidade e seleccionados corresponde a uma melhor solução.

As indicações bibliográficas, que na sua generalidade não deverão corresponder – dado o preço que atingem – a aquisições dos alunos, têm a vantagem de familiarizar os estudantes com o recurso às bibliotecas e centros de documentação, sendo de salientar as excelentes possibilidades abertas pela biblioteca da Faculdade.

Por outro lado, o desenvolvimento dos meios informáticos e da possibilidade de acesso à Internet, constituem outro importante factor auxiliar do ensino.

A bibliografia relativa a esta matéria é, como se teve ocasião de perceber, muito vasta, devendo o docente preocupar-se, de um modo especial, em evitar que os alunos se percam, procedendo à indicação do títulos mais relevantes ou de consulta mais útil, aos quais se deverão juntar outros títulos, dirigidos a quem pretenda aprofundar a pesquisa.

Da mesma forma, deverá ser claramente referenciada a principal legislação, sendo desejável a elaboração de colectâneas, que em muito facilitarão a vida dos estudantes.

Igualmente importante é a canalização dos estudantes para a apreciação da jurisprudência e, em especial, da oriunda do Tribunal Constitucional, Supremo Tribunal Administrativo e Tribunal de Contas.

Também se deverá procurar que os estudantes sigam a actividade financeira do Parlamento, com natural relevo para a discussão do Orçamento, estimulando-os a assistir aos debates e estudando a possibilidade de fomentar encontros com deputados dos diversos grupos políticos.

Dentro do espírito enunciado passa a indicar-se a Bibliografia e demais elementos complementares de estudo.

8. Bibliografia

8.1. Bibliografia fundamental

Em coerência com os métodos de ensino propostos e com aquilo que se defendeu ser a função da Universidade na formação dos alunos, será atribuída a maior importância ao fornecimento de indicações bibliográficas, que permitam o acompanhamento da matéria e o aprofundamento de alguns temas que surgiram como especialmente motivadores.

Na elaboração do presente Relatório utilizaram-se algumas das obras fundamentais de finanças públicas nacionais e estrangeiras, que ficaram devidamente referenciadas.

O conjunto de indicações bibliográficas que se apresenta, de seguida, corresponde a uma selecção dos manuais que se considerou mais importantes, ou com maior qualidade pedagógica, sem se esquecer, naturalmente, a sua adequação ao programa proposto.

Deu-se, em regra, prioridade a manuais de edição recente, ainda que se tenha mantido alguns mais antigos, pela sua importância histórica, ou especial qualidade.

Apesar de se ter optado pela apresentação de uma bibliografia extensa, serão ainda inúmeras as omissões, já que a tentativa de exaustão, para além de estar destinada ao insucesso, tornar-se-ia ineficaz para os alunos.

Sacrificaram-se, designadamente, todos os artigos sobre pontos específicos da matéria, cujas referências podem ser encontradas no presente Relatório, ou serão fornecidas pelos docentes, por iniciativa própria, ou a solicitação dos alunos.

Na organização da Bibliografia começou-se por referenciar os manuais portugueses de maior actualidade e mais alguns títulos nas línguas por regra mais acessíveis aos alunos, apresentando-se seguidamente um conjunto de outros títulos relevantes e de alguns elementos acessórios de estudo.

O texto que actualmente mais se aproxima do Programa apresentado é o de ANTÓNIO LUCIANO SOUSA FRANCO, *Finanças Públicas e Direito Financeiro,* vols. I e II, 4.ª edição, reimpressão, Coimbra, Livraria Almedina, 2003.

Na bibliografia portuguesa, sugere-se, ainda, a consulta de

BARBOSA, ANTÓNIO S. PINTO, *Economia Pública,* Lisboa, McGraw-Hill, 1998.
RIBEIRO, JOSÉ JOAQUIM TEIXEIRA, *Lições de Finanças Públicas,* 5.ª edição, reimpressão, Coimbra, Coimbra Editora, 1997.

Na bibliografia francesa remete-se, em especial, para:

BOUVIER, M. – ESCLASSAN, MARIE-CHRISTINE – LASSALE, JEAN-PIERRE, *Finances Publiques,* 6.ª edição, Paris, L.G.D.J., 2002.
MARTINEZ, JEAN-CLAUDE – MALTA, PIERRE DI, *Droit Budgétaire,* 3.ª edição, Paris, Litec, 1999.
Na bibliografia anglo-saxónica, destaca-se:
MUSGRAVE, RICHARD A. – MUSGRAVE PEGGY B., *Public Finance in Theory and Pratice,* 5ª edição, Singapore, McGraw-Hill, 1989.
STIGLITZ JOSEPH E., *Economics of the Public Sector,* 3.ª edição, USA, W. W. Norton and Company, 2000.
De entre os manuais espanhóis, salienta-se:
SAINZ DE BUJANDA, F., *Lecciones de Derecho Financiero,* 10.ª edicão, Madrid, Universidad Complutense, Facultad de Derecho, 1993.
FERRERO LAPATZA, JOSÉ JUAN, *Curso de Derecho Financiero Español,* 23.ª edição, Madrid, Marcial Pons, vols. I e III (2003) e II (2004).

8.2. **Bibliografia Complementar**

Em Língua Portuguesa

Autores Portugueses

CUNHA, PAULO DE PITTA E, *Equilíbrio Orçamental e politicas financeiras anti-cíclicas,* Lisboa 1962.
— *Introdução à Política Financeira,* Ciência e Técnica Fiscal, Lisboa, 1971.
FERREIRA, EDUARDO MANUEL HINTZE DA PAZ FERREIRA, *Da Dívida Pública e da Garantia dos Credores do Estado,* Coimbra, Almedina, 1995.

296 Eduardo Manuel Hintze da Paz Ferreira

– *Estudos de Direito Financeiro Regional*, 2 vols., Ponta Delgada, Jornal da Cultura, 1995.

Ferreira, José Eugénio Dias, *Tratado de Finanças Públicas,* vol. I, Lisboa, 1949, e vols. II e III, Lisboa, 1950.

Franco, António Luciano de Sousa, *Finanças Públicas I – Sumários*, Lisboa, AAFDL, 2001.

– *Finanças do Sector Público. Introdução aos Subsectores Institucionais,* (aditamento de actualização), Lisboa, reimpressão, AAFDL, 2003.

Franco, António de Sousa, – Lavrador, Rodolfo/Calheiros, J. M. Albuquerque – Cabo, Sérgio Gonçalves do, *Finanças Europeias, Introdução e Orçamento,* vol. I, Almedina, 1994.

Garett, joão ruiz de almeida, *Economia e Finanças Públicas*, lições policopiadas, Porto, Universidade Portucalense, 1989.

Magalhães, José Calvet de, *Ciência das Finanças (segundo as prelecções do Professor Fernando Emygdio da Silva),* Lisboa, Atlântida, 1938.

Martins, Guilherme d' Oliveira, *Constituição Financeira, 2.°.* vol., Lisboa, AAFDL, 1984/1985.

– *O Ministério das Finanças – Subsídios para a Sua História no Bicentenário da Secretaria de Estado dos Negócios da Fazenda,* Lisboa, 1988.

Martinez, Pedro Soares, *Da Personalidade Tributária*, Lisboa, 1953.

– *Introdução ao Estudo das Finanças*, separata dos *Cadernos de Ciência e Técnica Fiscal*, Lisboa, 1966.

– *Esboço de uma Teoria das Despesas Públicas, separata dos Cadernos de Ciência e Técnica Fiscal, Lisboa 1967.*

– *Finanças (apontamentos coligidos pelos alunos sem responsabilidade do professor),* Lisboa, AAFDL, 1957.

Moncada, Luís S. Cabral de, *Perspectivas do Novo Direito Orçamental Português,* Coimbra, Coimbra Editora, 1984.

Monteiro, Armindo, *Do Orçamento Português,* vol. I, edição do Autor, Lisboa, 1921 e vol. II, Lisboa, Edição do Autor, 1922.

pereira, paulo trigo, santos, josé carlos gomes, *Economia e Finanças Públicas*, Lisboa, mimeo, ISEG, 2003-2004

Moreno, Carlos, *Finanças Públicas. Gestão e Controlo dos Dinheiros Públicos,* 2.ª edição, Lisboa, UAL, 2000.

Salazar, António de Oliveira, *A Reorganização Financeira: dois Anos no Ministério das Finanças, 1928-30,* Coimbra, 1930.

– *Lições de Finanças*, (apontamentos recolhidos por João Pereira Neto), Coimbra, 1927.

Santos, Jorge Costa, *Bem-Estar Social e Decisão Financeira*, Coimbra, Almedina, 1993.

Silva, Aníbal A. Cavaco – Neves, João Luís César das, *Finanças Públicas e Política Macroeconómica* 2ª edição, Universidade Nova de Lisboa, 1992.

Souza, Marnoco e, *Tratado de Sciencia das Finanças*, vol. I, Coimbra, França Amado Editor, 1916.

Teixeira, António Braz, *Finanças Públicas e Direito Financeiro*, 2.ª reimpressão, Lisboa, AAFDL, 1992.

Xavier, Alberto Pinheiro, *Política orçamental e Economia de Mercado*, Centro de Estudos Fiscais, Lisboa, 1970

Xavier, António Lobo, *O Orçamento como Lei*, Separata do *Boletim de Ciências Económicas*, Coimbra, vol. XXXIII, 1990.

Autores Brasileiros

Baleeiro, Alomar (actualizado por Dejalma de Campos), *Uma Introdução à Ciencia das Finanças*, 15.ª edição, Rio de Janeiro, Editora Forense, 1998.

Barros, Luiz Celso de, *Ciência das Finanças*, 5ª. Edição, São Paulo, Edson Bini, 1999.

Giambiagi, Fabio – Além, Ana Claudica, *Finanças Públicas. Teoria e Prática no Brasil*, 2.ª edição, Rio de Janeiro, Editora Campus, 2000.

Pereira, José Matias, *Finanças Públicas – A Política Orçamentária no Brasil*, São Paulo, Editora Atalas, 1999.

Torres, Ricardo Lobo, *Curso de Direito Financeiro e Tributário*, 11.ª edição, Renovar, 2004.

Em Línguas Estrangeiras

Autores Alemães

Brümmerhoff, Dieter, *Finanzwissenschaft*, München, Oldenbourg, 1986.

Cansier, Dieter, Bayer, Stephan, *Einführung in die Finanzwissenschaft*, München, Oldenbourg, 2003.

Gerloff, Wilhelm – Neumark, Fritz, Tratado de Finanzas, 2 vols. tradução espanhola, Buenos Aires, Florida, 1961.

HESSE, HELMUT – KEPPLER, HORST, – SCHUSEIL, ANDREAS, *Teoretische Grundlagen der "Fiscal Policy"*, 2.ª edição, München, Valhen, 1998.

NEUMARK, FRITZ, *Problemas económicos y financieros del Estado intervencionista* (tradução de José Maria Martín Oviedo), Madrid, Editorial de Derecho Financiero, 1964.

NOWOTBY, EWALD, *Der öffentlich Sektor*, Berlin, New York Heidelberg, 1999.

ZIMMERMANN, VON HORST, HENKE, KLAUS-DIRK, *Finanzwissenschaft*, München, Valhen, 2001.

WIGGER, BERTHOLD, *Grundzüge der Finanzwissenschaft*, Berlin, Heidelber, New York, Springer, 2003.

Autores Anglo-Saxónicos

ATKINSON, ANTHONY B. – STIGLITZ JOSEPH E., *Public Economics*, Singapore, Mcgraw-Hill, 1980.

BAILEY, STEPHEN J., *Strategic Public Finance*, MacMillan, 2004.

BAUMOL, WILLIAM J., – WILSON, CHARLES A., *Welfare Economics*, Cheltenham, Elgar, 2001, 3 vols..

BROWN, C. V. – JACKSON, P. M., *Public Sector*, 4.ª edição, USA, Blackwell, 1990.

BUCHANAN, JAMES M. – FLOWERS, MARILYN R., *The Public finances*, 5.ª edição, USA, Richard D. Irwin, 1980.

BUCHANAN, JAMES M. – MUSGRAVE, RICHARD A., *Public Finance and Public Choice*, Massachusetts Institute of Technology, 2000.

CULLIS, JOHN – JONES, PHILIP, *Public Finance and Public Choice*, 2.ª Edição, New York, Oxford University Press, 1998.

HOLMES, STEPHEN, *The Cost of Rights: Why Liberty Depends on Taxes*, New York, W.W. Norton, 1999.

MUELLER, DENNIS C., *The Economics of Politics*, Cheltenham, Elgar, 2001, 2 vols..

MUSGRAVE, RICHARD A, *Fiscal Systems*, London, Yale University, 1969.

MUSGRAVE, RICHARD A. – PEACOCK, ALAN T. (organizadores), *Classics in the Theory of Public Finance*, London, Macmillan, 1958.

ROSEN HARVEY, *Public Finance*, McGraw-Hill, 2004.

WINER, STANLEY L., – SHIBATA, HIROFUMI, *Political Economy and Public Finance: the Role of Political Economy in the Theory and Practice of Public Economics* Cheltenham, Elgar, 2002.

Autores Espanhóis

Bustos Gisbert, Antonio, *Lecciones de Hacienda Pública*, 2 volumes, 2ª. edição, Madrid, Editorial Colex, 2001.

Gutiérrez Junqueira, Pablo, *Curso de Hacienda Pública*, Salamanca, Universidad de Salamanca, 1998.

Cazorla Prieto, *Derecho Financiero y Tributario*, 4.ª edição, Navarra, Thomson, Aranzadi, 2003.

Pérez Royo, *Derecho Financiero y Tributario*, 13.ª edição, Madrid, Thomson, Civitas, 2003.

Rodriguez Bereijo, A., *Introducción al Estudio del Derecho Financiero*, Madrid, Instituto de Estudios Fiscales, 1976.

Sainz de Bujanda, Fernando, – *Hacienda e Derecho*, 6 tomos, publicados entre 1955 e 1975.
– *Notas de Derecho Financiero*, 2.ª edição, 1975.

Autores Latino-americanos

Ahumada, Guillermo, *Tratado de Finanzas Publicas*, Buenos Aires 1969.

Belisario Villegas, *Curso de Finanzas, Derecho Finanziario y Tributario*, 8.ª edição, Buenos Aires, Astrea, 2003.

Giulianni Fonrouge, Carlos, *Derecho Financiero*, 5.ª edição, Buenos Aires, de Palma, 2000.

Autores Franceses

Camby, Jean-Pierre, *La Réforme du Budget de l'Etat*, Paris, L.G.D.J., 2002.

Cotteret, Jean-Marie – Emeri, Claude, *Le Budget de l'Etat*, 6.ª. edição, Paris, Presses Universitaires de France, 1990.

Deruel, François, *Finances Publiques. Budget et Pouvoir Financier*, 11.ª edição, Paris, Dalloz, 1995.

Devaux, Eric, *Finances publiques*, Bréal, Paris, 2002.

Douat, Étienne, *Finances Publiques*, Paris, Presses Universitaires de France, 1999.

Duverger, Maurice, *Finances Publiques*, 11.ª edição, Paris, Presses Universitaires de France, 1988.

FOIRY, JEAN PIERRE, *Économie Publique*, Paris, Hachette, 1997.

GAUDEMENT, PAUL-MARIE – MOLINIER, J., *Finances publiques*, 1.º. vol., 6.ª edição, Paris, Montchrestien, 1992.

GREFFE, XAVIER, *Économie des Politiques Publiques*, Paris, Dalloz, 1994.

LASCOMBE, MICHAEL – VANDENDRIESSCHE, XAVIER, *Les Finances Publiques*, Paris, Dalloz, 2003.

LLAU, PIERRE, *Économie Financière Publique*, Paris, PUF, 1996.

MAGNET, JACQUES, *Éléments de Comptabilité Publique*, 5.ª edição, Paris, L.G.D.J., 2001.

MEKHANTAR, JÖEL, *Finances publiques – Le Budget de l'Etat*, Paris, Hachette, 2003.

MUZELLEC, RAYMOND, *Finances Publiques*, 12.ª edição, Paris, Dalloz, 2002.

PAYSANT, ANDRÉ, *Finances Publiques*, 5.ª edição, Paris, Armand Colin, 1999.

PHILIP, LOÏC, *Finances Publiques*, Éditions Cujas, 2000 (2 vols).

– (organizador) *Dictionnaíre Encyclopédique de Finances Publiques*, vols. I e II, Paris, Economica, 1991.

SAIDJ, LUC, *Finances Publiques – Cours*, Paris, Dalloz, Octobre 2003.

TROTABAS, L. – COTTERET, JEAN-MARIE, *Droit Budgétaire et Comptabilité Publique*, 4.ª edição, Paris, Dalloz, 1991.

TOULOUSE, JEAN BAPTISTE, DE LEUSSE, JEAN-FRÉDRIC, ROLLAND, YVES, PILLOT XAVIER, *Finances Publiques e Politiques Publiques*, Paris, Economica, 1987.

Autores Italianos

AMATUCCI ANDREA, *L'Ordinamento Giuridico della Finanza Pubblica*, Napoli, Jovene, 2004.

ARTONI R., *Elementi di Scienza delle Finanze*, 3.ª edição, Bologna, Il Mulino, 2003.

BISES, BRUNO, *Dispense di Scienza delle Finanze. Parte A: Teoria Generale dell' Intervento Pubblico*, Torino, Giappichelli, 2004.

BOSI, P., (organizador), *Corso di Scienza delle finanze*, Bologna, Il Mulino, 2003.

BOTARELLI, SIMONETA (organizador), *Fondamenti di Scienza delle Finanze*, Milano, Hoepli, 1999.

BUSCEMA, S., *Trattato di Contabilità Pubblica*, Milano, Giuffrè, 1998.

CAMPA, G., *Appunti di Economia del Benessere*, Roma, Aracne Editrice, 2004.

Coscianni, Cesare, (edição actualizada sob a orientação de Giuseppe Campa), *Scienza delle Finanze*, Torino, UTET, 1991.

Forte, Francesco, *Scienza delle Finanze*, Milano, Giuffrè, 2002.

Leccisotti Mario, *Lezioni di Scienza delle Finanze*, Torino, Giappichelli, 2003.

Leccisotti Mario, Patrizii Vincenzo, *Instituzioni di Scienza delle Finanze*, Torino, Giappichelli, 2002.

Majo, Antonio di – Pedone, Antonio, *Elementi di Scienza delle Finanze*, Firenze, La Nuova Italia, 1985.

Petretto A., *Economia Pubblica e Unione Europea*, Bologna, Il Mulino, 2002.

Pollari, Nicolò, *Scienza delle Finanze*, Roma, Edizioni Laurus Robuffo, 1995.

Reviglio Franco, *Instituzioni di Economia Pubblica*, Milano, Franco Angeli, 2003.

Steve, Sergio, *Lezioni di Scienza delle Finanze*, 7.ª edição, Padova, Cedam, 1976.

8.3. Documentação de apoio em matéria legislativa e jurisprudencial

Será, igualmente, aconselhada aos alunos a utilização de colectâneas de legislação, para tanto se referenciando as seguintes:

Ferreira, Eduardo Paz – Pessanha, Alexandra, *Legislação de Finanças Públicas*, Lisboa, Quid Juris, I vol. 2001 e II vol. 2002.

Gouveia, Jorge Bacelar, *Legislação de Direito Financeiro*, 2.ª edição, Coimbra, Almedina, 2002.

Como elemento útil de trabalho, indicar-se-á ainda a colectânea de jurisprudência a seguir identificada:

Amador, Olívio Mota – Silveiro, Fernando Xarepe, *Jurisprudência Orçamental (Colectânea)*, Lisboa, AAFDL, 2003.

8.4. Outras indicações

Conforme já se referiu, estimular-se-á o recurso aos meios informáticos e a consulta dos *sites* de instituições como a Assembleia da República, o Ministério das Finanças, o Tribunal de Contas e o Tribunal Constitucional.

Quanto a revistas, serão recomendadas algumas das mais importantes. Em Portugal, apesar de não existir qualquer revista exclusivamente consagrada às Finanças Públicas, serão referenciadas algumas que têm publicado artigos nesta área, como:

- *Análise Social*
- *Boletim de Ciências Económicas*
- *Cadernos de Ciência e Técnica Fiscal*
- *Cadernos de Economia*
- *Revista da Banca*
- *Revista da Faculdade de Direito da Universidade de Lisboa*
- *Revista de Direito e Economia*
- *Revista da Ordem dos Advogados*
- *Revista Portuguesa de Administração e Políticas Públicas*
- *Revista do Tribunal de Contas*
- *Fisco*
- *Fiscalidade*

Entre as revistas estrangeiras:

- *FinanzArchiv*
- *Hacienda Publica Española*
- *National Tax Journal*
- *Public Finance Review*
- *Revista Española de Derecho Financiero*
- *Rivista di Diritto Finanziario e Scienza delle Finanze*
- *Revue Française de Finances Publiques*
- *Revue d'Économie Financière*
- *Tax Law Review*
- *The Journal of Finance*
- *The Journal of Taxation*

Haverá, ainda, que ter presente que a generalidade das revistas de economia, especialmente dos países anglo-saxónicos, publica regularmente artigos de finanças públicas.

INDICE

Introdução	7
1. Considerações preliminares	7
2. Das razões da escolha da disciplina de finanças públicas	10
2.1. Razões de natureza pessoal	10
2.2. Razões de natureza científica	12

I – Uma perspectiva Histórica sobre o Ensino das Finanças Públicas ... 17

Secção I – Aspectos Gerais	17
1. Razões de uma opção	17
2. Considerações Preliminares sobre o Sentido do Ensino das Finanças Públicas	18
2.1. Os primórdios do ensino	18
2.2. As primeiras orientações do ensino das finanças públicas	21
2.3. A colocação da disciplina de finanças públicas no programa do curso de Direito	27

Secção II – Do conteúdo do ensino das Finanças em Portugal	35
1. A Faculdade de Direito de Coimbra	35
1.1. Os primeiros tempos	35
1.2. Marnoco e Sousa	38
1.3. Oliveira Salazar	39
1.4. João Lumbrales	41
1.5. Teixeira Ribeiro	42
1.6. Almeida Garrett e Aníbal Almeida	44
2. A Faculdade de Direito da Universidade de Lisboa	46
2.1. Considerações preliminares	46
2.2. Fernando Emygdio da Silva	48

2.3. Soares Martinez 50
2.4. Paulo de Pitta e Cunha 54
2.5. Sousa Franco 55
3. O Ensino de Finanças Públicas noutras Faculdades 60
   3.1. Outras Faculdades de Direito 60
   3.2. Outras escolas de ensino superior 61

II – Proposta de Programa 65

Síntese Justificativa 65
Programa 67

III – Conteúdos 79

Considerações de ordem geral 79
1. Introdução 82
   1.1. Questões prévias 82
   1.2. Aspectos gerais 84
   1.3. O Direito Financeiro 88
   1.4. A Economia Pública 94
   1.5. Instituições Financeiras 104

PARTE I – **DA DECISÃO FINANCEIRA EM ESPECIAL** 111

Capítulo I – **Aspectos Gerais** 113

Capítulo II – **O Quadro Espacial da Decisão Financeira** 123

Considerações de Ordem Geral 123
1. Desconcentração e Descentralização Financeira 124
2. Finanças Internacionais e Comunitárias 129

Ensinar Finanças Públicas numa Faculdade de Direito   305

CAPÍTULO III – **Do Orçamento do Estado** 135

Aspectos Gerais 135
1. Noções Introdutórias 138
2. Das Regras Orçamentais 143
3. Conteúdo do Orçamento 148
4. Preparação e Aprovação do Orçamento 151
5. Execução Orçamental 155

CAPÍTULO IV – **Controlo e Responsabilidade Financeira** 157

1. Controlo Interno e Controlo Externo 157
2. Do Tribunal de Contas em especial 161

PARTE II – **DAS DESPESAS E RECEITAS PÚBLICAS** 169

CAPÍTULO I – **Despesas Públicas** 171

CAPÍTULO II – **Receitas Tributárias** 181

Generalidades 181
1. Impostos e outras figuras tributárias 182
2. Sistemas fiscais 190
3. A Constituição Fiscal 199

CAPÍTULO III – **Dívida Pública** 215

CAPÍTULO IV – **Receitas patrimoniais** 225

PARTE III – **OS NOVOS DESAFIOS DAS FINANÇAS PÚBLICAS** 229

Questões introdutórias 231

CAPÍTULO I – **Neo-Liberalismo e Finanças Públicas** 233
1. Aspectos gerais 233
2. Privatização e Regulação Económica 234
3. As novas regras de funcionamento dos serviços públicos 236
4. A empresarialização de serviços públicos 237
5. Das parcerias público-privadas em especial 239
6. O pagamento dos serviços públicos 245
7. A segurança social 249

CAPÍTULO II – **Os Novos Desafios da Fiscalidade** 253

1. As novas questões fiscais 253
2. Mal Estar Fiscal e alternativas de política tributária 255
3. Tributação e inovações tecnológicas 258
4. A Globalização e os Sistemas Fiscais 261
5. Perspectivas de Reforma Fiscal 264
6. A Fiscalidade Ecológica 267
   6.1. Aspectos gerais 267
   6.2. Os instrumentos de fiscalidade ecológica 268
   6.3. Os objectivos da fiscalidade ecológica 270

PARTE IV – **CALENDARIZAÇÃO** 273

PARTE V – **MÉTODOS DE ENSINO** 275

1. Questões introdutórias 275
2. Problemas gerais do ensino nas Faculdades de Direito 276
3. Dos problemas específicos da Faculdade de Direito de Lisboa 283
4. Da importância das aulas teóricas 284
5. Da avaliação continua 288

5.1. O Programa de trabalhos da avaliação continua	290
6. Aspectos do ensino das finanças públicas	291
7. Elementos de estudo	292
8. Bibliografia	294
8.1 Bibliografia Fundamental	294
8.2 Bibliografía Complementar	295
8.3. Documentação de apoio em matéria legislativa e jurisprudencial . . .	301
8.4. Outras indicações	301